中外文明传承与交流研究书系

中世纪英国的财政、军事与外交

施　诚　著

创于1897
商务印书馆
The Commercial Press

图书在版编目（CIP）数据

中世纪英国的财政、军事与外交 / 施诚著. —北京：商务印书馆，2024
（中外文明传承与交流研究书系）
ISBN 978-7-100-22854-1

Ⅰ.①中… Ⅱ.①施… Ⅲ.①财政史－研究－英国－中世纪 ②军事史－研究－英国－中世纪 ③外交史－研究－英国－中世纪 Ⅳ.①F815.619 ②E561.9 ③D856.19

中国国家版本馆CIP数据核字（2023）第160249号

中世纪英国的财政、军事与外交
施 诚 著

商 务 印 书 馆 出 版
（北京王府井大街36号 邮政编码 100710）
商 务 印 书 馆 发 行
三河市尚艺印装有限公司印刷
ISBN 978-7-100-22854-1

2024 年 3 月第 1 版　　　　开本 710×1000　1/16
2024 年 3 月第 1 次印刷　　　印张 12 3/4

定价：78.00 元

首都师范大学历史学院
中外文明传承与交流研究书系

总　序

这套中外文明传承与交流研究书系，是首都师范大学历史学院于2021年获批北京人文科学研究中心后，开始策划出版的一套旨在集中反映本院教师在"中外文明传承与交流"这一主题下所做出的科研创新成果。书系拟分甲种和乙种两个系列。甲种确定为专著系列，乙种则为论文集系列。

首都师范大学历史学院力争入选北京人文科学研究中心，目的在于发挥自身在发掘和传播中华优秀传统文化，以及培养具有全球视野的各类高级复合型人才方面的经验和优势，强化为北京"四个中心"建设的服务意识，力争服务并解决国家重大战略需求，为构建中国特色人文社会科学话语体系贡献力量。是首都师大历史学科在新时代、新形势下，加强自身学科建设，加强社会服务意识，加强科研攻关能力，加强复合型人才培养的重要举措。我们有基础、有实力，也有信心，在"中外文明传承与交流"研究方面，做出足以代表北京人文社科最高水平的科研成果，以及提供足以解决北京市乃至国家现实需求的社会服务。

首都师范大学历史学院的前身是1954年成立的北京师范学院历史系。自创系伊始，我们建系的第一代教师就十分注重中国史和世界史协同发展。几位老先生当中，成庆华、宁可先生治中国古代史，谢承仁先生治中国近代史；戚国淦、齐世荣先生分别治世界中世纪史和现代国际关系史。他们为历史学科的发展奠定了基础，留下了"敬畏学术，追求卓越"的宝贵精神财富。2003年，历史系开始设立考古学学科，并于2004年开始招收文物专业的本科生。历史系改为历史学院后，2011年，一举获得教育部历史学门类下三个一级学科博士点，成为学院学科建设上一座新的里程碑。从此，首都师大历史学院也成为全国范围内为数不多的、按完整的历史学门类建设、三个学科协同发展的历史院系。

近二十年来，历史学院三个一级学科都有了较快的发展，并形成了自己的特色，有了明确的发展目标。其中世界史在连续几次学科评估中保持全国第三，至今仍是全校各学科在学科评估中排名最靠前的学科。除了我们的老前辈打下的坚实基础外，也是因为世界史学科的后继者们，具有勇于挑战自我、开辟新路的"敢为人先"的精神。世界史一方面保持了传统的优势学科方向，如世界上古中世纪史、国际关系史；另一方面则在国内率先引进全球史的学科理论，并对国别区域研究赋予新时代的新内涵。中国史是全国历史院系普遍都很强的学科。首都师大的中国史研究，从一开始就不追求"大而全"，而是把有限的力量集中在自己优势的方向上去。如出土文献的整理研究，包含简帛学和敦煌学等"冷门绝学"，秦汉、魏晋南北朝、隋唐、宋等断代史研究，近代社会文化史研究，并在历史地理学、宗教史研究等方面有新的拓展。考古学重点发展的是新石器时代至三代考古，特别是在中华文明起源研究、手工业考古等方面具有优势。此外还着重发展文物博物馆、文化遗产、科技考古等专业方向。

社会在发展，时代在进步，历史学的发展也应该在保持原有优势的前提下不断开创新的增长点。强调服务社会，强调学科交叉，等等，这些都要求我们在三个一级学科协同发展方面要有新的举措。

有鉴于此，首都师大历史门类，将建设"中外文明传承与交流"人文科研中心作为一个重要的契机，力争在过去三个学科互相支持、共同发展的基础上，进一步深化三个学科在具体科研课题方面的交流与合作。历史学院有三个一级学科博士点的有利条件，完全可以在中外文明起源与传承研究、中外文明交流互鉴研究等方面，实现合作攻关。虽然目前书系第一批的著作和论文集还有"各自为战"的意味，但我们的最终目标是能够推出代表中国历史学科最高水平的、能够充分体现历史学三个一级学科之间互通互补的科研成果，以及探索历史学三个一级学科之间，乃至与历史学之外其他学科之间交叉合作的研究模式。只有这样，才能达到"中外文明传承与交流"北京人文科学研究中心建设的目标。

编委会

2022 年 6 月

目　录

试析中世纪英国税收理论

现代英国税收理论的核心是"不经议会的同意就没有税收",它起源于中世纪。中世纪英国国王具有封君和国君的双重身份,在封君封臣制度下,国王是全国的最高封君,享有封建主的财政特权,这些特权带来的收入构成国王的"正常收入"。像其他封建主一样,国王必须"靠自己过活",即依靠这些正常收入维持王室生活和日常行政开支。但是随着行政和军事开支的增长,国王的正常收入难以支撑,因此国王就以国君的身份、以"共同利益"和"共同需要"为由向臣民征税,税收收入构成国王的"特别收入"。中世纪英国国王对全国世俗臣民征收的税收主要是动产税和对商人征收的关税。限于篇幅,本文只探讨动产税的税收原则。

一、"国王靠自己过活"原则[①]

中世纪英国贵族多次提出"国王应该靠自己过活",这是一个地道的西欧封君封臣制度下的观念。根据封君封臣制,封君把土地分封给封臣的同时,保留一部分自营地,用以维持封君及其家庭的日常生活。当封君被俘需要交纳赎金、封君的长子被封为骑士、长女出嫁时,所有封臣都必须交纳一笔特别协助金,数量由双方协商决定。国王的正常收入主要来自没有分封给其他封建主的自营地(Royal Demesne 或 Crown Lands),本文依据我国著名世界中世纪史学家马克垚教授而称之为"王领"。王领土地一般由各郡的郡守负责管理,他们把土地出租,并负责征收地租。到亨利一世时期,王领地租全部被折算成货币,各

---

① 施诚:《论中古英国"国王靠自己过活"的原则》,《世界历史》2003 年第 1 期。

郡的地租数量也被固定，称为"郡包租"（County Farm），每年复活节和米迦勒节（9月29日），郡守把包租交纳到国王的财政署（Exchequer）。此外，国王还可以向王领上的居民征收任意税，它由国王与小会议决定征收，无须征得大会议（国王的所有直接封臣）的同意，由此得名。

王领的财政价值在很大程度上取决于它的面积和管理方法。为了扩大王领面积，历代国王大致采取以下几种方法：第一，恢复王权衰落和政局混乱时期被贵族非法侵占的王领土地。亨利二世即位后立即下令恢复先王们赏赐或被贵族夺取的王领土地。第二，通过行使封建法，国王利用没收和监护等手段。1363年，一名贵族被迫把13座庄园"转让给国王爱德华三世"。[①] 第三，国王有时也通过购买而扩充王领面积。1327年，爱德华二世就动用议会批准的动产税款1万马克（约合6666英镑）从几个贵族家族中为王后购买地产。第四，国王可以利用改朝换代的时机继承或没收前朝的大量王领土地。1399年，兰加斯特王朝的亨利四世就从安茹王朝的灭亡中获得了大量的王领土地。1461年，约克王朝的爱德华四世从前朝获得了中世纪空前庞大的王领地产，特别是面积最大的兰加斯特公爵领，它分布在33个郡（当时英国有36个郡）。第五，中世纪后期国王常常利用"谋逆罪法"没收贵族的土地。1459年，亨利六世召集议会，指控约克公爵及其党羽犯有叛国罪，处以没收土地和财产的刑罚。加强王领的管理也是国王提高王领收入的重要方法之一。国王有时把王领从郡守手中撤出，交给特命的王领官员，由他们承包给出价最高的人，这样就可以防止郡守中饱私囊、拖欠款项，还可以随着物价等因素提高王领的出租价格。

王领收入能否满足国王的正常开支呢？根据《财政署收支卷档》（Pipe Rolls），我们可以列出表格[②]，参见表1。

---

① B. P. Wolffe, *The Crown Lands: 1461-1536*, London: George Allen and Unwin, 1970, p. 21.

② James H. Ramsay, *A History of the Revenues of the Kings of England, 1066-1399*, Oxford: Clarendon Press, 1925, Vol. 1, pp. 1-4, 60, 234, 274, Vol. 2, pp. 293, 426, 432; Sydney Knox Mitchell, *Studies in Taxation under John and Henry III*, New Haven: Yale University Press, 1914, p. 126; M. Prestwich, *War, Politics and Finance under Edward I*, Totowa: Rowman and Littlefield, 1972, p. 178; Natlie Fryde, *The Tyranny and Fall of Edward II*, Cambridge: Cambridge University Press, 1979, pp. 98-99; Alfred L. Brown, *The Governance of Late Medieval England 1272-1461*, Standford: Standford University Press, 1989, p. 62; Charles Ross, *Edward IV*, London: Methuen, 1983, p. 373; Richard Mortimer, *Angevin England: 1154-1258*, Oxford: Blackwell, 1994, p. 31; E. F. Jacob, *The Fifteenth Century: 1399-1485*, Oxford: Clarendon Press, 1961, p. 444.

表1　中世纪英国国王的王领收入

国王	在位时间（年）	王领年均收入（英镑）	占年均总收入之比（%）	年均正常开支（英镑）
亨利一世	1100—1135	24070	90	—
亨利二世	1154—1189	19720	79	—
约翰王	1199—1216	24000	55	7760
亨利三世	1216—1272	16000	47	10000
爱德华一世	1272—1307	17000	30	15000
爱德华二世	1307—1327	11000	21	11000
爱德华三世	1327—1377	10000	14	22000
理查二世	1377—1399	31150	22	29000

从中我们可以看出，国王的王领收入不稳定，而正常开支大体上是逐步增长的，这主要是由于官吏人数增加、行政事务增多和物价上涨等因素造成的。虽然有些国王的王领年均收入与年均正常开支出入不大，但是实际上国王常常入不敷出。有的学者甚至认为，王领的收入只够国王开支的1/4。[1]

1215年《大宪章》第25条规定："除王领外，国王不能任意增加其他郡和百户区的包租。"这是英国历史上第一次正式把王领与其他土地区分开来，也是"国王靠自己过活"原则的渊源。

12世纪末13世纪初，英国政治思想家们把王位（Crown）与国王（King）区分开来。王位是永恒的，属于王位的财富（王领等）不能随意被国王转让。在成书于1180年左右的《财政署对话集》中，亨利二世的国库长理查·菲茨尼尔就对"属于王位的总佃户"和"属于国王的总佃户"进行了区分。12世纪末期法学家格兰维尔在《论英格兰王国的法律和习俗》中开篇就区分了王位与国王，王位不是国王的同义语，它是指公共领域和共同利益。1200年左右成书的《忏悔者爱德华的法律》则开始把王位等同于王国或国家。13世纪英国法学家勃拉克顿则明确地提出，属于王位的财产不能被转让。[2]1266年内战结束后，亨利三世颁布《肯尼沃斯敕令》第6条规定："所有被贵族夺取的属于王位的土地、权利和财产等都应当归还给王位和国王，除非占有者能够出具由国王或先王授

---

[1]　B. E. V. Sabine, *A Short History of Taxation*, London: Butterworths, 1980, p. 5.

[2]　E. H. Kantorowicz, *The King's Two Bodies: A Study in Mediaeval Political Theology*, Princeton: Princeton University Press, 1957, pp. 342-346.

予他们的合法证据。"这是英国历史上明确阐述王领法律地位的法令。与此同时，王领名称也发生了变化，从"王领"变成"古代王领"和"属于王位的古代王领"。[①] 但是《肯尼沃斯敕令》承认，只要有合法依据，古代王领还是可以转让的。正如英国著名宪政史家波拉克和梅特兰指出的，王领不可转让的理论"与其说是一种法律规则，倒不如说是一种强烈的愿望"。[②]

王位与国王的区分、属于王位的财富不可转让理论的形成是"国王靠自己过活"观念形成的一个重要标志。但是封君封臣制度对13世纪英国社会的影响还比较大，国王的封建权利和封臣的封建义务在一定程度上仍然维持着，所以直到13世纪后期，英国议会虽然产生，但没有明确提出"国王靠自己过活"的原则。

1311年，爱德华二世的"贵族立法团"制定一个法令，第4条和第8条明确提出："国王应该靠自己过活。"[③] 为什么议会和贵族在这个时候提出这个要求呢？首先，与王领的政治功能有关。历代国王都把王领土地分封出去，以获得贵族的政治和军事支持。亨利一世的王领只有1086年"全国土地调查"时面积的一半。史学家沃尔夫甚至说："约克王朝（1461—1485）之前，英国王领的历史实际上就是一部不断赏赐土地的历史。"14世纪被废黜的国王爱德华二世和理查二世的罪名之一都是滥赏土地和财富给宠臣。爱德华二世把大量王领土地和财富赏赐给宠臣，特别是他的法国王后带来的法国贵族加维斯通，从而疏远了与大多数英国贵族的关系，这是导致该原则明确提出的直接原因。其次，与中世纪国王的"采买权"有关。采买权是古代英国王室享有的一项特权，即王室的采买官在任何市场上都拥有以低于市场的价格、优先购买王室生活必需品的权利，这是在古代英国商品货币经济不发达的情况下，王室维持生活的一种手段。但是到13世纪末，爱德华一世为了对苏格兰和法国的战争，除了连年征收动产税外，还利用采买权大肆为军队赊购后勤物资，采买权变成了"强买权"。在国王的臣民看来，强买权实际上是一种变相的税收。13世纪，贵族和议会都认为合理地支配王领收入是国王的重要职责。14世纪，他们更认为王领的作用

① R. S. Hoyt, *The Royal Demesne in the English Constitutional History: 1066-1272*, New York: Greenwood Press, 1968, pp. 135, 143.

② F. Pollock and F. W. Maitland, *The History of English Law before the Time of Edward I*, Vol. 1, Cambridge: Cambridge University Press, 1923, p. 180.

③ D. C. Douglas and G. W. Greenaway, *English Historical Documents: 1189-1327*, Vol. 3, London: Taylor & Francis, reprinted in 2004, pp. 528-529.

是减轻国王强加给臣民的财政负担。

1311 年后，每当议会感到国王的税收和强买政策过于严苛时，议员们便重弹"国王靠自己过活"的老调。1311 年，下议员向爱德华二世递交请愿书，要求"国王靠自己过活"，不许以强买权加重臣民负担。百年战争早期，爱德华三世连年征税，大规模地强买后勤物资，征用马车和船只运输物资和士兵渡过英吉利海峡前往法国作战。下议员又在议会中提出，为了减轻人民的负担，"国王应该靠自己过活"，他们还要求惩罚滥用职权营私舞弊的王室采买官。从此，"国王靠自己过活"的观念深入人心，对国王的财政产生了重要的影响：中世纪英国没有建立常规的全国性税收制度，每当遇到紧急情况，特别是战争时期，国王就必须通过议会才能征收全国性的动产税，由于战争频仍，国王不得不经常求助于议会批准征收动产税，议会由此不断地加紧对国王财政的控制，扩大权力，从而推动了中世纪英国宪政的发展。

二、"共同利益"和"共同需要"

虽然国王被要求"靠自己过活"，但是以王领为主的正常收入越来越难以满足国王的正常财政需要，国王无法"靠自己过活"。于是国王就以"共同利益"和"共同需要"为理由，扩大征税范围，从而导致税收理论和税收结构的变化。

诺曼征服后，威廉一世（1066—1087 年在位）把盎格鲁-撒克逊时期的王权神授传统与诺曼的封建制度糅合起来，使英国封建王权从一开始就比西欧大陆各国强大得多。为了克服封建大贵族的离心倾向，打破封君封臣关系对王权的限制，加强王权的公共权利，威廉一世还采取了两个重要的措施：一是于 1086 年下令对全国的土地财产进行调查，作为征调军役、赋税的依据；二是要求全国的封建主在萨尔兹伯里宣誓效忠国王，形成与欧洲大陆"我的附庸的附庸不是我的附庸"完全不同的封建原则，即"我的附庸的附庸也是我的附庸"。国王不仅是全国最高的封建主，而且是王国的最高统治者。威廉一世把象征国家公共权威的君权与具有私权特征的封建领主权集于一身。西方有的史家认为诺曼王权是中世纪西欧"第一个和最完善的封建王权典型"。[①] 强大的王权为征收全国性税收打下了坚实的政治基础。

---

①   H. W. C. Davis, *England under the Normans and Angevins: 1066-1272*, London: Methuen, 1928, p.110.

罗马教会为十字军活动而征收的什一税、教会法学家和经院哲学家对税收的论述也有助于"共同利益"和"共同需要"观念的形成。

1166年，罗马教皇号召基督教各国为解救被伊斯兰教徒占领的圣地耶路撒冷而交纳"什一税"。英王亨利二世决定对臣民当年收入或动产按照2便士/英镑（即1/20）的税率征收，并且此后对臣民的动产或收入连续4年征收1/40。这次税收在英国创立了一个先例：以收入和动产为基础，以统一的税率，向全体臣民征税。收入包括所有收入，动产包括金银器皿、家畜、现金和借给他人的款项，珠宝和衣服除外。征收对象包括英国和亨利二世在法国的领地上的各级教士、各级世俗贵族、市民和农民。1187年，埃及苏丹撒拉丁攻占耶路撒冷，罗马教皇号召西欧各国教士为解救圣地交纳什一税。1188年，亨利二世要求所有不参加十字军的人都必须交纳其收入和动产的1/10，即所谓"撒拉丁什一税"。① 虽然"撒拉丁什一税"的征收数量没有保留下来，但是仅萨尔兹伯里主教区就征收到6000英镑，它的征收方法、臣民的财富多寡给后来的国王留下了深刻的印象。②

从12世纪起，教会法学家就认为世俗国家的"共同利益"和"共同需要"可以超越教会法，甚至废除教会特权。1179年，罗马教皇召集的第三次拉特兰宗教会议承认，在世俗国家紧急需要时，教士可以交纳世俗税收，因为这种需要不是来自统治者的个人意志，而是来自对国家安全的"共同利益"的威胁，所以统治者有权力从他的人民那里取得支持，包括财政协助，即交纳税收。13世纪，经院哲学家托马斯·阿奎那认为，"共同利益"是决定政治共同体合法性的首要标准。"当君主没有足够的资源反对敌人的攻击时……公民为了促进共同利益而做出必要的贡献是公平的。因此一个为了王国利益而战斗的国王能够通过正常的税收形式调集全国的资源，当这样还不够时，国王可以对臣民加以特别的负担。"③

12世纪末期理查一世的赎金事件促使人们从更广泛的角度考虑国王和国家的需要以及自己的财政义务。1193年，理查一世（1189—1199年在位）被俘，需要赎金10万马克。理查一世在写给国内的信中说，赎金是为了他个人的需

---

① D. C. Douglas and G. W. Greenaway, *English Historical Documents: 1042-1189*, Vol. 2, 2nd ed., London: Eyre Methuen, 1981, pp. 453-454.

② B. E. V. Sabine, *A Short History of Taxation*, p. 25.

③ A. P. D'Entreves edited., Translated by J. G. Dawson, *Aquinas: Selected Political Writings*, Oxford: Basil Blackwell, 1948, p. 92.

要。根据封建原则，国王的直接附庸必须交纳协助金以解救国王（领主）。但是仅仅依靠直接附庸的协助金是远远不够的，国王的摄政大臣决定对全国臣民征收 1/4 财产税。

1207 年，约翰王为了与法国进行战争而决定向臣民征收动产税。征收令状把"保卫我们的王国"作为征税的理由。估税和征收单位是村庄，而不是封建领地，且估征工作都是由国王的官吏而不是由封建领主进行的。这次动产税共征收到 57421 英镑。约翰王每年各种财政特权收入只有 3.5 万英镑左右，所以动产税是一个对国王极其有利的税种。[①] 一般认为，这是英国第一次国家公共税收。因为动产税不同于封建协助金：第一，动产税是国王为了战争或其他军事行动而征收的。虽然动产税的征收需要取得贵族大会议的同意，但是军事目的赋予国王几乎不可限制的征收权利。第二，动产税的估税基础是财产，而且各个阶层的臣民（除了少数教士和宗教团体外）都要交纳。

中世纪国王的公共职责是维护国内秩序和防御外敌入侵，所以他是"共同利益"和"共同需要"的判断者和宣布者。国王常常把战争等同于维护共同利益，作为共同需要的理由。随着 12 世纪亚里士多德政治哲学的复兴，英国的学者和思想家也更深刻地思考共同利益的问题。如萨尔兹伯里的约翰就认为，由相互依赖的个人组成的国家的目的就是为了实现"共同利益"。[②] 为了"共同利益"的战争被认为是正义战争，而为了进行正义战争，统治者就可以要求臣民纳税。但是 13 世纪初，国王个人利益与王国利益还没有被明确区分，所以国王与臣民对"共同需要"的认识还未达成一致。自诺曼征服以来，英国国王以法王封臣的身份在欧洲大陆拥有大片领地，13 世纪初，英国贵族认为，除了布列塔尼和诺曼底之外，他们没有到欧洲大陆为保卫国王的私人领地服役的军事义务或交纳盾牌钱的财政义务，国王也不能以此作为向英国臣民征税的理由。然而，1205 年，约翰王召集贵族大会议时，毫不犹豫地把他反对法王菲里普、保卫领地的战争称为英国的"共同利益"。1224 年，亨利三世（1216—1272 年在位）召集贵族大会议，讨论"恢复他们在法国的世袭领地"，他把国王世袭领地的失去视同对英国王权尊严和权利的损害；1243 年，亨利三世通告伦敦市民，他在普瓦提埃是"为了王国的利益而战"；1248 年，他又提醒英国贵族，恢复

① James H. Ramsay, *A History of the Revenues of the Kings of England, 1066-1399*, Vol. 1, p. 245; J. L. Bolton, *The Medieval English Economy, 1150-1500*, London: J. M. Dent and Sons, 1980, p. 325.

② Joseph Canning, *A History of Medieval Political Thought: 300-1450*, London: Routledge, 1996, pp. 112-113.

国王在加斯科涅的权利"也与你们有关"。①

　　爱德华一世把国家的危险状态等同于"共同利益",以此作为征税的理由,保卫国王在欧洲大陆的领地也成为王国的"共同利益"和"共同需要"。1295、1296 年,议会批准国王征收动产税,都声称是"为了帮助国王反对法王,以恢复被法王占领的加斯科涅领地"。②13 世纪末,经院学者关于正义战争的三个标准正式形成:由合法的权威发动、充分的战争理由(防御)和良好的战争目的(和平)。爱德华一世用它们为自己的对外战争进行辩护,称自己的战争是"为了恢复合法世袭领地,也是为了王国的荣誉和共同利益"。

　　1337 年,爱德华三世发动英法"百年战争",为此,他几乎连年征收动产税,这向动产税的临时性和应急性传统发起了挑战。通过一系列战争宣传,"共同利益"和"共同需要"的观念深入人心。1332—1360 年,爱德华三世征调军队和后勤供应物资的令状发往各地,由地方官员或教士等向广大人民宣传,以便向臣民经常征收动产税。国王和教会都反复告诫臣民,他们的生命和财产安全处于危险之中,国王正在为了他们的利益而作战。为了捍卫国家,全体臣民都必须承担义务。1344 年,下议院也承认"国王和贵族是为了英国人民的安全才冒着生命危险去作战的",国王进行的"战争是为了国家、国王、教士和国内所有其他人的荣誉、安乐、和平"。在 1346 年克莱西战役中,爱德华三世不断向国内的议会传递个人生命危险的信息,以国家荣誉和个人安危等同于"共同利益"和"共同需要"。1339 年,他要求议会为了偿还债务而批准征收动产税,"否则他将给自己和英国人民带来永远的羞辱"。③这些战争宣传扩大了"共同利益"和"共同需要"的影响。据统计,1107—1485 年,历代国王共征收过 96 次动产税,仅 1294—1453 年,动产税和关税累计达 1100 万英镑。④这与税收理论的发展大致吻合。如果说百年战争促进了英吉利民族意识的形成,那么这种"共同利益"和"共同需要"的战争宣传,以及臣民承担战争财政义务是其重要表现之一。

---

① G. L. Harriss, *King, Parliament and Public Finance in Medieval England to 1369*, Oxford: Clarendon Press, 1975, p. 35.

② W. Stubbs, *Selected Quarters*, Oxford: Clarendon Press, 1895, pp. 277-278.

③ W. M. Ormrod, *The Reign of Edward III: Crown and Political Society in England, 1327-1377*, New Haven: Yale University Press, 1990, p. 133.

④ M. Jurkowski, C. L. Smith and D. Crook, *Lay Taxes in England and Wales 1188-1688*, Richmond Surrey: PRO Publications, 1998, pp. IXVII-IXXI; W. M. Ormrod, *Political Life in Medieval England 1300-1450*, New York: St. Martin's Press, 1995, p. 90.

三、"共同同意"与议会的批税权

"共同同意"指全国臣民对国王征税的同意，它是英国税收发展史中最引人注目的内容，因为中世纪宪政史研究的一个基本命题就是议会通过控制征税权，从而限制王权，建立了现代君主立宪制。

税收的同意起源于封建法还是罗马法？对于这个问题，学者们提出了不同的看法。研究中世纪英国税收史的米歇尔和研究税收理论的克拉克都认为税收的同意起源于封建法。根据封建法，领主遇到紧急而巨大的需要时，可以向附庸要求特别协助金，但是必须征得附庸的同意，在封建法中，这种特别协助金称为"自愿的协助金"（Gracious Aid）。[①] 但是研究中世纪法律史的学者盖恩·波斯特则认为，税收的同意起源于罗马法，因为征税意味着，当国家需要时统治者为了共同利益强加负担的最高权力，只有这种需要才可以对臣民强加税收义务，它可以越过同意的限制，尽管统治者不一定这么做。英国学者哈里斯也持这种观点。[②]

税收的同意概念应该起源于封建法。根据封建法，在紧急需要时，封君可以在自己的法庭上经过附庸的同意，征收特别协助金。作为全国最高封君的国王当然也受这种习惯法的约束。但是 12 世纪，罗马法"涉及众人之事须经众人之同意"原则影响了英国税收"共同同意"的发展。

税收的同意涉及何人、何处、凭借什么给予等一系列问题。虽然中世纪英国有郡和百户区等地方行政机构，但是各级封建领主的法庭也是地方司法和行政中心之一。12 世纪英国法学家格兰维尔认为，对封建协助金给予同意的最佳地点是领主的法庭，因为这样给予的同意能够对所有的人产生约束力。这种观点对后来给予国王税收"共同同意"的机构——议会的演变产生了重要的影响。

"共同同意"的方式也受到封建协助金的影响，从个别同意向集体同意发展。当国王决定征收封建协助金时，他必须与出席贵族大会议的每一个总佃户单独协商其交纳数量。13 世纪初，国王只能从尽可能广泛的总佃户（Tenant-in-Chief，也译为"直接封臣"）那里取得同意。《大宪章》第 14 条规定，王国的共

---

① S. K. Mitchell, *Taxation in Medieval England*, New Haven: Yale University Press, 1951, p.159; M. V. Clarke, *Medieval Representation and Consent: a Study of Early Parliaments in England and Ireland with Special Reference to the Modus Tenendi Parliamentum*, New York: Russell & Russell, reprinted in 1964, p.252.

② G. L. Harriss, *King, Parliament and Public Finance in Medieval England to 1369*, p.17.

同协商就是国王召集所有的总佃户在固定的时间和地点与之商议。而动产税是国王强加于全体自由民（包括各级贵族）身上的税收，大贵族为什么可以代表王国对国王的征税要求给予同意呢？

大贵族为王国代言的说法可以追溯到 12 世纪末。作为一个整体，大贵族自称是国王的当然顾问，他们可以为国王处理国家重大事务。13 世纪，贵族大会议为王国给予同意的说法已经被广泛地接受了，因为大贵族对国王征收动产税的同意体现了他们关心王国事务的权利。大贵族以"共同利益"为标准来决定国王的需要是否为"共同需要"。1254 年，亨利三世决定为王子购买西西里的王位，要求征收动产税。但是贵族大会议认为这不是王国的共同利益，因此予以拒绝。

从个别同意到经过贵族大会议的集体同意再到议会的"共同同意"，经历了漫长的过程。平民代表被召集到议会协商税收事务的最早记录是 1254 年，当时亨利三世在欧洲大陆的领地加斯科涅镇压贵族叛乱，他要求国内的摄政增拨军费。摄政召集贵族大会议，教俗贵族都同意纳税，但是他们声明，他们给予的同意只能代表自己，而不能代表下级教士和平民。为了保证税收征收的顺利进行，摄政通知各郡选派 2 名骑士代表到威斯敏斯特参加议会，并在征税令状中明确规定，骑士代表应由选举产生，代表郡内的所有居民，有权决定该郡的税收数量。1265 年，控制了国家政权的贵族首领西门·德·孟福尔为了寻求全国的支持，在威斯敏斯特召集议会。除了教俗贵族外，他还遵循 1254 年议会的做法，要求各郡选派 2 名骑士、各城市选派 2 名市民代表与会，这是英国议会发展史上的一次突破——市民代表被召集参加议会。

实际上，早在亨利二世后期，地方代表就开始参与征税活动。通常各郡选出几名"公正守法"的骑士组成陪审团，对本地区居民的财产进行评估，并监督税收的征收工作。1213 年，约翰王召集各郡的 2 名骑士代表到牛津列席贵族大会议，"与国王共商国是"，这是迄今为止所知的地方代表参加中央政治活动的最早记载。亨利三世时期，地方代表估税和征税已成常例。如 1225 年的 1/15 动产税、1232 年的 1/40 动产税、1237 年的 1/30 动产税等都是由骑士代表确定税额和负责征收的。至于城市的市民代表的召集则要晚些，直到 1225 年，亨利三世才要求沿海城市代表商讨防御问题，1235 年，亨利三世要求沿海城市的代表"与国王共商国是"。

爱德华一世以后，税收的同意发生了重要的变化。大会议仍然像亨利三世时期那样给予动产税同意，但是爱德华一世召集郡骑士代表、拥有全权的市民代表做补充性同意。1283 年，代表们被召集来"听取和按照我们所要求的去做"；1290 年，召集地方代表的令状中说，他们来"协商和同意贵族已经同意的事情（税收）"。[①] 爱德华一世之所以召集郡骑士和市民代表对贵族大会议的同意给予补充，与以下几个因素有关：第一，亨利三世时期，贵族以"王国共同体的利益"为标准对国王的税收要求进行判断，1237—1269 年间多次拒绝国王征收动产税。召集地方代表可以削弱贵族的同意权利。第二，动产税是对全体世俗臣民征收，经过赋予了全权的地方代表给予同意，以便对代表所在的地区也有约束力。第三，地方代表一般都是国王官吏在各地估税和征收工作中的主要助手，召集他们与会给予同意，有助于加快税收的估征进程。所以，召集地方代表对动产税给予同意是爱德华一世的首创，但是它的结果是扩大了王权。1297 年以后，骑士和市民代表一直被要求一起给予动产税的同意，虽然不一定都在议会进行。

爱德华二世统治时期，骑士和市民代表开始在议会中联合起来向国王呈递"陈情书"（Petition，也译为"请愿书"）。为了进行百年战争，爱德华三世经常召集骑士和市民代表参加议会，讨论税收问题。1339 年，骑士和市民代表一致认为爱德华三世的税收过于频繁和沉重，他们不能擅自同意征税，而必须与所在选区协商后才能答复。从此，这些骑士和市民代表被称为"下院议员"，英国议会上、下两院制开始形成，上院（也称为"贵族院"）主要掌握司法权。1340年，爱德华三世颁布了法令："不经过全国的教士、伯爵、男爵和其他贵族、下议员在议会给予的一致同意"，国王不能征收任何直接税。至此，下议院取得了动产税的批准权。

（原载《华东师范大学学报》2007 年第 1 期）

---

①   G. L. Harriss, *King, Parliament and Public Finance in Medieval England to 1369*, p. 42.

论中古英国"国王靠自己过活"的原则

　　弄清中古英国"国王靠自己过活"的原则，对于我们了解中古英国封君与封臣的关系、中古英国的税收制度以及中古英国宪政的演变和发展，具有重要的学术意义。

　　中古英国流行一句谚语，贵族和后来的议会也多次提出，"国王应该靠自己过活"。所谓"国王靠自己过活"，是一个地道的封君封臣制度的概念。根据封君封臣制度，封君除了把土地分封给封臣以外，还有一部分自营地，在正常情况下，封君应该依靠自营地的收入维持生活，只有在封君被俘被对方勒索赎金、封君的长子被封为骑士和封君的长女出嫁这三种特殊情况下，封君才能向他的封臣征收协助金。受封君封臣制度的影响，中古英国国王的财政收入和支出分别被划分为正常和特别两大类。所谓正常收入是指国王作为最大的封建主所获得的收入，主要包括王领收入、司法收入和封建协助金，其中封建协助金可以征收的次数有限，司法收入也不是大宗，所以，国王的正常收入主要依靠王领的收入。正常收入应该用于满足国王的正常需要，包括维持王室的生活、官吏的俸禄等日常行政开支，即所谓"国王靠自己过活"。特别收入是指国王以国家首脑的身份获得的收入，它只有在特殊情况下才能获得，一般是指在战争时期，国王为了保卫国家而向臣民征收的各种税收。

　　作为全国封建主的最高封君，国王也有自己的自营地，即王领（Royal Demesne 或 Crown Lands）。关于中古英国王领的起源，西方史学家有不同的说法，本文采用当代研究英国王领的史家霍以特的观点，认为中古英国王领起源于诺曼征服。1066 年，威廉一世以武力征服英国，建立了英国历史上的第一个封建王朝——诺曼王朝。虽然威廉一世要求全体贵族都必须宣誓效忠国王，从法理上国王成为全国土地的最高所有者，但是为了获得贵族特别是跟随他征服英国的诺曼底贵族的军事和政治支持，他不得不按照诺曼人的习惯，把土地分封给世俗贵族和教会贵族。那些没有被国王分封给教俗贵族的土地就是王领。另外，根据封建法，如果国土的直接封臣（又称为"国王的总佃户"）死后无嗣，那么其土地全部被国王没收；如果总佃户的继承人未年满 21 周岁，那么其土地全部由国王监护；如果主教和修道院长的职位出现空缺，那么他们的土地也收归国王，直到新的主教和修道院长继任为止。这些土地与王领一样，也是国王的财源之一，但是它们不能长期被国王占有，所以本文姑且称之为"临时王领"。

一、王领的财政价值

中古英国王领的重要功能之一就是它能够为国王带来一定的财政收入，它是国王正常收入的主要组成部分。王领的各种收入用于满足维持王室生活、官吏俸禄等日常行政开支。中古英国国王从王领获得的收入主要包括地租、任意税以及临时王领带来的各种收入。王领分布在全国各地，根据 1086 年全国土地调查（调查结果即为著名的《末日审判书》），该年全国土地的总收入为 7.3 万英镑，而威廉一世的王领就占有 17650 英镑，接近 1/4。[①]《末日审判书》是研究中古英国王领历史的起点。

由于王领能够给国王带来大笔收入，所以中古历代英王都比较重视。而王领的财政价值取决于其面积和管理，因此，中古英王都相当重视扩大王领面积和加强对其财富的榨取。为扩大王领的收入，大多数国王都采取这样几种方法：第一，就是恢复王权衰落时期被贵族非法侵夺的王领土地。如亨利二世即位后，立即下令恢复以前国王赏赐或被贵族夺取的王领土地。第二，国王通过行使封建法，利用封建权利（没收和监护）而获得临时王领。1363 年，一名贵族被迫把 13 座庄园"转让给国王爱德华三世"。[②] 15 世纪，诺丁汉伯爵哀叹："一个家族的土地经过 3 次监护后就等于被毁灭了。"特别是 1352 年，英王爱德华三世颁布"叛国罪法"以后，国王经常利用它来剥夺贵族的土地，变成王领。1459 年，亨利六世召集议会，指控约克公爵及其支持者犯有叛国罪，没收他们的所有土地和财产。[③] 第三，利用改朝换代的时机，国王继承或没收前朝的大量王

①　Lacey Baldwin Smith, *This Realm of England Before 1740*, Evanston: Northwest University Press, 1989, p. 86.

②　B. P. Wolffe, *The Crown Lands: 1461-1536*, London: George Allen and Unwin, 1970, p. 21.

③　Anthony Tuck, *Crown and Nobility 1272-1461: Political Conflict in Late Medieval England*, Oxford: Oxford University Press, 1986, p. 313.

领土地把它们据为己有。1399 年，兰加斯特王朝的亨利四世就从安茹王朝的灭亡中获得了大量的王领土地。1461 年，约克王朝的爱德华四世获得了中世纪英王空前庞大的王领地产，特别是面积最大的兰加斯特公爵领，它分布在 33 个郡（中古英国常设 36 个郡）。第四，国王有时也通过购买扩充王领面积。1327 年，爱德华二世就动用议会批准的税款 1 万马克（约合 6666 英镑）从几个贵族家庭家族为王后购买土地。

在扩大王领面积的同时，中古英王还特别注意加强对王领的管理，包括加强对临时王领的管理。中古早期，王领的管理主要由国王的财政署和地方的郡守负责。郡守负责把分布在本郡中的王领土地包租出去，于每年的复活节和米迦勒节（9 月 29 日）把王领的收入上缴国王的财政署。

随着国王财政收支事务日益繁多，财政署的运行程序又复杂，工作效率日渐降低。财政署不能根据物价上涨的具体情况指导郡守提高王领的包租，减少了国王的收入。此外，郡守负责征收和交纳王领收入，给他们中饱私囊提供了机会。鉴于王领管理上的这些弊端，从安茹王朝（1154—1399）起，国王开始把王领管理权从郡守手中撤出来，特命一批王领管理官员，由他们把王领交给其他人包租，并把收入直接交纳到财政署，剥夺了郡守对王领的管理权。王领官员往往根据物价上涨的情况，提高包租数量。为了监督王领官员，国王经常派遣巡回法官到各地检视王领的经营和管理状况。英国现存最早的 1194 年国王给巡回法官的指令中，就要求巡回法官调查王领的各种财富状况：固定地租的数额；其他财产的价值，如磨坊、鱼塘等；耕地的数量和价值、牲口的数量和价值等。[①]

王领的收入对于维持王室的日常行政开支极其重要，但由于贵族的激烈反对，亨利三世难以向臣民征税，因此不得不对王领管理做重大改革。1236—1242 年间，亨利三世任命他的宠臣彼得·里沃进行财政改革，重点是加强对王领的管理和剥削。彼得·里沃自任全国王领的总管，所有的王领庄园都按照新的价格承包给出价最高的人，王领的收入由承租人直接交纳到财政署。同时亨利三世还任命了一个全国临时王领总管，专门负责调查总佃户、空缺主教和修道院长死后的土地和财产状况，并决定其土地由国王没收或监护。亨利三世每年从空缺教职中获得大约 1700 英镑[②]，而且开始由临时王领总管设立单独收支账目。

---

① R. S. Hoyt, *The Royal Demesne in English Constitutional History 1066-1272*, New York: Greenwood Press, 1968, p. 21.

② G. L. Harriss, *King, Parliament and Public Finance in Medieval England to 1369*, Oxford: Clarendon Press, 1975, pp. 139-140.

中古前期英王从王领上获得的另一项重要收入是任意税，对王领居民征收任意税是中古英王的特权之一。起初任意税是国王对不交纳盾牌钱的土地征收的一种税收，后来逐渐固定对王领中的城市和庄园上的居民征收，而且任意税常常与盾牌钱同时征收。由于王领被当作国王的私人领地，所以征收任意税无须经过贵族大会议和后来的议会同意，由国王和小会议决定征收。它的估税基础是王领居民的所有财产，但实际上是由国王派出的官员与各地王领上的居民协商决定其数量，保持了这种税收作为一种"礼物"的特征，但是这种协商并不意味着王领居民可以拒绝交纳任意税。每次任意税大约可以征收到四五千英镑。任意税成为安茹王朝前期国王的一个重要财源，从表1中可以看出。①

表1　历代国王征收任意税的次数和总税量

国王及其在位时间	征收次数	总税量（英镑）
亨利二世（35 年）	9	22030
理查一世（10 年）	4	—
约翰王（16 年）	7	25520
亨利三世（56 年）	14	79800
爱德华一世（35 年）	1	—
爱德华二世（20 年）	1	—

爱德华一世在位期间（1272—1307）只征收过1次任意税，爱德华二世也是如此。1332年，爱德华三世要求征收任意税，遭到议会的坚决反对，于是他宣布从此以后，国王不再征收王领任意税。国王为什么放弃征收任意税呢？其主要原因就是自从爱德华一世以来，英国的税收结构发生了重大变化，王领任意税与动产税逐渐融合。动产税从12世纪开始征收，它是国王以国召身份、在特殊情况下才能征收的一种全国性税收，因此它需要经过代表全国的贵族大会议和后来的议会的批准方可征收。从理论上说，每次动产税征收之前都要对臣民的财产进行估价，每次的税率都不一样，而且城市的税率高于乡村。1334年，为了加快征收速度，爱德华三世和议会颁布法令规定，动产税的税率固定为城市居民1/10，乡村居民1/15，而王领居民不论城市或乡村，一律固定为1/10。

---

① S. K. Mitchell, *Taxation in Medieval England*, New Haven: Yale University Press, 1951, p. 273; B. E. V. Sabine, *A Short History of Taxation*, London: Butterworths, 1980, p. 22; James H. Ramsay, *A History of the Revenues of the Kings of England, 1066-1399*, Oxford: Clarendon Press, 1925, Vol. 1, pp. 195, 227, 261, 364.

这样每次动产税大约可以得到3.8万—3.9万英镑。由于动产税的税量比任意税大得多，而且王领居民的税率又比较高，所以国王乐意把王领任意税转化成动产税，这样既可以加快征收速度，又扩大了税收收入。国王能否依靠自己过活，关键就是看王领的收入能否满足国王的正常需要，其中王廷开支是正常需要的主要部分。中古英国历代王廷开支账目没有被完整地保留下来，但是根据现有材料可以列出表格（参见表2）。①

表2　中古英国历代王廷开支账目表

国王	王领年均收入（英镑）	王廷年均开支（英镑）
亨利一世	24070	—
亨利二世	19720	—
约翰王	24000	7760
亨利三世	16000	10000
爱德华一世	17000	15000
爱德华二世	11000	11000
爱德华三世	10000	22000
理查二世	31150	29000
亨利六世	25000	18500

从上表可以看出，中古英国王廷开支基本呈上涨趋势，造成这种趋势的原因：一是王廷官吏增多，二是物价上涨。王领的收入基本上不能满足王廷的开支，即使加上偶然征收的封建协助金和司法收入，国王的正常收入也难以满足他们的正常财政需要。所以，中古英国的国王不能靠自己过活。实际上，中古英王也不必"靠自己过活"。早在盎格鲁-撒克逊时代，英国就存在全国性的税收丹麦金，诺曼征服后，历代英王不断寻找更加有利的财源，推动中古英国税

① James H. Ramsay, *A History of the Revenues of the Kings of England, 1066-1399*, Vol. 1, pp. 1-4, 60, 234, 274, Vol. 2, pp. 293, 426, 432; Sydney Knox Mitchell, *Studies in Taxation under John and Henry III*, New Haven: Yale University Press, 1914, p. 126; M. Prestwich, *War, Politics and Finance under Edward I*, Totowa: Rowman and Littlefield, 1972, p. 178; Natlie Fryde, *The Tyranny and Fall of Edward II*, Cambridge: Cambridge University Press, 1979, pp. 98-99; Alfred L. Brown, *The Governance of Late Medieval England 1272-1461*, Standford: Standford University Press, 1989, p. 62; Charles Ross, *Edward IV*, London: Methuen, 1983, p. 373; Richard Mortimer, *Angevin England: 1154-1258*, Oxford: Blackwell, 1994, p. 31; E. F. Jacob, *The Fifteenth Century: 1399-1485*, Oxford: Clarendon Press, 1961, p. 444.

收结构发生了重大的变化，从盾牌钱、卡鲁卡奇（以土地面积为基础而征收，只在安茹王朝前期征收过几次）到动产税。13 世纪后期，爱德华一世又开始征收全国性的关税。动产税和关税成为中古后期国王的主要财政收入，而王领的收入不断下降，如 1317—1337 年，平均每年的王领收入为 3458 英镑，而临时王领的收入也只有 400—500 英镑。[1] 王领收入在国王收入中所占的比重不断下降，从下表中可以看出这种变化。[2]

表 3　王领收入在国王收入中所占的比重

国王	王领年均收入（英镑）	王领收入占年均总收入之比
亨利一世	24070	90%
亨利二世	19720	79%
约翰王	24000	55%
亨利三世	16000	47%
爱德华一世	17000	30%
爱德华二世	11000	20%
爱德华三世	10000	14%
理查二世	31150	22%

所以，从爱德华一世起，国王作为国君的收入远大于他作为最高封建主的收入，王领的财政价值急剧下降，而税收（动产税）成为国王收入的主要来源，国王的正常收支与特殊收支之间的界限变得越来越模糊。作为特殊收入的税收除了用于战争开支以外，还被国王用于满足日常行政需要，国王不必靠自己过活。

---

[1]　G. L. Harriss, *King, Parliament and Public Finance in Medieval England to 1369*, p.147.

[2]　James H. Ramsay, *A History of the Revenues of the Kings of England, 1066-1399*, Vol. 1, pp.1-4, 60, 234, 274, Vol. 2, pp.293, 426, 432; Sydney Knox Mitchell, *Studies in Taxation under John and Henry III*, p.126; M. Prestwich, *War, Politics and Finance under Edward I*, p.178; Natlie Fryde, *The Tyranny and Fall of Edward II*, pp.98-99; Alfred L. Brown, *The Governance of Late Medieval England 1272-1461*, p.62; Charles Ross, *Edward IV*, p.373; Richard Mortimer, *Angevin England: 1154-1258*, p.31; E. F. Jacob, *The Fifteenth Century: 1399-1485*, p.444; W. M. Ormrod, *The Reign of Edward III: Crown and Political Society in England 1327-1377*, New Haven: Yale University Press, 1990, pp.204-207.

二、"国王靠自己过活"原则的形成和嬗变

从以上分析我们可以看出，中古后期英王既不能靠自己过活，也不必靠自己过活，那么为什么贵族和议会提出"国王靠自己过活"这个口号呢？"国王靠自己过活"的依据是封君封臣制度下封君的权利和封臣的义务。实际上，国王靠自己过活的原则并不是随着封君封臣制度的确立提出来的，恰恰相反，它是在封君封臣制度日趋瓦解的过程中才被明确提出来的。因此，了解这个原则的演变过程有助于我们理解它的真实含义以及提出它的真实原因。

11、12 世纪，英王作为最高封建主的收入（或正常收入）远高于他作为国君的收入，或者说他的私人收入高于他的公共收入，国王基本上能够"靠自己过活"，再加上当时还没有出现区分国王公共收入与私人收入的观念，因此，那时英国的贵族没有提出"国王靠自己过活"的原则。1115 年，英王约翰由于连年与法国交战，在国内违反习惯向贵族征收盾牌钱等，在国外又丧失了安茹王朝在欧洲大陆的大片领地，引起英国贵族的强烈不满，他们武装反抗，迫使约翰王签署了英国历史上的重要政治文献《大宪章》，其中第 25 条规定："除了王领以外，国王不能任意增加其他郡和百户区的包租。"这是英国历史上第一次在公共文件中明确把国王在王领与在郡和百户区中的财政权利区分开来。虽然这种区分在当时并不意味着王领开始介入宪政斗争之中，但是在国王看来，贵族的反抗和《大宪章》的目标之一，就是把国王的日常财政负担从王国的其他地区转移到王领上来，即国王必须靠自己过活，所以《大宪章》第 25 条是"国王靠自己过活"原则的渊源。

"国王靠自己过活"原则与区分王位（Crown）与国王（King）观念的形成有关。12 世纪末 13 世纪初，英国的政治思想家开始区分永久性的王位与任期有限的国王。王位的永久性集中体现在属于王位的财富不可转让原则中。约翰王和亨利三世统治早期，王领开始被当作属于王位的天赋财产，属于国王的职位，而不属于国王的私有财产，国王不能像处理私有财产那样处置它。1254 年，亨利三世把土地和城堡授予王太子爱德华时曾经对议会说，它们"将永远不能与王位分离"。1258 年，贵族爆发反对亨利三世的内战前夕，推举了一批贵族担任亨利三世的顾问，控制亨利三世的政府。这些顾问宣誓就职时说："他们将不允许属于古代王领的任何土地和财产被转让。"1261 年，亨利三世抱怨这些掌权的贵族"允许王太子滥用国王授予他的属于王位的土地"。1266 年内战结束后，亨利三世颁布《肯尼沃斯赦令》，其中第 6 条规定："所有被贵族夺取的属于王

权的土地、权利、财产等都应当恢复归属王权和国王，除非占有者能够出示由国王或先王授予他们的合法证据。”这是英国历史上第一次以公共法令的形式明确阐述王领的法律地位，表明贵族对属于王位的土地与国王作为最高封建主所获得的土地进行了区分。[①] 与此同时，王领在公共法令中的称呼也发生了变化，从“王领”转变为“古代王领”——“王位的古代王领”。但是《肯尼沃斯敕令》否定了贵族的誓言，因为它承认，只要有合法依据，古代王领还是可以转让的，正如英国著名宪政史家波拉克和梅特兰指出的，王领不可转让的理论“与其说是一种法律规则，倒不如说是一种强烈的愿望”。[②]

而临时王领由于是国王通过行使封君权利而获得的土地，因此不属于王位，只属于国王本人的财产，它的转让不受限制。13 世纪英国著名的法学家勃拉克顿认为，临时王领之所以可以被转让，是因为“它们是国王的特权而获得的，而不是国家公共利益的组成部分，它们的转让只使国王个人的利益受到损失”。

所以 13 世纪区分王位与国王、属于王位的财富不可转让理论的形成，是国王靠自己过活观念形成的一个重要标志，但是由于当时封君封臣制的影响还比较大，国王的封建权利和封臣的封建义务在一定程度上仍然维持着，所以直到 13 世纪后期，英国议会虽然产生了，但是它还没有明确提出“国王靠自己过活”这个原则。中古英国明确提出“国王靠自己过活”的原则是在 14 世纪早期。1311 年，爱德华二世统治时期的“贵族立法团”制定法令，其中第 7 条指责爱德华二世滥赏土地给宠臣；在第 4 条和第 8 条中，贵族明确要求国王应该“靠自己过活”。为什么议会和贵族在这个时期才提出这个原则呢？

第一，与王领的政治功能紧密相关。中古英王一直享有把土地赏赐或分封给大臣或贵族的特权，王领的土地尤其是临时王领的土地常常被分封出去，以获得贵族的政治或军事支持。威廉一世之后，英国的王领就不断地被国王分封或赏赐给教会和贵族，到亨利一世时期，王领的土地已经有一半被封赏出去了。研究中古英国王领的史家沃尔夫甚至说：“约克王朝之前，英国王领的历史实际上就是一部国王不断赏赐土地的历史。”14 世纪英国两位被废黜的国王爱德华二世和理查二世的罪状之一都是滥赏土地和财富给宠臣。到 15 世纪中期，中古英国王领的面积下降到最低点。爱德华二世把大量的王领土地和财富赏赐给宠臣，

[①]　R. S. Hoyt, *The Royal Demesne in English Constitutional History 1066-1272*, pp. 135, 143.

[②]　Frederick Pollock and Frederic William Maitland, *The History of English Law before the Time of Edward I*, Vol. 1, Cambridge: Cambridge University Press, 1923, p. 180.

特别是赏赐给他的法国王后带来的法国贵族，如加维斯通等人，从而疏远了与大多数贵族的关系，这是导致该原则明确提出的直接原因之一。

第二，它与中古英王的先买权有关。先买权是古代英国王室的一项特权，即王室的采买官在任何市场上都拥有优先购买王室所需生活用品的权利，这是在古代英国商品货币经济不发达的情况下，王室维持生活的一种手段。但是到13世纪晚期，英王爱德华一世为了与苏格兰和法国进行战争，他除了连年征收动产税以外，还大肆利用先买权为军队采购后勤物资，而且常常以低于市场的价格购买，甚至赊购，最后根本不付款。先买权演变为强买权，臣民都认为强买权是一种非法税收，引发了中古英国第一次严重的财政和政治危机，教俗贵族都反对爱德华一世的税收政策，特别是他的强买政策。爱德华二世为了与法国战争，继续利用先买权强行征购臣民物资供应军队的后勤需要，由此引起贵族的强烈不满。1360—1413年，平均每两次议会中就有一次是抨击国王的强买政策。

第三，由于国王滥用先买权，导致贵族对王领收入的用途的看法发生了变化。13世纪认为国王收入的用处是国王的责任，而14世纪则认为王领的作用是减轻国王的财政需要带给国家的负担。1308年，贵族在议会声称，他们是向王位宣誓效忠和行臣服礼，国王有责任维持王领，而作为国王天然顾问的贵族则有责任强迫国王维持王领的土地，因为王位是王国的象征，是王国的共同利益，国王的财富应当为王国的利益服务，这样就把国王的正常收入纳入国家公共财政收支的范围。如果国王的财富不够维护王廷的开支而向臣民强买，那么王领的财政价值就成为臣民关心的焦点。

自1311年议会明确提出"国王应该靠自己过活"的原则后，每当议会感到国王的税收和强买政策过于严苛时，便老调重弹。1332年，下院议员再度向国王爱德华三世递交请愿书，要求国王靠自己过活，不要通过强买而加重臣民的财政负担。1340年，百年战争迫使爱德华三世不仅空前地连年征收动产税，而且大规模地利用强买政策征购后勤物资，并征用车马和船只运输物资和士兵，下院议员在议会中又提出，为了减轻人民的负担，国王应该靠自己过活，他们还要求滥用职权的王室采买官员，调查王领的管理情况。以后，"国王靠自己过活"的观念深入人心。

三、"靠自己过活"的国王

奇怪的是，当英国王领面积在 15 世纪中期降低到最低点时，国王反而主动提出靠自己过活。1467 年，约克王朝的建立者爱德华四世（1461—1483 年在位）在议会中说："我之所以召集这次议会是因为我想靠自己过活，除非在紧急情况下，我将不再向臣民征税……"[①] 爱德华四世为什么主动提出要靠自己过活呢？

第一，爱德华四世吸取前车之鉴，兰加斯特王朝（1399—1461）的国王由于过分依靠议会批准税收而使王权受制于议会。15 世纪英国著名政治理论家约翰·佛特斯鸠在《论英格兰的法律和政制》一书中认为，为了建立强大的王权，国王应该收回被赏赐出去的土地"靠自己过活"。[②] 据说，该书后来被献给了爱德华四世。第二，爱德华四世通过继承、没收和恢复等手段而获得了大量的王领地产。他三番五次颁布恢复被贵族侵占的王领土地的命令，1461 年，他没收了 2 个公爵领、5 个伯爵领、6 个男爵领和许多骑士的土地。这些王领土地每年给他带来 3 万多英镑的收入。[③] 第三，最根本的原因是，"国王自己的"收入构成发生了重大变化，或者说国王的正常收入结构发生了变化，原先属于特别收入的羊毛补助金现在变成了正常收入。中古英国的养羊业发达，出产优质羊毛，畅销欧洲大陆的毛纺织业地区，如欧洲低地国家和意大利。1175 年，爱德华一世建立了全国性的关税，对国内外出口羊毛的商人征收 6 先令 8 便士的关税。1303 年，爱德华一世开始对英国出口的呢绒征收关税，每匹 1 先令。1308 年，国王对从法国进口的葡萄酒每吨征收 2 先令的关税，称为"吨税"。1347 年，国王对其他进出口商品按照其价值征收每英镑 6 便士的关税，称为"镑税"。这些关税中，羊毛出口关税是大宗，它们都是常年征收，无须议会的批准。但是在战争时期，国王提高羊毛出口的关税，称为"羊毛补助金"，它的征收率不固定，总之是不断提高，有时达到每袋出口的羊毛征收 2 英镑多。它有征收期限，因此被认为属于国王的特别收入，到 14 世纪中期，议会控制了羊毛补助金的批准权。但是在 1398 年，英国议会批准理查二世终生享有征收各种关税包括羊毛补助金的权利。15 世纪，新国王即位时，议会就批准国王享有终身征收关税和羊毛补助金的权利，虽然议会名义上还掌握着它们的批准权。爱德华四世每年

---

① B. P. Wolffe, *The Crown Lands: 1461-1536*, p. 102.

② Sir John Fotescue, Lockwood Shelley, ed., *On the Laws and Governance of England*, Cambridge: Cambridge University Press, 1997, pp. 94-114.

③ Charles Ross, *Edward IV*, pp. 372-373.

获得关税的收入达到 3.5 万英镑。[①] 由于王领和关税成为爱德华四世的两项重要财源，所以他成为一百多年来没有出现财政破产的国王，成为能够"靠自己过活"的国王。实际上，爱德华四世"自己的"正常收入中已经包括了"特别的"收入，因此，他不是传统意义上的"靠自己过活"的国王。

综上所述，在封君封臣制度的影响下，中古英国国王被要求"靠自己过活"，但是以王领为主的正常收入越来越难以满足国王的正常财政需要，所以国王不能"靠自己过活"。由于中古历代英王不断突破封君封臣制度的束缚，把特别收入转化为正常收入，导致英国税收结构和国王收入构成发生变化，所以国王也不必"靠自己过活"。"国王应该靠自己过活"的原则对中古英国国王的财政产生了重要影响。第一，中古英国没有建立常规的全国性税收体制，每当遇到紧急情况时，特别是战争时期，国王就必须通过议会才能征收全国性的动产税；第二，由于中古英国战火不断，所以国王不得不经常依靠议会批准征收动产税，这就导致议会不断地加紧对国王钱袋的控制，扩大了议会的权利，从而推动了中古英国宪政的发展。

（原载《世界历史》2003 年第 1 期）

[①] M. M. Postan, *The Cambridge Economic History of Europe*, Vol. III, *Economic Organization and Policies in the Middle Ages*, Cambridge: Cambridge University Press, 1979, p. 318.

英国历史中的《大宪章》

2015 年 3 月 13 日—9 月 1 日，英国图书馆以"《大宪章》：法律、自由和遗产"的主题共同展出《大宪章》，纪念《大宪章》颁布 800 周年。《大宪章》（Magna Carta，来自拉丁语），也被称为《自由大宪章》，是英国约翰王于 1215 年 6 月 15 日在温莎附近的兰尼米德签署的一份文件。它由坎特伯雷大主教起草，目的是使约翰王与叛乱贵族之间达成和解。它承诺保护教会权利，保证贵族不被非法拘禁，它还限制国王向贵族征收的各种封建协助金。自从 1215 年约翰王签署《大宪章》之后的一个世纪里，它的各种版本的抄本超过 1000 份。迄今保存下来的中世纪抄本超过 100 件，其中包括 1215 年《大宪章》原始文本，被分别保存在大英图书馆（2 份）、林肯主教堂、萨尔兹伯里主教堂。它们是用羽毛管笔书写的拉丁文，有国王的大玉玺署印。

一、《大宪章》产生的历史背景

《大宪章》是英国约翰王（1199—1216 年在位）国内外政策的产物。首先，约翰王因连年对外战争耗资巨大而滥用权力向贵族征收封建捐税是《大宪章》产生的根本原因。英国安茹王朝（也译为"金雀花王朝"）与法国加佩王朝争夺欧洲大陆领地的斗争。1154 年，英国亨利二世登上英国王位，建立安茹王朝。通过继承，他还以法国国王封臣的身份拥有阿奎丹公爵领地和诺曼底公爵领地，于是英法之间围绕这些领地的保卫和收复展开了长期斗争。1199 年，约翰王继位，他的紧迫任务之一也是保卫安茹王朝（1154—1399）在法国的领地。从 1202 年起，约翰王几乎连年在欧洲大陆征战，初期取得了一些胜利。但到 1206 年，法国收复了大部分领地，约翰王只控制了阿奎丹。连年战争使约翰王的财政十分吃紧。安茹王朝国王的主要收入来源是：第一，来自他们个人的土地——即所谓"王室领地"（Royal Demesne）上的地租，这些土地分布在全国各郡，每年由各地郡守征收并上缴给国王的财政署（Exchequer）。自"诺曼征服"以来，随着国王不断分封给贵族，王室领地的收入就不断减少。约翰王竭力榨取它，年均所得大约 26000 英镑。[1] 第二，来自税收。1207 年，约翰王创立一种新的税收——征收全国臣民的动产税，获得 57421 英镑。[2] 第三，国王作为全国最高封君的财政特权收入。如司法罚金、法庭收费、出售城市自治特许权、监护权带来的收入等，其中盾牌钱是约翰王常用的敛财手段。根据英国的封君封臣制度，国王的直接封臣（也称"总佃户"）应该根据其所占有的骑士领（Knight's fee）数量，每年为国王提供相应数量的骑士为国王义务服役 40 天。随着英国封建社会的发展，服役骑士的人数不断下降，威廉一世时期骑士大约为 5000 人，亨利二世时期欠国王军役的骑士领约 5000 个，还有候补骑士近 6500 人。[3] 每当国王召集贵族服役时，所有不亲身服役的骑士，都必须向国王交纳盾牌钱（Scutage，也译为"免役钱"）。按照维持 1 名骑士 1 天的开支为 8 便士计算，盾牌钱的标准是 2 马克／骑士领。虽然总佃户每年都欠国王 40 天军役，但国王不能每年征收盾牌钱，只有当他发动战争并召集封建骑士服军役时才能征收。约翰王之前三位国王（亨利一世、亨利二世和理查一世）共征收过 11 次。约翰王在位 17 年，就征收了 11 次盾牌钱，且常常违背封建习惯，在没有战役的情况下征收，被臣民认为是"贪得无厌、敲诈勒索的财迷"。[4] 盾牌钱是引发贵族对约翰王统治极其不满的重要因素。

其次，约翰王与教会之间的矛盾是《大宪章》产生的另一个重要原因。1205 年，约翰王最信任的顾问、坎特伯雷大主教休伯特·瓦尔特去世。罗马教皇英诺森三世推荐选举斯蒂芬·朗顿继任，但约翰王拒绝。1208 年英诺森三世发布"禁令"，禁止英国人接受圣餐礼、埋葬在宗教墓地。次年，他甚至宣布革除约翰王的教籍，直到 1213 年约翰王承认教皇为英国的最高封君才被恢复。

最后，《大宪章》的导火索是 1214 年布汶战役失败及其引起的贵族反抗。

---

[1] James H. Ramsay, *A History of the Revenues of the Kings of England*, 1066-1399, Vol. 1, Oxford: Clarendon Press, 1925, pp. 234, 274; S. K. Mitchell, *Studies in Taxation under John and Henry III*, New Haven: Yale University Press, 1914, p. 16.

[2] James H. Ramsay, *A History of the Revenues of the Kings of England 1066-1399*, Vol. 1, p. 245.

[3] Bryce Lyon, *A Constitutional and Legal History of Medieval England*, New York: W.W. Norton & Company, 1980, p. 161.

[4] William Sharp McKechnie, *Magna Carta*, 2nd ed., Glasgow: James Maclehose and Sons Publisher, 1914, p. 74.

1214 年，约翰王率领一支雇佣兵到欧洲大陆，企图恢复丧失的法国领地。但是该战役以约翰王失败告终，英国在法国的领地几乎丧失殆尽，约翰王由此被称为"失地王"。

1215 年 1 月，约翰在伦敦召集了贵族大会议，讨论即将进行的改革问题。5 月，北部和东部的贵族宣布放弃对约翰王的效忠誓言，选举罗伯特·菲兹·瓦尔特作为他们的首领。他们还占领了伦敦。约翰王别无选择，只得与贵族谈判。1215 年 6 月，双方相会于温莎附近的兰尼米德（Runnymede）。6 月，叛乱贵族呈递"贵族宪章"（Articles of the Barons）给约翰王，要求改革，其中 7 条来自所谓"未名的自由宪章"（The Unknown Charter of Liberties）。6 月 15 日，约翰王同意由坎特伯雷大主教斯蒂芬·朗顿起草的《自由大宪章》，后来被称为《大宪章》，19 日，叛乱贵族与约翰王和解，他们重新宣誓效忠约翰王。约翰王随即下令誊写副本，颁发全国。

二、《大宪章》的内容

1215 年《大宪章》一共 63 条。[①] 其条款基本按照教会权利、财政、司法、行政、王室森林的顺序排列。第 1 条就是关于保护权利的内容："首先，本宪章为我们和我们的后代永远确认，英国教会自由，它的权利不会被削弱，它的自由不会受到阻碍；我们愿意遵守以上规定；显然，在我们与贵族发生争吵前，就已经自愿地授予、现在通过宪章确认对英国教会极其重要的选举自由，而且得到教皇英诺森三世的确认；我们和我们的后代将永远虔诚地遵守下列各项自由条款。"直接涉及贵族与国王封建财政义务的条款达 14 条（即第 2、3、4、5、6、7、8、12、14、15、16、26、29、37 条），其中第 12 条规定："不经全国同意，（国王）不许征收盾牌钱和协助金，除了国王的赎金、王太子被封为骑士、公主出嫁这三种协助金之外，而且协助金的数量要合理……"第 14 条进一步规定："为了取得全国同意征收协助金（除了上述三种外）或盾牌钱，我们应当分别致信召集大主教、主教、修道院长、伯爵、男爵，此外，我们还通过郡守和各郡司法官集体召集总佃户于规定时间和地点，共同协商……"这两条是后来

---

① 1759 年，威廉·布莱克斯通爵士（Sir William Blackstone）出版《英国法律评论》（*Commentaries on the Laws of England*），首次对《大宪章》的条文进行编号，这些编号使用至今。

英国税收"不经同意不得征税"原则的渊源。涉及司法的内容包括 13 条（即第 17、18、19、20、21、22、24、28、34、38、39、40、45 条）。其中最著名的第 39 条规定："任何自由人不得被逮捕、囚禁、被剥夺财产、被宣布不受法律保护、被流放，或遭受其他任何形式的损害，我们将不会袭击他或者派遣任何人袭击他，除非他经过同身份的人或者王国的法律的合法审判。"这一条赋予自由人生命、财产的合法权利和得到公正司法审判的权利。有关行政的内容比较庞杂，达 25 条（即第 9、10、11、23、25、30、31、32、33、35、36、41、42、43、46、49、50、51、52、54、55、56、57、58、59 条），包括统一全国度量衡、外国商人在英国自由出入和经商活动、驱除外国官吏和雇佣兵、与威尔士和苏格兰的关系等。关于王室森林的管理和司法只有 4 条（即第 44、47、48、53 条）。① 1215 年《大宪章》规定了英国贵族享有一定的政治权利与自由，保障了教会的权利，改革了一些司法，限制了国王及王室官员的一些权力。但是，"自由人"仅仅包括中世纪英国少数人口。大多数人是被称为"维兰"的非自由农民，他们只能通过自己领主的法庭寻求公正的司法。

　　1215 年《大宪章》中的一些内容不是空穴来风，它的先驱是亨利一世颁布的《加冕誓词》或《自由宪章》。亨利一世是威廉一世（"征服者"威廉）和王后"弗兰德尔的马蒂尔德"的幼子，从小受到良好的教育，能够阅读和写作拉丁文，了解一些英国法律和自然史知识。他从父亲那里继承了 5000 英镑银币，但是没有封地。亨利后来用 3000 英镑从其兄弟诺曼底的罗伯特那里购买了一块土地。② 1096 年，罗伯特离开诺曼底参加第一次十字军，英国国王威廉二世（鲁弗斯）乘机占领诺曼底，亨利宣誓效忠鲁弗斯。1100 年，鲁弗斯狩猎时被杀。当时罗伯特又在东方，所以亨利宣布继承英国王位。但是亨利面临三个问题：第一，贵族们拒绝承认他；第二，教会也反对他，特别是坎特伯雷大主教安瑟伦；第三，盎格鲁-撒克逊人也不接受他。亨利被迫向教会妥协，与安瑟伦和解。他还娶苏格兰国王马尔科姆三世之女、盎格鲁-苏格兰王位继承者伊迪斯，从而取悦了盎格鲁-撒克逊人。伊迪斯改名为"诺曼的玛蒂尔达"。为了安抚其他贵族，确保王位，1130 年，亨利一世颁布了《加冕誓词》，其内容如下：

———————

①　Harry Rothwell, ed., *English Historical Document 1189-1327,* Oxford: Oxford University Press, 1975, pp. 316-324.

②　http://www.britannia.com/history/docs/charter.html.

英国国王亨利向萨姆逊主教、乌尔索·德·阿贝托特主教、法国和英国的忠诚贵族们、沃切斯特主教致意。本文件于 1100 年在伦敦塔的诺曼小教堂里颁布。

1. 亨利一世托上帝洪福，被加冕为英国国王，将不会在主教或修道院长去世时没收或者出售教会的任何财产，直到新的教职人员被任命为这些财产的继承者为止。我将结束英国境内各种压迫行为。

2. 如果我的伯爵或贵族去世，他的继承人将不会被强迫购买他们继承的财产，而是按照法律或习惯继承。

3. 任何伯爵或贵族的女儿订婚或其他女性亲属出嫁前都必须首先与我协商，但是我不会阻挠任何精心挑选的婚姻。任何希望再婚的寡妇必须与我协商，但是我会遵守她们的直系亲属、伯爵和贵族的意愿。我不允许她嫁给我的敌人。

4. 任何贵族的遗孀的亡夫遗产都不能被剥夺，她将被允许根据自己的意愿再婚，只要她以合法的方式保持身体的完整性。

5. 忏悔者爱德华一世时期被城市和郡夺取的铸币权从此收归国王。

6. 我将免除欠我兄弟的所有债务和罪行，除了那些通过继承而合法获得的之外。

7. 如果贵族因为身体虚弱而把金钱或其他财产分配给继承人，那么这是被允许的，只要这些继承人被登记了。以武力强迫身体孱弱的贵族赠送礼物不能执行。

8. 如果贵族犯罪，那么他不必像我父亲和兄弟统治时期那样向国王交纳罚金，但是必须像我父亲统治之前那样按照习惯和法律接受处罚，并做出相应的赔偿。任何犯有背叛或其他重罪的人都必须做出适当赔偿。

9. 我将赦免继位前的所有谋杀罪犯。此后，所有谋杀罪犯必须接受国王的司法审判。

10. 经过全体贵族同意，我将继续占有我父亲时代的所有森林。

11. 那些履行了军役和战马义务的骑士无须再交纳粮食或其他农产品给我。

12. 我将带给并维持全国的和平。

13. 我将恢复"忏悔者爱德华"的法律，以及我父亲根据贵族的建议而引入的赔偿。

14. 任何在我父亲死后从我那里获得的财产必须立即归还，但不征收罚金。如果不归还，我将征收沉重的罚金。

见证人：伦敦主教马留斯、温切斯特主教候选人威廉、赫尔福德主教杰拉尔德，亨利、西蒙、瓦尔特·吉华德、罗伯特·德·孟福尔、罗杰儿·比格特等伯爵，管家欧多、哈默之子罗伯特、罗伯特·马雷特等。于伦敦、我的加冕仪式上颁布。致礼。①

亨利一世《加冕誓词》中的第 1 条保护教会权利，第 2、3、4 条关于贵族与国王之间封建财政义务的关系等，基本被 1215 年《大宪章》所继承下来了。

三、英国历史中的《大宪章》

在 1215 年后的岁月里，《大宪章》被历代国王多次增删内容而重新颁布，然而并非所有这些让步和承诺都会被后代国王所信守。事实上，《大宪章》的历史在很大程度上就是国王不信守其条款的历史。中世纪后来的历代国王多次确认《大宪章》的条款，但是《大宪章》再也没有像 1215 年版本那样的抄本流传。

1215 年 6 月，约翰王虽然同意《大宪章》的各项条款，贵族们也重续了他们的效忠誓言，但是这种解决结果并未长久。约翰王派使节前往英国最高封君罗马教廷，请求罗马教皇英诺森三世废除这个宪章。结果，贵族们拒绝交出伦敦给约翰王，除非《大宪章》的条款得到实施。教皇英诺森三世也被《大宪章》的条款所警醒，于 1215 年 8 月 24 日颁布"教皇通谕"，称《大宪章》为"非法的、不公正的、有害于王权的，是英国人民的耻辱"，并宣布《大宪章》"永远无效"。②1215 年 9 月，约翰王与贵族之间的内战爆发。约翰王调集了一支雇佣军，贵族则宣布放弃效忠誓言，并邀请法国王子路易接受英国王位。1216 年，路易率军入侵英国，1216 年 10 月 18 日，约翰王因腹泻而去世，而当时他与贵族的内战仍在进行。

约翰王临终前任命了由 13 名贵族组成的摄政委员会辅佐其子亨利，并且指定英国最著名的骑士威廉·马歇尔作为亨利的监护人。保王派领袖决定立即

---

① D. C. Douglas and G. W. Greenaway, *English Historical Documents: 1042-1198*, Vol. 2, 2nd ed., London: Eyre Methuen, 1981, pp. 432-434.

② http://www.bl.uk/magna-carta/articles/magna-carta-people-and-society.

为亨利加冕，以确保他的王位。1216 年 10 月 28 日，亨利加冕，称为"亨利三世"。年幼的国王继承了一个困境：英国一半多领土被叛乱贵族占据，他父王的大多数欧洲大陆领地被法国收回。但是，他也得到一些重要贵族的支持，并且通过向教皇宣誓效忠而得到他的支持。教皇霍诺留斯（Honorius）宣布亨利是教皇的附庸和被监护人，教皇特使全权负责保护亨利和英国。作为附加条件，年幼的亨利宣布参加十字军，以期得到罗马教皇的特别保护。但是对保王派来说，反对贵族叛乱的战争不太顺利，亨利三世及其摄政们正在考虑撤退到爱尔兰。幸运的是，法国路易王子和英国的叛乱贵族也无法取得更多进展：路易无法成为英国国王，因为英国教会和罗马教廷都支持亨利三世。为了争取更多的叛乱贵族，亨利三世不仅承诺归还叛乱贵族被没收的土地，而且重新颁布《大宪章》。

1217 年，路易王子再次率领法军入侵英国，被亨利三世的军队击败，许多跟随路易的英国叛乱贵族被俘处死。路易被迫与亨利三世谈判，宣布放弃对英国王位的要求，作为交换条件，亨利三世承诺归还英国叛乱贵族的土地，不开除他们的教籍，并重颁《大宪章》，并首次颁布了《森林宪章》（Charter of the Forest）。为了与同时颁布的《森林宪章》区别，1217 年《大宪章》获得了拉丁语"Magna Carta"的名字。1216 和 1217 年重颁的《大宪章》较 1215 年的《大宪章》内容有所增删。1215 年《大宪章》中反对外国人担任英国官职的强硬措辞被悄悄删除了，因为亨利三世身边不少能干的辅佐官员是外国人。管理"王室先买权"[①]的条款保留了下来，关于贵族遗孀权利和追偿债务的条款也做了大量细微修改。1217 年重颁的《大宪章》中新增的条款是摧毁内战期间建立起来的贵族城堡，还严格规定了郡守主持法庭的次数，关于滥用权力追溯到亨利二世和理查一世时期的承诺被撤除了。为什么 1216、1217 年重颁的《大宪章》能增删其内容呢？主要是因为颁布的目的发生了改变，虽然这两次重颁都处于内战之中，但是《大宪章》不再是贵族们强加给国王的和平条约，而是国王为了证明自己愿意根据全国同意的原则治理国家。《大宪章》从妥协文本变成了善意的保证。《大宪章》的抄本分发到各郡，在郡守的法庭上当众宣读。

1225 年重新颁布的《大宪章》在英国历史上具有重大的意义。首先，1225 年重颁的《大宪章》从 1215 年的 63 条减少为 39 条。其中完全相同或者对个别

---

① 王室先买权是指王室指定的官吏拥有在全国任何市场以低于市场价格优先购买生活物资的权利，但这项权利经常被滥用。

字句进行了修改的条款为 18 条（即 2、4、9、13、16、17、23、24、32、33、34、35、36、37、38、41、46、54 条）；重大修改的条款为 12 条（即 1、3、5、6、7、18、19、26、28、29、30、43 条）；完全删除的条款为 20 条（即 8、10、11、12、14、15、22、25、27、31、42、44、45、47、48、49、50、51、52、53 条）；新增加的条款为 5 条（16、32、35、36、37 条）；第 20、21 条合并为一条，第 39、40 条合并为一条。其次，重颁《大宪章》首次与国王的征税联系起来。1224 年，法国路易八世入侵英国在欧洲大陆的领地加斯科涅。亨利三世在那里的守军不堪一击。1225 年，为了增派军队到加斯科涅，贵族大会议批准亨利三世征收"全国臣民全部动产的 1/15 税收"4 万英镑。作为交换，贵族们要求亨利三世再次颁布被修改了的《大宪章》和《森林宪章》。亨利三世宣称他"自愿地"重颁，并且用大玉玺予以确认，从而使《大宪章》和《森林宪章》比以前的版本更具有真实性。此后，国王以"自由"的让步来换取征税将变成常态。13、14 世纪，英国宪政的原则是，国王只有同意改革政府才有权向臣民征税。如 1237 年 1 月，《大宪章》和《森林宪章》再次确认，国王再次被同意征税。再次，《大宪章》的各个版本开始广泛流传，法庭上也经常引用它的条款，贵族们开始以《大宪章》的内容为蓝本给自己的佃农（维兰）提供自由章程。1242 年，为了对法战争，亨利三世要求向全国征税，但是遭到贵族大会议的拒绝，理由是此前批准的税收并未带来良好的统治，"因为国王得到 1/13 动产税之后从未遵守《自由大宪章》，反而比以前更压迫他的臣民"。[①]13 世纪 50、60 年代，亨利三世及其长子爱德华与叛乱贵族西门·德·孟福尔进行长期战争期间，《大宪章》仍然是政治争辩的焦点。1265 年上半年，孟福尔处于权力顶峰，他不仅强迫亨利三世和爱德华王子发誓遵守 1264 年为他们制定的宪法，而且要求亨利三世确认《大宪章》和《森林宪章》。亨利三世统治期间（1216—1272），平均每 5 年左右就确认或者重颁一次《大宪章》。到亨利三世去世时，《大宪章》已经变成了英国的政治常识，它的意义已经深入英国每个识字者的心中。最后，由于《大宪章》第一条就承诺保护英国教会的"自由和权利"，所以它得到了英国教会的保护。英国教区的教堂成为用方言宣读《大宪章》的地方。1225 年和 1237 年重颁《大宪章》时都声明，如果有人违背，那么将被革除教籍。1253 年，亨利三世重颁《大宪章》时再次重申这个规定。

    《大宪章》的标准版本最终由爱德华一世（1272—1307 在位）确定下来。

---

①   Dan Jones, *Magna Carta: The Making and Legacy of the Great Charter*, Head of Zeus Publisher, 2014, p. 80.

他的统治以长期战争著称，虽然他的战争比其祖父和父亲都更成功，但是耗费巨大。1294 年，为了与法国和苏格兰作战，爱德华一世面临空前的财政压力，于是他要求连续 4 年征收动产税（城市 1/10，乡村 1/15），提高羊毛关税，对全国教士征收一半收入税，以筹集 20 万英镑，用于支付战争开支，并且擅自提高羊毛出口关税。[①] 这引起了全国教俗贵族和臣民的强烈反对。1297 年 10 月，留在国内监政的王太子爱德华召集议会，部分议会成员"同意"国王连年征税要求。但是议会要求重新确立 1225 年修改后的《大宪章》和《森林宪章》，在海外作战的爱德华一世也表示同意。但是议会要求增加一些新条款，王太子不敢同意。最终这些新增条款单独形成一个文件，即《宪章确认书》。它包括 6 条承诺。其中第 1 条要求爱德华一世必须遵守"经过全国同意"并且被他父亲亨利三世确认的《大宪章》和《森林宪章》。第 3 条规定，《大宪章》和《森林宪章》必须送往全国各地的主教堂，"每年当众宣读两次"。《宪章确认书》中最重要的是第 5 条，规定有争论的税收将不构成以后征税的先例。第 6 条规定，"不经全国同意和为了全国的利益"国王不得征收全国动产税或出口关税。这实际上就把 1215 年《大宪章》第 12、14 条关于征收协助金和盾牌钱需要征得贵族同意延伸到新的税种，尽管这两条从 1216 年重颁的《大宪章》中就被删除了。但是《宪章确认书》留下了两个没有明确阐述的问题：首先，谁构成"全国"？虽然除了教俗大贵族之外，骑士和市民似乎也被包括在内。其次，通过什么手段"全国"才能正式表示"同意"（征税）。由于议会当时还没有代表全国表示同意的权力，所以国王仍然可以从其他形式的会议（如贵族大会议、贵族小会议等）取得同意征税。爱德华一世用信件也确认这些新增条款。他的信件随着《大宪章》和《森林宪章》以及《宪章确认书》颁行全国，这标志着《大宪章》和《森林宪章》成了英国第一个议会成文立法。[②] 1300 年，爱德华一世最后一次重颁《大宪章》。[③] 自爱德华一世起，英国议会的第一件事情经常是公开宣读和重新确认《大宪章》，议会也经常向国王索取对《大宪章》的重新确认。

爱德华二世（1307—1327 年在位）和理查二世（1377—1399 年在位）时期，《大宪章》为贵族们限制王权提供了榜样。爱德华三世（1327—1377 年在位）的漫长统治期间，议会制定了 6 个议会立法，其中 1354 年议会立法明确阐

---

① Michael Prestwich, *War, Politics and Finance under Edward I*, Totowa: Rowman and Littlefield, 1972, p. 179.

② Ralph V. Turner, *Magna Carta: Through the Ages*, Harlow: Pearson Education Limited., 2003, pp. 104-105.

③ Dan Jones, *Magna Carta: The Making and Legacy of the Great Charter*, p. 82.

述了《大宪章》中承诺的"正当法律程序"。

约克王朝的亨利六世（1422—1461年、1470—1471年在位）时期，1423年重新确认了大宪章，并且议会立法将《大宪章》中"任何自由人"都不得被拒绝正常的法律程序，明确改为"无论什么等级或条件的人"都不得被拒绝正常的法律程序。[①]《大宪章》的法律保护关系终于延伸到全体英国居民。到15世纪早期，《大宪章》被重新确认了40多次。[②]15世纪中期以后，《大宪章》在英国政治生活中不再占据重要地位。但是它仍然是培养律师的教材，而且由于活字印刷术的发明识字人数的增加，它的流传更加广泛。

都铎王朝（1485—1603）对大宪章的解释发生了逆转。亨利七世（1485—1509年在位）从"玫瑰战争"（1455—1485）中夺取王位，他和其子亨利八世都大力宣传王权的合法性，宣布任何反对王权的叛乱都是非法的。在与罗马教廷的争论中，亨利八世要求全国臣民应当优先支持国王。由于它的基本内容与16世纪的政治气氛不相符，所以《大宪章》基本被忽略了。[③]但到16世纪末，英国兴起古物研究热。这些好古者不仅"发现"了许多古代英国的习惯和法律，甚至认为英国16世纪议会的起源应当追溯到那个时期。他们还认为1066年"诺曼征服"废除了这些习惯和法律，而1215年《大宪章》恢复了它们。弗兰西斯·培根认为，1215年《大宪章》第39条是16世纪陪审制度和司法程序的基础。现代史学家论证，这些说法都是错误的。[④]

斯图亚特王朝时期，《大宪章》变成了越来越重要的政治文献。詹姆斯一世（1603—1625年在位）和查理一世（1625—1649年在位）都宣扬"君权神授"，反对者多次引用《大宪章》来挑战他们的君主制，他们声称《大宪章》是英国"古代宪法"的关键组成部分，承认和保护每个英国人的自由。在法庭和议会带头反对斯图亚特国王的爱德华·科克爵士敦促议会重申《大宪章》，1628年，他起草了以《大宪章》作为序言的《权利请愿书》。[⑤]查理一世最初不同意《权利请愿书》，坚决拒绝确认《大宪章》。1640年，英国陷入内战，1649年查理一世被处死。在此后的共和国时期，"护国公"克伦威尔虽然承认对自己权力的一些限制，但是他也蔑视《大宪章》。

---

① Ralph V. Turner, *Magna Carta: Through the Ages*, pp. 112-113.

② Ralph V. Turner, *Magna Carta: Through the Ages*, p. 3.

③ Dan Jones, *Magna Carta: The Making and Legacy of the Great Charter*, p. 82.

④ http://en.wikipedia.org/wiki/Magna_Carta.

⑤ Ralph V. Turner, *Magna Carta: Through the Ages*, p. 3.

詹姆斯二世被废除和1688—1689年议会的最高权力期间，许多人认为"光荣革命"是1215年事件的重演，是英国历史上贵族再次反叛"约翰王"。詹姆斯二世（1685—1688年在位）的女儿玛丽（1689—1694年在位）和女婿奥兰治的威廉（1689—1702年在位）继位以及《权利宣言》的颁布，都被议会当作《大宪章》的再次实施，它对英国历史的影响达到顶峰。①

随着18世纪初英国议会权力至上原则的确立，汉诺威王朝（1714—1901）历代国王逐渐退出政府事务，《大宪章》丧失了它作为英国"根本法律"、位于议会之上的特殊地位，人民期望议会捍卫他们的自由。到19世纪末，议会立法几乎取代《大宪章》的所有条款。

《大宪章》在英国历史中的历程表明，它的条款和内容与现实联系越少，那么人们越是对它尊敬有加。第二次世界大战期间，1215年版《大宪章》的林肯主教堂抄本被保存在美国的"诺克斯堡"；2007年12月，一份1297年版《大宪章》在纽约拍卖到2130万美元。②《大宪章》没有任何条款提到，或者企图改善今人所说的"民主"，1215年反对约翰王的那些富有和自私自利的英国贵族根本不知道民主为何物。但2014年，英国首相戴维·卡梅伦在一次演说中承诺，联合王国每个学生必须学习《大宪章》，"这个宪章的现存抄本也许褪色了，但是它的原则一如既往地光芒四射，它们铺平了缔造不列颠的民主、平等、尊重和法律的道路"。③然而事实可能正好相反，《大宪章》许多古老抄本都被保存得很好，而它的大多数原则被废弃了，它的条款与民主、平等和尊重没有任何关系。

（原载《庆祝马克垚先生九十华诞论文集》，商务印书馆2023年版）

---

① Ralph V. Turner, *Magna Carta: Through the Ages*, p.4.

② Dan Jones, *Magna Carta: The Making and Legacy of the Great Charter*, p.86.

③ Dan Jones, *Magna Carta: The Making and Legacy of the Great Charter*, p.88.

中世纪英国国王的财政特权

中世纪英国国王的财政特权是随着封君封臣制度的建立而形成的。1066 年，诺曼底公爵威廉征服英国，称为"威廉一世"，从法理上成为全国土地的最高所有者。但是为了取得贵族特别是跟随他征服英国的诺曼底贵族的军事和政治支持，威廉一世把欧洲大陆的封君封臣制度导入英国，仿照诺曼底的分土裂封的习惯，把英国的土地分封给世俗和教会的大封建主，这些直接向国王领有土地的大封建主被称为国王的总佃户（Tenant-in-Chief），总佃户把自己的封土进行再分封，直到作为最小分封单位的骑士领（Knight's Fee），每个骑士领的土地约 5—6 海德，每年收入约 20 英镑。通过土地的层层封授，英国就形成了自国王到骑士的封君封臣制度。1086 年，威廉一世要求全国各级封建主都宣誓效忠国王，无论他们是否直接从国王那里占有土地，形成了有别于欧洲大陆"我的封臣的封臣不是我的封臣"的英国封建制度，为后代国王对各级封建主行使财政特权奠定了基础。

根据封君封臣制度，中世纪英国国王的收入被划分为正常和特别两部分。特别收入是指国王以国君的身份在特别紧急情况下（一般是战争）向臣民征收的税收。而正常收入是指国王作为全国最高封君所获得的收入，即国王的财政特权带来的收入，主要包括郡包租、特别协助金、继承金、监护权和婚姻权、王室森林区收入等。这些财政特权收入一般由郡守或国王任命的其他官吏负责征收，交纳到国王的财政管理机构财政署（Exchequer），其数目登记在《财政署收支卷档》（Pipe Rolls）上。

一、郡包租

除了分封给教俗贵族的土地外，国王还拥有大量没有分封给其他封建主的土地，这些土地就是王领（Royal Demesne 或 Crown Lands），王领不仅包括乡村庄园，也包括城市（Borough）。1086 年全国土地调查时，按照土地价值，威廉一世占有全国 18% 的土地，几乎分布于各郡，其中王领占 30% 的有 4 郡，占20%—30% 的有 8 郡，其他各郡几乎都有 10% 以上。[①]

王领土地一般由各郡的郡守负责管理，他们把土地出租，并负责征收地租。到亨利一世时期，王领地租已全部被折算成货币，各郡的地租数量也被固定，称为"郡包租"（County Farm）。1086 年的《末日审判书》记载了 21 个郡交纳的郡包租数量，另外 11 个郡的资料遗失了，现代学者估计为 3164 英镑，所以当年威廉一世的郡包租总收入为 12034 英镑。[②] 财政署成立后，郡守每年于复活节和米迦勒节把包租上缴财政署，《财政署收支卷档》中的第一项收入是郡包租。中世纪英国常设 36 郡，威廉一世时期交纳包租的郡数为 32 个，亨利一世和亨利二世时期一般为 34 个。有的郡守身兼数郡，所以这些郡的包租就由一名郡守一同上缴，而且《财政署收支卷档》上也登记在一起。王领城市的包租一般也由郡守承包，但是少数被国王授予了特权的王领城市单独交到财政署。亨利一世时期，只有伦敦等 6 个城市享有单独交纳包租的权利。[③]

从理论上说，郡包租收入是固定的，但实际上它是不断变化的（参见表1）。导致郡包租下降的因素主要是国王把王领土地赏赐给教会和世俗贵族。亨利二世曾经下令把德汶郡的部分王领土地授予雷基纳伯爵，德汶郡的郡包租由312 英镑减少为 190 英镑，下降 41%。[④]

表 1　部分郡包租下降情况表（英镑）[⑤]

郡	埃塞克斯	希尔福德	哈特福	莱斯特	诺森伯兰	牛津	怀特
1086 年	616	335	142	156	573	788	1460
1155 年	300	165	60	100	150	350	600

① Robert Bartlett, *England under the Norman and Angevin Kings: 1075-1225*, Oxford: Oxford University Press, 2002, p.160.

② James H. Ramsay, *A History of the Revenues of the Kings of England, 1066-1399*, Vol. 1, Oxford: Clarendon Press, 1925, pp.1-4.

③ Judith A. Green, *The Government of England under Henry I*, Cambridge: Cambridge University Press, 1986, p.67.

④ Robert Bartlett, *England under the Norman and Angevin Kings: 1075-1225*, p.161.

⑤ Bertram Percy Wolffe, *The Royal Demesne in English History: The Crown Estate in the Governance of the Realm From the Conquest to 1509*, London: George Allen and Unwin, 1971, p.33.

　　但是郡包租也可以不断增加。仅 1130—1160 年，国王的郡包租收入就增长了近20%。[①] 国王主要利用三种方法增加郡包租。第一，直接增加郡守的包租数量。约翰王统治时期增加了 13 名郡守的包租，由此获得 1525 马克（约 1017 英镑）。[②] 第二，改进郡包租管理方法。从亨利二世起，国王开始剥夺郡守的王领管理权，特命一批王领官吏，由他们出租王领庄园，把王领庄园的包租直接上缴财政署。亨利三世时期任命宠臣彼得·里沃进行财政改革，其主要措施就是把王领庄园出租给竞价最高的人。第三，扩大王领面积以增加郡包租收入，为此历代国王不惜动用各种手段。首先通过继承可以获得大量王领土地，其中最著名的例子是兰加斯特地产。诺曼王朝时，它是强大的贵族罗杰尔家族的封地，1102 年，亨利一世没收了它，把它授予侄子布洛瓦的斯蒂芬，斯蒂芬为国王时，把它授予王子布洛瓦的威廉，1154 年威廉去世，其遗孀占有它，直到 1164 年她去世。此后，兰加斯特地产一直掌握在历代国王的手中，由专门官吏负责其管理和交纳包租到财政署，安茹王朝（1154—1399）时期，兰加斯特地产每年包租 200 英镑。[③] 其次，有的国王即位后，立即颁布法令，恢复被贵族侵占的王领土地。约克王朝的爱德华四世即位后，连续 4 次下令恢复被贵族侵夺的王领土地，这种做法后来被都铎王朝的亨利七世所继承。再次，没收贵族土地。1352 年，爱德华三世颁布《叛逆罪法》，后代国王经常据此没收叛乱或敌对贵族的地产。1459 年，亨利六世召集议会，指控约克公爵及其支持者犯有叛逆罪，没收他们的土地和财产。[④] 1461 年，爱德华四世在继承了大量地产的基础上，又没收了 2 个公爵领（包括面积最大的兰加斯特公爵领）、5 个伯爵领、6 个男爵领和许多乡绅的土地，从而使王领面积达到空前水平。[⑤] 正是由于这一系列措施，历代国王的郡包租收入没有因为把王领土地授予教俗贵族而出现大量下降（参见表 2）。

---

① Emilie Amit, *The Accession of Henry II in England: Royal Government Restored., 1149-1159*, Woodbridge: Boydell Press, 1993, p.156.

② Sydney Knox Mitchell, *Studies in Taxation under John and Henry III*, New Haven: Yale University Press, 1914, p.16.

③ Robert Bartlett, *England under the Norman and Angevin Kings: 1075-1225*, p.162.

④ Anthony Tuck, *Crown and Nobility 1272-1461: Political Conflict in Late Medieval England*, Oxford: Oxford University Press, 1986, p.313.

⑤ Charles Ross, *Edward IV*, London: Methuen, 1983, p.373.

表 2　中世纪历代国王的郡包租年均收入 [1]

国王	郡包租年均收入（英镑）
威廉一世	12034
亨利一世	11082
亨利二世	10000
约翰王	26000（1210 年和 1205 年的平均数）
亨利三世	14635（1221 年）
爱德华一世	13000—14000
爱德华二世	11724（1324 年）
爱德华三世	15724
理查二世	27080
亨利六世	13711（1433 年）
爱德华四世	30000

二、特别协助金

在封君封臣制度下，当封君出现紧急而巨大的财政需要时，封臣应该提供帮助。与其他封君一样，作为全国最高封君的国王在财政急需时，也可以合法地向其封臣（总佃户）要求财政帮助。12 世纪亨利二世的大法官格兰维尔提到两种特别协助金，即国王的长子被封为骑士和长女出嫁。协助金的数量应该合理和适当，根据封臣领地的面积而定，以便封臣的财产能够维持他的地位，后来增加了国王被俘而交纳赎金。[2]

中世纪前期，国王的收入主要来自封建财政特权，特别协助金征收的次数比较多。起初，协助金的征收单位是土地面积，但是 12 世纪中期以后，协助金

---

[1]　James H. Ramsay, *A History of the Revenues of the Kings of England, 1066-1399*, Vol. 1, pp. 1-4, 60, 234, 274, Vol. 2, pp. 293, 426, 432; Sydney Knox Mitchell, *Studies in Taxation under John and Henry III*, p. 16; Michael Prestwich, *War, Politics and Finance under Edward I*, Totowa: Rowman and Littlefield, 1972, p. 178; Natlie Fryde, *The Tyranny and Fall of Edward II*, Cambridge: Cambridge University Press, 1979, pp. 98-99; Alfred L. Brown, *The Governance of Late Medieval England 1272-1461*, Standford: Standford University Press, 1989, p. 62; Charles Ross, *Edward IV*, p. 373.

[2]　G. W. S. Barrow, *Feudal Britain: The Completion of the Medieval Kingdoms 1066-1314*, London: Edward Arnold, 1983, pp. 44-45.

的征收单位改为骑士领，征率为 1—2 马克（1 马克相当于 13 先令 4 便士），每个总佃户按照自己所拥有的骑士领数量交纳。[①] 由于总佃户及其封臣不断分封土地，所以国王难以准确地掌握全国骑士领的总数，影响了协助金的数量。为了扭转这种局面，有的国王下令对全国骑士领进行调查。如 1166 年，亨利二世任命巡回法官调查总佃户的骑士领情况，调查内容包括：第一，每个总佃户在亨利一世时期再分封了多少骑士领；第二，亨利一世之后又分封了多少骑士领；第三，每个总佃户有多少隐瞒未报的骑士领；第四，登记每个总佃户属下的骑士姓名。[②] 但是调查并未取得预想的效果，1168 年，亨利二世的长女出嫁，征收 1 马克 / 骑士领的特别协助金，结果只获得 2608 英镑，因为只有 3037 个骑士领交纳，尽管当时全国大约有 6000—7000 个骑士领。[③]

特别协助金的征收和用途不一定完全符合封建习惯。1235 年，亨利三世为妹妹朱安娜出嫁神圣罗马帝国皇帝弗里德里克二世而征收 2 马克 / 骑士领的协助金，但朱安娜不是约翰王的长女，而约翰王的长女出嫁时没有征收，所以亨利三世补征。有的特别协助金被用于其他目的。1245 年，亨利三世为只有 5 岁的长女出嫁而征收协助金，实际上她到 1251 年才出嫁，协助金是为了偿还加斯科涅战争带来的债务。1302 年，爱德华一世就把为出嫁长女而征收的特别协助金款用于对苏格兰的战争。

特别协助金的征收常常遇到总佃户的消极抵制，特别是当征率超过习惯规定的时候。1346 年，爱德华三世为黑太子被封为骑士而征收协助金，由于征率为 2 英镑 / 骑士领，所以直到 1355 年还有一部分没有征收上来。1401 年亨利四世为长女出嫁的协助金直到 1407 年还没有全部征收上来。

中世纪英国因为被俘而被勒索赎金的国王只有理查一世。1192 年从十字军东征返回英国的途中，理查一世被神圣罗马帝国的奥地利公爵所俘，最初被要求交纳赎金 15 万马克，后来协商为 10 万马克。为了赎回国王，王后和宰相决定对每个骑士领征收 1 英镑的协助金。相对来说，国王为了长子封为骑士、长女出嫁而征收特别协助金的机会要多一些。从 12 世纪到 16 世纪初，英国共有 7

---

① 骑士领，即骑士的领地，面积不同。一个标准骑士领包括 250 英亩自营地，13 世纪一个骑士的年收入为 20—100 英镑。参见 Clayton Roberts and David Roberts, *A History of England: Prehistory to 1714,* Vol. I, 3rd ed., New Jersey: Prentice Hall, 1991, pp. 125-126。

② James H. Ramsay, *A History of the Revenues of the Kings of England, 1066-1399,* Vol. 1, pp. 97, 180, 186, 263, Vol. 2, pp. 286, 295.

③ Bryce Lyon, *A Constitutional and Legal History of Medieval England,* New York: W. W. Norton & Company, 1980, p. 317.

位国王为了长子封为骑士和长女出嫁（其中包括一次国王的姐姐出嫁和王太子结婚）而征收过 12 次特别协助金（参见表 3）。

表 3　历代国王征收的特别协助金 [1]

国王	征收时间	征收原因	征收率	数量（英镑）
亨利一世	1100 年	长女出嫁	3 先令 / 海德	10000
亨利二世	1168 年	长女出嫁	1 马克 / 骑士领	2608
亨利三世	1235 年	姐姐出嫁	2 马克 / 骑士领	—
亨利三世	1245 年	长女出嫁	1 英镑 / 骑士领	6000
亨利三世	1253 年	长子封骑士	1 英镑 / 骑士领	11000
亨利三世	1255 年	长子结婚	1 英镑 / 骑士领	10000
爱德华一世	1302 年	长女出嫁	1 英镑 / 骑士领	6832
爱德华三世	1346 年	长子封骑士	2 英镑 / 骑士领	10600
爱德华三世	1347 年	长女出嫁	2 英镑 / 骑士领	10600
亨利四世	1401 年	长女出嫁	1 英镑 / 骑士领	2000
亨利七世	1504 年	长女出嫁	1 英镑 / 骑士领	15500
亨利七世	1504 年	长子封骑士	1 英镑 / 骑士领	15500

特别协助金被认为是封臣"自愿"交纳的献金，只要领主的需要合理，它们就不能被拒绝，但是领主的需要和特别协助金的征率逐渐受到法律的限制。1100 年，亨利一世在《加冕誓词》中许诺，他将合理地征收协助金。1215 年，约翰王签署《大宪章》，其中第 12 条规定："不经过全国的共同协商，国王不能征收盾牌钱和协助金，除了国王的赎金、国王的长子被封为骑士和长女出嫁外。即使在这二种情况下，国王也只能征收合理的协助金。" [2] 1216 年，亨利三世重新颁布《大宪章》，删除了有关特别协助金的条款。1275 年，爱德华一世颁布的

[1]　Bryce Lyon, *A Constitutional and Legal History of Medieval England*, p.317; G. W. S. Barrow, *Feudal Britain: The Completion of the Medieval Kingdoms 1066-1314*, p.184; Judith A. Green, *The Government of England under Henry I*, p.41; F. M. Powicke, *The Thirteenth Century: 1216-1307*, Oxford: Oxford University Press, 2nd ed., 1991, pp.32, 33; M. Jurkowski, C. L. Smith and D. Crook, *Lay Taxes in England and Wales 1188-1688*, Richmond Surrey: PRO Publications, 1998, pp.15, 17, 18, 26, 47, 73, 172, 176; Alfred L. Brown, *The Governance of Late Medieval England 1272-1461*, p.76.

[2]　D. C. Douglas and G. W. Greenaway, *English Historical Documents: 1189-1327*, Vol.3, London: Taylor & Francis, reprinted in 2004, p.318.

《威斯敏斯特条例 I》第 36 条规定，每个骑士领的协助金为 20 先令，而且只有当领主的儿子 15 岁时才能征收封骑士的协助金，女儿 7 岁时才能征收出嫁协助金。[1]1297 年，爱德华一世被迫承诺，除了古代的协助金（即特别协助金）外，不经过全国的共同同意，他将不再征收特别协助金。起初，特别协助金只需要经过由国王总佃户组成的贵族大会议的批准即可征收，但是从 14 世纪起，议会常常追认贵族大会议的批准。为了限制协助金的征率，1352 年，议会通过了一项法令，规定特别协助金的征率为 1 英镑 / 骑士领，后来的特别协助金都遵循这个法令的规定。

直到 17 世纪早期，国王还征收特别协助金。1646 年，议会命令废除国王的监护权和王室采买权，但没有废除国王征收特别协助金的权利，只是规定每次征收不得超过 2.5 万英镑。[2]

三、继承金、监护权和婚姻权

在封君封臣制度下，国王对总佃户享有一系列附加封建权利（Feudal Incidents），主要包括征收继承金、获得监护权和对被监护人的婚姻决定权。据估计，末日审判调查时期，英国大约有 1000 名总佃户。[3]在英国封建社会中，国王的任何权利都可以被用于牟取利润。直到 13 世纪后期，这些封建附加权利仍然是国王的一个重要财源，所以历代国王都非常重视它们。

当总佃户去世时，他的封地的继承人必须向国王交纳一笔继承金，起初一般按照贵族的地位和封地面积由贵族与国王共同协商决定，当国王向总佃户征收继承金时，总佃户就会向自己的封臣征收协助金，以转嫁负担。教俗总佃户的封地都要交纳继承金。1095 年，沃切斯特主教去世，威廉二世（鲁弗斯）把他的世俗领地收回，然后向这些领地上的自由民榨取继承金 250 英镑。[4]为了取得贵族对自己的支持，亨利一世在《加冕誓词》第 2 条中许诺继承金必须"公

---

[1] 　D. C. Douglas and G. W. Greenaway, *English Historical Documents: 1189-1327*, Vol. 3, p. 406.

[2] 　Christopher Hill, *The Century of Revolution: 1603-1714*, London: Routledge, 2002, pp. 146-147.

[3] 　Sidney Painter, *Studies in the History of the English Feudal Barony*, New York: Octagon Books, 1980, p. 48.

[4] 　John Horace Round, *Feudal England: Historical Studies on the Eleventh and Twelfth Centuries*, London: George Allen and Unwin, 1964, pp. 241-245; R. Allen Brown, *Origins of English Feudalism*, London: George Allen and Unwin, 1973, p. 141.

正合法"，但是几乎历代国王都违背承诺。有时国王收取的继承金会使一个贵族家庭倾家荡产。1130 年，齐斯特伯爵兰鲁夫去世时，他还欠国王 1000 英镑的继承金。现存英国最早的亨利一世时期 1130 年《财政署收支卷档》中记载，该年他收到的继承金为 416 英镑 3 先令 4 便士，如果加上即位以来拖欠的继承金，则高达 4592 英镑 10 先令。① 到格兰维尔时代，公正合法的继承金被明确承认为 5 英镑/骑士领，但是有关伯爵领的继承金只是含糊地说要"合理"。亨利二世时期的《财政署收支卷档》中充斥了继承金的例子。威廉·布里托为了继承 15 个骑士领而交纳 40 马克，威廉·德·蒙塔库特为了继承 10 个骑士领而交纳 100 马克，而威廉·伯特兰则为了继承 3 个骑士领而交纳了 200 英镑。最高的继承金是罗伯特·莱斯和理查·德·冈特，他们为了继承一个伯爵领都交纳了 1000 马克。② 约翰王对继承金的榨取达到了空前的程度。如一块年收入 23 英镑的土地，约翰王却征收 500 马克的继承金，相当于这块土地 15 年的收入。③ 1214 年，约翰王向一个伯爵领征收高达 1 万马克（约 6600 英镑）的继承金。④ 由于约翰王任意征收高额继承金，所以《大宪章》第 2 条明确规定，一个骑士领的继承金为 100 先令（合 5 英镑），一个伯爵领的继承金为 100 英镑。但是《大宪章》不能禁止国王滥用这些权利。1258 年，在发动叛乱前夕，贵族向亨利三世提交了一份请愿书，其中许多条款都请求国王合法地利用监护权和婚姻权，合法地收取继承金。⑤ 亨利三世被迫把伯爵领的继承金下降为 100 马克（约 66 英镑）。

当国王的总佃户去世时，如果他的男性继承人未成年，则其土地全部由国王监护，国王把这些土地出租，除了供养年幼的继承人外，其余收入归国王所有。如果总佃户既从国王那里占有土地（即便只有 1 英亩），又从其他封建主那里占有土地，那么当其继承人未成年时，其全部土地都由国王监护，这称为"国王的优先监护权"。如果他们违背国王的意志，就要交纳大笔罚金。从理论上说，鉴于封君与封臣之间的密切关系，监护权本身是理所当然的。另外，由于继承人未成年，不能履行军役义务，所以，封君就有权取得被监护人的土地的利益，直到被监护人成年：男性 21 周岁、女性 14 周岁（法定婚龄）。如果总

①　Judith A. Green, *The Government of England under Henry I*, pp. 84, 223-225.

②　W. L. Warren, *Henry II*, London: Methuen Press, 1973, p. 386.

③　J. E. A. Jolliffe, *The Constitutional History of Medieval England*, London: Adam and Charles Black, 1937, p. 256.

④　G. W. S. Barrow, *Feudal Britain: The Completion of the Medieval Kingdoms 1066-1314*, p. 196.

⑤　R. E. Treharne and I. J. Sanders, *Documents of the Baronial Movement of Reform and Rebellion 1258-1267*, Oxford: Oxford University Press, 1973, pp. 77-91.

佃户没有男性继承人，继承其封地的遗孀或女儿除了交纳继承金之外，她们的婚姻还被掌握在国王手中，总佃户的遗孀是否再婚、女儿的婚姻对象都由国王决定。监护权和婚姻权是国王封建收入的大宗。

国王主要通过出租和出售监护土地获得收入。亨利二世把德汶伯爵领的监护权出租，每年可以获得 420 英镑的收入。[1] 但是更常见的是，监护权像待沽的商品那样被国王出售给出价最高的人。虽然习惯认为购买者交还土地时应该像当初购买时一样，但是许多购买者根本不顾，只想从监护土地上捞取最大的利润。亨利一世 1130 年的《财政署收支卷档》记录该年的监护收入为 66 英镑 13 先令 4 便士。为了从监护权和婚姻权中取得更多的收入，1185 年亨利二世曾经派出巡回法，加上历年拖欠则达到 456 英镑。对各地被监护人的土地、财产等情况的详细调查，其结果编成《国王监护的贵妇、男孩和女孩花名册》（*Rolls of Ladies, Boys and Girls in the King's Gift*），其中来自剑桥郡的一份记录是这样的：

> 尤金妮娅·皮柯特是肯特郡的拉尔夫的姐姐、托马斯·菲兹·伯纳德的妻子，现在寡居，是被国王监护的对象。她在拉德菲尔德百户区拥有年地租收入 25 英镑的庄园。她与伯纳德生育了 3 个儿子和 1 个女儿，长子 10 岁，次子 8 岁，幼子 3 岁。国王把她的女儿许配给约翰·德·比顿的儿子。

几年以后，尤金妮娅为了取得对儿子约翰及其继承的土地的监护权而交给国王 80 英镑。这些调查记录有时还包括被监护人的牲口数量，甚至注明牲口是否会繁殖。这些调查结果对于国王决定寡妇及其女儿在婚姻市场的价格具有十分重要的参考作用。

国王出租或出售监护权之后很容易被滥用。有的监护人荒废被监护的土地，砍伐森林，让房屋年久失修等。1310 年，爱德华·布伦纳向国王的法庭状告原先的监护人至少使他的土地浪费了 100 英镑。[2]

像监护权一样，婚姻权也是国王可以出售的商品，而且二者常常一起出售。亨利一世曾经许诺，他将免费发放婚姻许可证，除非与他的敌人结婚，否则他决不拒绝批准，而且分文不取。但是实际上，寡妇和女继承人的婚姻自由地出售给竞价最高的人，或国王的朋友。被监护的寡妇或女继承人被迫交纳大笔罚

---

① 　James H. Ramsay, *A History of the Revenues of the Kings of England, 1066-1399*, Vol. 1, p. 134.

② 　Noel James Menuge, *Medieval English Wardship in Romance and Law*, Cambridge: D. S. Brewer, 2001, p. 2.

金"以便保持寡居",或"不被强迫嫁人",或"嫁给她的意中人"。12世纪,越来越多的女继承人婚姻都被国王所操纵。亨利一世1130年《财政署收支卷档》中记载,该年的婚姻权收入为220英镑13先令4便士,加上历年拖欠则为2506英镑1先令。[1]齐斯特伯爵的遗孀向亨利一世交纳500马克后才购买了5年的独身权。[2]1182年,约克郡一名伯爵遗孀的婚姻被亨利二世出售了200马克。威廉·德·赫里兹的遗孀为了避免类似的命运而主动向亨利二世交纳了50英镑。沃威克伯爵威廉的遗孀为了"继承丈夫的土地、嫁妆和选择中意的再婚夫",被迫交纳700马克。

国王出售婚姻权的收入不断增长。亨利二世时期,每个被监护的总佃户继承人为了取得婚姻权平均交纳101马克,理查一世时期为174马克,约翰王时期为314马克。仅婚姻权一项约翰王就共获得4万马克(约2.7万英镑)。[3]

亨利一世在《加冕誓词》第3条说:"如果我的任何伯爵或总佃户的女儿、姐妹或侄女等出嫁,他必须与我协商,但是我既不为此而寻求他们支付款项,也不拒绝,除非她们出嫁给我的敌人。如果我的总佃户去世,他的女儿成为继承人,那么我将按照贵族的建议来处理她的婚姻和土地。如果我的总佃户的妻子成为继承人而又没有子嗣,那么她不仅可以占有嫁妆和遗产,而且我不强迫她再嫁,除非经过她的同意。"第4条说:"如果一个总佃户的遗孀与一个未成年孩子生活,只要这个遗孀保持贞洁,她就能够继承嫁妆和土地,不经过她的同意,我将不干预她的再婚。未成年人亲属或母亲将成为土地和他的监护人。我将命令我的伯爵们像对待自己的子女和遗孀一样对待被他们监护的人。"[4]但是正如前面已经论述的,亨利一世及其后代国王并不遵守这些誓言。

1215年,约翰王签署的《大宪章》对监护权和婚姻权进行了明确规定。第2条说:"如果总佃户去世,他的继承人已经成年,那么他必须交纳旧的继承金,即伯爵领100英镑,骑士领100先令。"第3条则规定:"如果继承人未成年而成为被监护人,那么当他成年时,无须交纳继承金和罚金而继承他的土地。"第4条规定:"监护人只能向被监护人及其土地收取合理的收入、合理的习惯性捐纳,合理的军役,不许损害被监护人的人身和财物……如果监护人损害了被监

---

[1]　Judith A. Green, *The Government of England under Henry I*, pp. 223-225.

[2]　Judith A. Green, *The Government of England under Henry I*, pp. 85-86.

[3]　Robert Bartlett, *England under the Norman and Angevin Kings: 1075-1225*, p. 164.

[4]　D. C. Douglas and G. W. Greenaway, *English Historical Documents: 1042-1189*, Vol. 2, 2nd ed., London: Eyre Methuen, 1981, p. 433.

护的人和财物，那么应该给予补偿，并且剥夺监护权。"第 5 条规定："只要监护人获得监护权，那么他就应该维修被监护人的房屋、花园、池塘、磨坊和其他东西，当被监护人成年时，他应该如数而且完好如初地归还。"第 6 条规定："监护人不能强迫被监护人与社会身份低的人结婚。"第 7 条规定："总佃户的遗孀能够继承自己的嫁妆和丈夫的土地，无须交纳任何继承金，并且能够继续在丈夫的家中居住 40 天。"第 8 条规定："如果总佃户的遗孀愿意寡居，那么不得强迫她改嫁。"[1] 13 世纪中期的法律论文《勃拉克顿》中说，男性继承人的婚姻必须自由选择，不能违背被监护人的意愿而强迫他们与人结婚，尽管监护人对他们的婚姻拥有决定权。

从爱德华一世起，监护权和婚姻权收入所占比重很小，国王主要依靠税收，它们在宪政斗争中不是突出的问题，但是国王并未放弃监护权和婚姻权。1275 年爱德华一世颁布的《威斯敏斯特条例 I》第 36 条规定，骑士领的协助金是 20 先令，而且只有当领主的儿子 15 岁才能征收封骑士的协助金，女儿 7 岁时才能征收出嫁协助金。[2] 1278 年《格洛塞特法令》和 1285 年的《威斯敏斯特条例 II》都对国王的监护权和婚姻权进行了限制。

从都铎王朝起，历代国王又操纵它们牟利。1486 年，亨利七世任命了 3 名监护法官，负责特伦特河以北地区的监护土地的管理，1503 年，他又设立监护法庭，任命了一名监护土地总管（General Surveyor），负责全国监护土地的管理和租税征收事务。为了从被监护土地榨取更多的收入，亨利七世经常提高被监护土地的出售金额。如他曾经以 266 英镑把一块土地的监护权出售给肯特伯爵，几年后他收回，再以 1333 英镑的价格出售给他人。亨利七世的监护收入稳步增长。1292 年只有 343 英镑，1294 年达 1588 英镑，到 1507 年则高达 6163 英镑。[3] 到伊丽莎白一世时期，监护法庭平均每年获得 1.5 万英镑。

1646 年，"长期议会"下令废除封建土地所有制及其附属义务，国王的监护权和王室采买权随之被废除，1660 年，议会再次通过法令对此予以确认。[4]

（原载《历史教学问题》2006 年第 2 期）

[1] D. C. Douglas and G. W. Greenaway, *English Historical Documents: 1189-1327*, Vol.3, pp.317-318.

[2] D. C. Douglas and G. W. Greenaway, *English Historical Documents: 1189-1327*, Vol. 3, p.406.

[3] J. R. Lander, *Government and Community: England 1450-1509*, London: Edward Arnold Press, 1980, p.89.

[4] Ronald H. Fritze, *Historical Dictionary of Tudor England: 1485-1603*, New York: Greenwood Press, 1991, pp.536-538.

中古英国税收结构的演变

西方史学家常常用"贫穷的国王"或"糊口财政"（Hand to Mouth）来形容中古时期西欧国王的财政状况。在封君封臣制度下，作为全国最高封建主的国王也应该"靠自己过活"，即依靠王领（Crown Lands）的收入维持王室和国家行政的正常需要，只有在战争等紧急情况下才能向臣民征税。但是随着国家军事和行政开支不断增长，王领收入根本无法满足其需求，所以国王必须突破封君封臣制度的束缚，扩大向全国征收税收的范围，以满足军国费用的需要。

英国是中古西欧税收制度最为发达的国家，本文拟考察其税收结构的演变过程。

一、丹麦金和卡鲁卡奇

中古英国最早的税收是丹麦金（Danegeld）。它是盎格鲁–撒克逊时代为避免丹麦人的侵袭而交纳给他们的贡金。丹麦金以土地面积作为征收基础，因此可以算作是一种土地税。丹麦金的征收始于991年，但不是连年征收。1066年威廉征服英国后，立即恢复征收丹麦金，每海德土地2先令，每次可得到5000多英镑。[①] 丹麦金一般由郡守征收，然后上缴中央财政署（Exchequer）。亨利一世时期，丹麦金变成每年征收，以致有的西方史学家认为它是封建西欧的第一种全国性税收。英国法律史学家梅特兰说，诺曼征服以后，英国虽然确立了封建制度，但丹麦金的征收表明其税收并没有被封建化[②]，也即国王征收丹麦金的

---

① Joseph R. Strayer, *Dictionary of the Middle Ages*, Vol. 2, New York: Charles Scribner's Sons, 1982, p. 612.

② Frederic William Maitland and H. A. L. Fisher, *The Constitutional History of England*, Cambridge: Cambridge University Press, 1965, p. 162.

权利没有随着土地分封而被封建主夺取。亨利二世建立安茹王朝后，仍然征收丹麦金，但只征收过 2 次。1162 年以后英国再也没有征收过丹麦金。

有的史学家认为，丹麦金被放弃是"贵族对王权的一次无言的胜利"。[1] 这显然夸大了中古英国宪政斗争的历史作用。实际上，丹麦金之所以被放弃，主要是因为实行封土制，土地经过层层封授，使得以土地面积为基础的征收方法难以实行，结果导致税量逐渐下降，从威廉一世的 5000 多英镑降低到亨利二世的 3000 多英镑。1161—1162 年的丹麦金只收到 3132 英镑，约占亨利二世年均收入的 17%。[2] 与此同时，国王也找到了更加有利的财源。

1193 年，英王理查一世结束十字军远征，回国途中被俘，为支付巨额赎金 10 万马克（合 6.6 万英镑），他下令对全国征收土地税，名为"卡鲁卡奇"（Carucage），它是以土地面积单位卡鲁卡特或犁队（8 条公牛一天耕作的土地）上的财富价值作为估税基础，征率为 2—5 先令。卡鲁卡奇虽然也是土地税，但与丹麦金的征收方法不同：它由国王决定征收，各郡法官进行估税，纳税人面对法官起誓如实申报自己的财产，不能每年征收。卡鲁卡奇只在安茹王朝早期征收过 6 次。[3]

表 1　安茹王朝早期卡鲁卡奇征收情况

征收时间	原因	税率（先令／海德）	税量（英镑）	占国王年收入比
1194	理查一世的赎金	2	—	—
1198	对法战争	5	4000	18%
1200	法国领地继承金	3	7500	17%
1217	对法战争	—	—	—
1220	对法战争	3	5483	15%
1224	对法战争	2	教士 2376	6%

从表 1 可以看出，卡鲁卡奇的税量呈递减趋势，其原因与丹麦金相同。丹麦金和卡鲁卡奇的放弃，表明在封君封臣制度制约下英国难以实行土地税。

---

[1] Sidney Painter, *Studies in the History of English Feudal Barony*, Baltimore: Johns Hopkins Press, 1943, p. 197.

[2] G. L. Harriss, *King, Parliament and Public Finance in Medieval England to 1369*, Oxford: Clarendon Press, 1975, p. 6.

[3] James H. Ramsay, *A History of the Revenues of the Kings of England, 1066-1399*, Vol. 1, Oxford: Clarendon Press, 1925, pp. 261, 364.

二、盾牌钱

盾牌钱（Scutage）是国王对不服军役的封建贵族征收的免役钱，是地道的封建税收。1066 年"诺曼征服"后，西欧大陆的封君封臣制度被引入英国，根据这一制度，遇到战事，国王的封臣（总佃户）应该率领与其土地面积相应数量的骑士为国王服骑兵役 40 天，如果封臣不履行军役，那么国王就要对他征收盾牌钱。按维持一名骑士一天的开支为 8 便士计算，标准的盾牌钱应该是每个骑士领 2 马克。

关于盾牌钱开始征收的时间，史学家说法不一。英国税收史专家道威尔认为开始于亨利二世时期[①]；朗德则认为盾牌钱，尤其是教士的盾牌钱至少从亨利一世时期就已经开始征收了[②]；斯坦呑甚至认为世俗贵族也是在亨利一世时期就开始交纳盾牌钱的。[③] 一般说来，以实物代替军役的做法很早就开始了。威廉一世入主英国后曾把大量土地分封给高级教士，根据教会法规，这些教士不能披坚执锐亲赴战场，所以他们便交纳实物或货币以代军役，只是当时货币经济不发达，他们交纳的主要是实物，加之文献记录稀少，不为人注意罢了。亨利一世时教士已经交纳货币代替军役了。亨利二世时战事频仍，许多世俗贵族也不愿服军役，盾牌钱征收日繁。

盾牌钱在 12 世纪盛行有其原因：第一，国王需要能长期作战的职业军队，传统的 40 天军役已不适合日益延长的战事要求；第二，土地经过层层封授后，附着于土地之上的军役无法实现，骑士领逐渐失去其军事意义而转变为征收盾牌钱的基本财政单位；第三，丹麦金的衰落促使国王利用封建权力带来的收入应付战争需要。

虽然安茹王朝前期的国王频繁征收盾牌钱，但是爱德华一世后日渐稀少，到爱德华二世时终于放弃。现将盾牌钱的征收情况列出表格（参见表 2）。[④]

[①] S. Dowell, *A History of Taxation and Taxes in England: From the Earliest Times to the Present Day*, Vol. 1, 3rd ed., London: Routledge, 1965, p. 38.

[②] John Horace Round, *Feudal England: Historical Studies on the Eleventh and Twelfth Centuries*, London: George Allen and Unwin, 1964, p. 268.

[③] F. M. Stenton, *The First Century of English Feudalism: 1066-1166*, Oxford: Oxford University Press, 1932, p. 105.

[④] Richard Mortimer, *Angevin England: 1154-1258*, Oxford: Blackwell, 1994, p. 47; G. W. S. Barrow, *Feudal Britain: The Completion of the Medieval Kingdoms 1066-1314*, London: Edward Arnold, 1983, p. 197; K. T. Keefe, *Feudal Assessments and the Political Community under Henry II and His Sons*, Berkeley: University of California Press, 1983, p. 30; James H. Ramsay, *A History of the Revenues of the Kings of England, 1066-1399*, Vol. 1, pp. 191, 226, 261, 364, Vol. 2, pp. 87, 148, 295, 433.

表 2　历代国王盾牌钱征收情况

国王	征收次数	平均税额（英镑）	占国王年均收入比
亨利二世	8	1327	8%
理查一世	3	1666	9%
约翰王	11	4500	10%
亨利三世	10	1420	3%
爱德华一世	3	—	—
爱德华二世	1	—	—

　　历代国王曾经采取各种措施扩大盾牌钱收入。1166 年亨利二世下令调查全国各个总佃户实有骑士领数目。从理查一世起，除了盾牌钱之外，国王还征收罚金，理由是贵族不服军役因而导致战场上缺少指挥官。约翰王不仅提高盾牌钱的征率，达到 3 至 5 马克，而且增加征收次数。1201—1206 年间连年征收。约翰王征收盾牌钱和罚金的行为引起贵族们的极大不满，1215 年约翰王被迫签署《大宪章》，其中第 12 条和第 14 条规定，除三大常规封建协助金外，不经全国同意，国王不能征收盾牌钱。

　　最后一次盾牌钱是 1322 年爱德华二世对没有服军役的教士征收的。此后盾牌钱在英国税收史中消失了。英国国王之所以放弃征收盾牌钱，是因为他们有了征收基础更大、税量更可观的动产税和关税收入。

三、任意税

　　任意税（Tallage）是国王对王领上的自由民征收的直接税。中古英国国王拥有没有分封给封建主的领地，称为"王领"，包括国王的庄园和城市，还包括通过行使封建权利，即转让、监护和空缺教职而落入国王手中的土地。对王领中的城市和乡村征收任意税是国王的特权之一。

　　12 世纪初，英国国王征收的两种全国性封建捐税是城市交纳的协助金（Auxilium）和乡村交纳的捐纳（Donum）。正是从这些全国性封建捐税中产生了任意税。[①] 由于它们不以土地财富的真实价值估税，而是国王的官员与纳税人

---

① R. S. Hoyt, *The Royal Demesne in English Constitutional History 1066-1272*, New York: Greenwood Press, 1968, pp. 109-115.

协商决定交纳总数，因此比较灵活而且税量较大，逐渐取代了日益衰落的盾牌钱。12 世纪末它们被限制在王领上征收，由此产生了王领任意税。1168 年，国王第一次派出财政官员向王领居民征收任意税。

任意税被限制在王领内征收的原因是：在亨利二世统治时期，国王更愿意利用封建权利取得收入，而不愿向势力强大的贵族征税；王领上的市民和佃农无力像贵族那样反抗国王的征税权利；此外，任意税常常与盾牌钱同时征收。所以当国王对总佃户征收盾牌钱时，他还可以对不交纳盾牌钱的王领上的市民和佃民榨取税收。任意税的发展就是它从全国性捐税到被限制在王领内征收，最后与动产税同化的过程。

任意税具有以下几个特点：第一，征收王领任意税是国王的特权之一，无须征得贵族大会议的同意，《大宪章》中没有限制国王征收任意税的条款；第二，它的征收范围是王领庄园中的自由佃农和王领城市中的自由市民，以纳税人的动产作为征税基础；第三，它由国王派出的官员与王领上的各个团体协商决定其数量，但是这种协商并不意味着它可以被拒绝；第四，任意税通常与盾牌钱同时征收，国王对王领以外的贵族征收盾牌钱的同时，对王领居民征收任意税。安茹王朝任意税的征收情况如下表。[①]

表 3　历代国王任意税的征收情况

国王及其在位时间	征收次数	总税量（英镑）
亨利二世（35 年）	9	22030
理查一世（10 年）	4	—
约翰王（16 年）	7	25520
亨利三世（56 年）	14	79800
爱德华一世（35 年）	1	—
爱德华二世（20 年）	1	—

从表中可以看出，任意税在安茹王朝前期的国王财政收入中占有较大分量，尤其是在亨利三世时期，任意税几乎成为国王的一项常规收入。爱德华一世由于能得到议会批准征收的动产税、关税和羊毛补助金等，因此只征收过一次王

---

① S. K. Mitchell, *Taxation in Medieval England*, New Haven: Yale University Press, 1951, p. 273; B. E. V. Sabine, *A Short History of Taxation*, London: Butterworths, 1980, p. 22; James H. Ramsay, *A History of the Revenues of the Kings of England, 1066-1399*, Vol. 1, pp. 195, 227, 261, 364.

领任意税。爱德华二世也只征收过一次。1272 年亨利三世的统治结束，这标志着任意税作为全国性税收的历史的终结。

　　任意税曾经是国王的财源之一。1168—1175 年的 5 次任意税共收到 1.9 万英镑；1194—1206 年的 9 次任意税共收到 2.6 万英镑。[①] 任意税的征收无须经过贵族大会议的同意，是国王的各种封建收入中可以根据国王的意志而增加的一种税收。国王放弃征收任意税的原因主要有以下几个方面：

　　第一，由于封建习惯的约束，贵族和议会的反对，国王无法将其转化为每年征收的税收。

　　第二，任意税的征收范围仅限于王领中的庄园和城市，而历代国王为了酬谢政治上的支持者和追随者，不断把王领封赏给他们，使王领面积不断缩小，因此交纳任意税的郡和城市也随之减少。亨利二世时期有 30 个以上的郡交纳（当时英国共有 36 个郡），理查一世和约翰王时期只有 15—30 个郡交纳，所以 1210 年约翰王以最高征率征收时也只收到 8000 英镑。[②]

　　第三，爱德华一世以后，国王能够取得议会的同意征收动产税，而且动产税逐渐扩及王领，王领任意税逐渐与动产税融合起来，而动产税的税量又比王领任意税大得多，这是国王放弃征收王领任意税的主要原因。

四、动产税

　　动产税是国王对全国有产俗人征收的直接税，起初它以动产和收入为基础，1207 年以后只以动产为基础，故又称“个人财产税”，因为当时的动产是指谷物、家具、牲畜和其他能转移的财产。由于动产税的征收要经过议会（起初是贵族大会议）的同意，故又被称为“议会税”。

　　动产税起源于为十字军筹集经费。1166 年，罗马教皇号召西欧基督教国家为收复圣地提供协助金。英、法国王积极响应，征收全体自由民的收入和动产的 1/40，而且连征 5 年。这次税收在英国创立了一个先例：以收入和动产为基础，以统一税率向全体自由民征收。1188 年教皇又要求西欧各国教士为圣地交纳什一税，亨利二世则要求所有不参加十字军的人都必须“交纳现有动产和一

①　J. E. A. Jolliffe, *The Constitutional History of Medieval England*, London: Adam and Charles Black, 1937, p. 397.

②　G. L. Harriss, *King, Parliament and Public Finance in Medieval England to 1369*, p. 14.

年收入的 1/10"。^① 这就是"撒拉丁什一税",它标志着中古英国税收史上一个新阶段的开端:动产税和收入税可以用来满足国王的巨大财政需要。

当理查一世 1193 年被勒索巨额赎金时,他命令所有俗人交纳动产和收入的 1/4。约翰王为与法国进行战争,1207 年下令征收动产税,税率为 1/13,得到 5.7 万英镑^②,而当时国王一年的收入通常只有 2 万多英镑。^③

动产税具有三个特征:第一,它对所有世俗臣民的动产征收,不论他们是否直接占有国王的土地;第二,由于它不是国王封建权利的自然延伸,因此需要得到纳税人的同意,当时认为国王的总佃户代表全体人民,因此要得到由他们组成的贵族大会议的同意,后来需要得到议会的同意;第三,每个纳税人的纳税额必须与其拥有的财产成比例;第四,由于纳税人数大量增加,从而扩大了国王的税收基础和财政收入。

爱德华一世之后,动产税开始成为英王的重要财源,从下列表格中可以看出^④:

表4 历代国王动产税的征收情况

国王	征收次数	平均税额(英镑)
亨利二世	2	—
理查一世	1	—
约翰王	2	32497
亨利三世	4	32085
爱德华一世	9	45000
爱德华二世	6	38708
爱德华三世	25	35216
理查二世	13	45835

① James F. Willard, *Parliamentary Taxes on Personal Property 1290 to 1334: A Study in Mediaeval English Financial Administration*, Cambridge Mass: Mediaeval Academy of America, 1934, p. 3.

② M. M. Postan, *The Cambridge Economic History of Europe,* Vol. III, *Economic Organization and Policies in the Middle Ages*, Cambridge: Cambridge University Press, 1979, p. 303.

③ J. L. Bolton, *The Medieval English Economy, 1150-1500*, London: J. M. Dent and Sons, 1980, p. 325.

④ Michael Prestwich, *War, Politics and Finance under Edward I*, Totowa: Rowman and Littlefield, 1972, p. 179; M. Jurkowski, C. L. Smith and D. Crook, *Lay Taxes in England and Wales 1188-1688*, Richmond Surrey: PRO Publications, 1998, pp. 29-36; James H. Ramsay, *A History of the Revenues of the Kings of England, 1066-1399*, Oxford: Clarendon Press, 1925, Vol. 2, p. 148; W. M. Ormrod, *The Reign of Edward III: Crown and Political Society in England 1327-1377*, New Haven: Yale University Press, 1990, p. 204.

动产税的征率不固定，所以每次都需要重新估税，虽然烦琐，但国王可以随着臣民财富的增长而增加收入，同时也不会使动产税变成一种流于习惯的税收。由于城市居民的动产财富比乡村多，所以城市的征率一直比乡村高。到1334年，为加快征税速度，同时根据城乡居民财富的特点，国王决定把动产税征率固定为城市1/10、乡村1/15，这一征率使用将近3个世纪，直到1623年才加以改变。全国的总税量为3.8万—3.9万英镑。1349年的"黑死病"使一些村庄人口灭绝，因此全国动产税总量重新固定为3万英镑左右。税额固定产生两个影响：第一，可以防止税额减少，每个村庄和城市都知道应该交纳的数量；第二，可以避免协商、估税等烦琐过程，缩短了征收时间和开支，经过固定税量，每次征收开支大约占税量的2%。[①]

五、关税和羊毛补助金

中古英国的间接税主要是关税和羊毛补助金。英国征收间接税的历史至少可以追溯到8世纪盎格鲁-撒克逊时期，起初它被称为"通行税"，分为两种，一种是对市场出售的实物征收，另一种是对通过港口或城市的商品征收。通行税是根据国王给予商人保护权而征收的，但是常常与商人的其他义务混淆在一起，统称为关税，由国王的官员征收。"诺曼征服"后，通行税被保留下来，并且增加了新的贸易税。到12世纪，国王对所有进口商品征收被称为"拉斯塔奇"（Lastage）的关税，对出口商品征收被称为"斯卡瓦奇"（Scavage）的关税。1201—1206年约翰王对所有进出口商品征收高达其价值1/15的关税，共收到约1.5万英镑[②]，招致普遍不满。所以在《大宪章》第41条中，约翰王被迫承诺，除战争时期外他不再违反习惯征收关税。但是正常的关税作为国王的古老而合法的权利仍然被征收。

随着英国养羊业的发展，羊毛成为英国重要出口商品。爱德华一世时期英国羊毛大量出口到佛兰德斯和意大利。早在1266年，亨利三世就命令其长子和继位人爱德华对外国商人的进出口商品征收关税，爱德华把关税承包给意大利

---

① J. R. Lander, *Government and Community: England 1450-1509*, London: Edward Arnold Press, 1980, p. 85.

② G. W. S. Barrow, *Feudal Britain: The Completion of the Medieval Kingdoms 1066-1314*, p. 198.

商人，每年收取 6000 马克。①

1275 年，陷入沉重债务的爱德华一世经过议会批准，对国内外商人出口羊毛征收每袋 6 先令 8 便士的关税，称为"大关税"或"旧关税"。这标志着英国正式建立关税制度。1303 年，根据《商业宪章》(Carta Mercatoria)，在 1275 年确立的关税基础上，对外国商人出口羊毛增征 3 先令 4 便士，称为"小关税"或"新关税"，使外国商人出口英国羊毛的关税达到每袋 10 先令。15 世纪羊毛出口关税率大幅度提高，英国商人为 33 先令 4 便士，外国商人为 66 先令 8 便士，1471 年又提高为 73 先令 4 便士，分别占羊毛价值的 25% 和 41%。② 14 世纪中期英国呢绒业逐渐发展起来，1347 年英国开始征收呢绒出口关税，英国商人为每匹 1 先令 2 便士，外国商人为每匹 3 先令 9 便士，这一税率直到 16 世纪才改变。

1308 年，国王把对进口葡萄酒征收一定数量的实物折算为每吨 2 先令的关税，称为"吨税"；1347 年，国王对其他进出口商品按每英镑 6 便士的税率征收关税，称为"镑税"。议会批准国王征收吨税和镑税，但是二者的征收都是有期限的。直到 1398 年，议会才批准理查二世终生征收关税。到 15 世纪，国王一般在继位时即可获得议会批准其终生征收关税的权力。

除上述关税外，国王还对出口羊毛征收羊毛补助金，其征率不断变化，总之是越来越高，尤其是在战争时期。羊毛补助金于 1294 年开始征收，税率为每袋 1 英镑 13 先令 4 便士。由于税率很高，所以被人们称为"恶意的关税"。羊毛补助金显示出以下几个特点：第一，它由商人公会批准征收；第二，国王征收的理由是应付特别紧急的需要，当时爱德华一世正在与法国和苏格兰进行激烈战争；第三，征收时间有限。所以，羊毛补助金表现了协助金的特点：必须取得纳税人同意、为了王国的需要和非永久性征收。但是羊毛补助金的性质起初也是封建性的，虽然它的征收要取得同意，但是给予同意的机构是从事羊毛出口的商人公会。后来随着议会的发展，对国王财政的控制越来越加强，1339 年议会下议院首次提出羊毛关税应由议会批准，但是直到 1362 年下议院才获得关税和羊毛补助金的批准权，从而使羊毛补助金具备了国税的性质。

关税和羊毛补助金是中古英国国王的重要收入来源。1278—1287 年间爱德

① F. M. Powicke, *The Thirteenth Century: 1216-1307*, Oxford: Oxford University Press, 2nd ed., 1991, p. 619.

② J. R. Lander, *Government and Community: England 1450-1509*, p. 77.

华一世每年的羊毛关税收入平均为 0.8 万—1.1 万英镑[①]，1303—1307 年爱德华一世每年从小关税中可以增加收入 0.9 万—1 万英镑。[②] 14 世纪后半期，关税占国王年收入的 1/3 到 1/2。[③] 爱德华三世在位的 50 年（1327—1377）中，平均每年的关税和羊毛补助金收入达到 42730 英镑[④]，超过其动产税收入 35216 英镑。15 世纪羊毛出口的重要地位被呢绒所取代，呢绒出口关税逐渐占据国王关税收入的大部分。到都铎王朝早期，呢绒出口关税占到关税总收入的 90%。[⑤]

六、中古英国税收的特点

第一，由于封君封臣制度的影响，中古英国税收呈现出临时性的特点。除关税外，国王缺乏常规性税收来源，各种税收都是作为紧急性措施而征收的，如丹麦金、卡鲁卡奇、任意税、盾牌钱、动产税、羊毛补助金等。正因如此，每遇战事发生，国王常常陷入财政紧迫状态。中古英国历代国王多数是债务缠身而终，只有少数国王能够留下充实的国库给继位者。

第二，由于封君封臣制度的实行，土地经过层层封授，使土地税难以实行。所以，中古英国税收结构的发展趋势是从封建性捐税向全国性税收演变。

第三，经济发展和财富形式变化是中古英国税收结构发生变化的物质前提和基础。在中古早期，由于货币经济不发达，国王曾经主要依靠征收土地税维持国家和王室的需要。当羊毛业和呢绒业发展起来以后，国王开始征收关税。

第四，推动中古英国税收结构发生变化的内部需要是国家行政事务的增加，行政机构的扩大和国家官员的增多；外部因素则是自从安茹王朝建立以来对外战争不断进行，庞大的军事和外交开支促使国王不断开辟新财源，增加财政收入，以满足内外需要，这是最重要的推动因素。如亨利二世到亨利三世的 31 次任意税中，有 17 次是为了用于对外战争。

第五，税收结构变化的直接后果是国王财政收入急剧增长。1130 年亨利一

---

① E. M. Carus-Wilson and Olive Coleman, *England's Export Trade, 1275-1547*, Oxford: Clarendon Press, 1963, p. 2.

② F. M. Powicke, *The Thirteenth Century: 1216-1307*, p. 630.

③ James H. Ramsay, *A History of the Revenues of the Kings of England, 1066-1399*, Vol. 2, p. 292.

④ W. M. Ormrod, *The Reign of Edward III: Crown and Political Society in England 1327-1377*, p. 207.

⑤ E. M. Carus-Wilson and Olive Coleman, *England's Export Trade, 1275-1547*, p. 2.

世的收入为 2.3 万英镑[1]，到 14 世纪中期，爱德华三世的年收入已经达到 15.9 万英镑。[2] 税收结构的演变还导致国王收入构成发生重大变化，封建性捐税收入的比重下降，而全国性税收收入的比重不断上升。1130 年亨利一世收入的 2.3 万英镑中，封建性捐税达 1.7 万英镑，占 74%[3]；爱德华一世在位的 35 年中一共征收直接税和间接税 100 多万英镑，其中动产税约 50 万，关税约 30 万[4]，而封建性收入共 65 万，二者之比约为 2：1[5]；到爱德华三世时期，如 1374—1375 年财政年度，财政署总收入为 11.2 万英镑，其中 8.2 万英镑来自直接税和间接税，2.2 万英镑来自封建性收入，二者之比约为 4：1[6]；1294—1453 年，英国国王的直接税和间接税收入约 1100 万英镑。[7]

第六，税收结构变化引起的另一个重要而深远的后果是英国议会的产生和发展。正是为了取得对动产税的同意并使征收工作顺利进行，国王召集骑士和市民代表进入贵族大会议协商，从而使英国议会产生并且逐渐得到发展。

（原载《首都师范大学学报》2001 年第 2 期）

---

[1]　Judith A. Green, *The Government of England under Henry I*, Cambridge: Cambridge University Press, 1986, p. 55.

[2]　J. R. Lander, *Government and Community: England 1450-1509*, p. 85.

[3]　Judith A. Green, *The Government of England under Henry I*, p. 55.

[4]　M. M. Postan, *The Cambridge Economic History of Europe*, Vol. III, *Economic Organization and Policies in the Middle Ages*, p. 304.

[5]　M. H. Keen, *England in the Later Middle Ages: A Political History*, London: Methuen, 1973, p. 42.

[6]　M. M. Postan, *The Cambridge Economic History of Europe*, Vol. III, *Economic Organization and Policies in the Middle Ages*, p. 317.

[7]　W. M. Ormrod, *Political Life in Medieval England 1300-1450*, New York: St. Martin's Press, 1995, p. 92.

中世纪英国国王的收入①

　　中世纪英国国王具有双重身份，他既是全国最高封建领主，又是国家的最高首脑，这双重身份为他带来了各种收入。15世纪弗特斯鸠爵士在《论英格兰的治理》一文中，把国王的收入分成"确定的"和"随意的"两大类。所谓确定的收入，包括直接税和间接税（关税），还包括来自土地收入中的地租和包税等，因为它们在被征收之前基本上能预测其数量，而随意的收入则指来自庄园法庭、森林收入等，因为"它们太随意以至于没有人能够确切地知道其数量"。19世纪后期宪政史鼻祖威廉·斯塔布斯在《英国宪政史》一书中，把中世纪英王的收入分为"正常"和"特别"两大类。所谓"正常收入"主要是指来自王领的收入，而"特别收入"主要是指税收。20世纪中期美国学者莫里斯把中世纪英王的收入分成三类：一是国王作为地主和封建领主的收入，包括郡包租、国王城市包租、王领庄园、转让给国王的土地、国王监护的土地上的收入、继承金等；二是政府机构运行所得到的收入，如司法罚款、印玺钱、铸币利润等；三是国王作为国家首脑的收入，包括关税、俗人补助金和教士收入税等。② 这种分法与斯塔布斯等宪政史家大同小异。

　　为了简单起见，结合前辈西方学者的划分，我认为国王的收入可以划分为特权收入和税收，前者是国王作为最高封建主的收入，后者是指国王作为国家首脑的收入。大致说来，封建社会前期，国王主要依靠最高封建领主的特权取得收入，在封建社会后期，国王主要依靠税收来维持国家的运行。

---

① 限于篇幅，本文所说国王的收入中没有包括国王从教会取得的收入以及各种借款收入。

② William A. Morris and Joseph R. Strayer, *The English Government at Work, 1327-1336*, Vol. II, *Fiscal Administration*, Cambridge Mass: Medieval Academy of America, 1947, p. 4.

一、国王的特权收入

根据封君封臣制度，作为全国最大地主和最高封建主的国王享有一系列财政特权，可谓五花八门。它们每年为国王带来各种收入，包括郡包租、封建协助金、继承金、监护权和婚姻批准权带来的收入、王室森林区收入、王室采买权、强迫借款，等等。

（一）郡包租

1066 年，威廉一世以武力征服英国后，他要求全体贵族必须宣誓效忠国王，从法理上他成为全国土地的最高所有者，但为了取得贵族特别是跟随他征服英国的诺曼底贵族的军事和政治支持，他不得不按照诺曼人的习惯，把土地分封给世俗贵族和教会贵族。

除此之外，国王还拥有大量没有分封的土地，这些土地就是王领（Royal Demesne 或 Crown Lands），王领不仅包括乡村庄园，也包括城市（Borough）。1086 年全国土地调查时，按照土地价值，威廉一世占有全国 18% 的土地，几乎分布于各郡，其中王领占 30% 的有 4 郡，占 20%—30% 之间的有 8 郡，其他各郡几乎都有 10% 以上。[①] 王领土地一般由各郡的郡守负责管理，他们把土地出租，并负责征收地租（参见图 1）。

图 1　中世纪英国郡守交纳赋税的凭证（记账木条）

---

① William A. Morris and Joseph R. Strayer, *The English Government at Work, 1327-1336*, Vol. II, *Fiscal Administration*, p. 160.

到亨利一世时期，王领地租全部被折算成货币，各郡的地租数量也被固定，称为"郡包租"（County Farm），是国王的正常收入之一（参见表 1）。

表 1　中世纪历代国王的郡包租年均收入 [①]

国王	包租收入（英镑）
威廉一世	12034
亨利一世	11082
亨利二世	10000
约翰王	26000（1210 年和 1205 年的平均数）
亨利三世	14635（1221 年）
爱德华一世	13000—14000
爱德华二世	11724（1324 年）
爱德华三世	15724
理查二世	27080
亨利六世	13711（1433 年）
爱德华四世	30000

（二）封建协助金

根据封君封臣制度，当封君出现财政紧急情况时，封臣应该提供财政帮助。作为全国最高封君的国王在财政急需时也可以合法地向其封臣（总佃户）要求财政帮助（参见表 2）。12 世纪，亨利二世时期的大法官格兰维尔提到两种封建协助金，即国王的长子被封为骑士和长女出嫁，协助金的数量应该合理和适当，视封臣领地的面积而定，以便封臣的财产能够维持他的地位。后来，当国王被俘而需要交纳赎金时，封臣也需交纳协助金。[②] 起初，协助金的征收单位是土地面积，但 12 世纪中期以后，协助金的征收单位改为骑士领，征收率为 1—2 马克（1 马

---

① James H. Ramsay, *A History of the Revenues of the Kings of England, 1066-1399*, Oxford: Clarendon Press, 1925, Vol. 1, pp. 1-4, 60, 234, 274, Vol. 2, pp. 293, 426, 432; Sydney Knox Mitchell *Studies in Taxation under John and Henry III*, New Haven: Yale University Press, 1914, p. 16; Michael Prestwich, *War, Politics and Finance under Edward I*, Totowa: Rowman and Littlelfield, 1972, p.178; Natlie Fryde, *The Tyranny and Fall of Edward II*, Cambridge: Cambridge University Press, 1979, pp. 98-99; Alfred L. Brown, *The Governance of Late Medieval England 1272-1461*, Standford: Standford University Press, 1989, p.62; Charles Ross, *Edward IV*, London: Methuen, 1983, p.373.

② G. W. S. Barrow, *Feudal Britain: The Completion of the Medieval Kingdoms 1066-1314*, London: Edward Arnold, 1983, pp.44-45.

克相当于 13 先令 4 便士），每个总佃户按照自己所拥有的骑士领数量交纳。[①]

表 2　从 12 世纪到 16 世纪初历代国王征收封建协助金的情况 [②]

国王	征收时间	征收原因	征收率	数量（英镑）
亨利一世	1100 年	长女出嫁	3 先令 / 海德	10000
亨利二世	1168 年	长女出嫁	1 马克 / 骑士领	2608
亨利三世	1235 年	姐姐出嫁	2 马克 / 骑士领	—
亨利三世	1245 年	长女出嫁	1 英镑 / 骑士领	6000
亨利三世	1253 年	长子封骑士	1 英镑 / 骑士领	11000
亨利三世	1255 年	长子结婚	1 英镑 / 骑士领	10000
爱德华一世	1302 年	长女出嫁	1 英镑 / 骑士领	6832
爱德华三世	1346 年	长子封骑士	2 英镑 / 骑士领	10600
爱德华三世	1347 年	长女出嫁	2 英镑 / 骑士领	10600
亨利四世	1401 年	长女出嫁	1 英镑 / 骑士领	2000
亨利七世	1504 年	长女出嫁	1 英镑 / 骑士领	15500
亨利七世	1504 年	长子封骑士	1 英镑 / 骑士领	15500

（三）继承金、监护权、婚姻批准权带来的收入

在封君封臣制度下，国王对总佃户享有一系列附加封建权利（Feudal Incidents），主要包括征收继承金、获得监护权和对被监护人的婚姻决定权。据估计，1086 年末日审判调查时期，英国大约有 1000 名总佃户。[③] 直到 13 世纪后期，这些封建附加权利带来的利润仍然是国王的重要财源之一。国王的教俗总佃户去世时，他的封地的继承人必须向国王交纳一笔继承金，最初一般按照

---

① 骑士领，是指骑士的领地，面积不同。一个标准骑士领包括 250 英亩自营地，13 世纪一个骑士的年收入为 20—100 英镑。参见 Clayton Roberts and David Roberts, *A History of England: Prehistory to 1714*, Vol. I, 3rd ed., New Jersey: Prentice Hall, 1991, pp. 125-126。

② Bryce Lyon, *A Constitutional and Legal History of Medieval England*, New York: W. W. Norton & Company, 1980, p. 317; G. W. S. Barrow, *Feudal Britain: The Completion of the Medieval Kingdoms 1066-1314*, p. 184; Judith A. Green, *The Government of England under Henry I*, Cambridge: Cambridge University Press, 1986, p. 41; F. M. Powicke, *The Thirteenth Century: 1216-1307*, Oxford: Oxford University Press, 2nd ed., 1991, pp. 32-33; M. Jurkowski, C. L. Smith and D. Crook, *Lay Taxes in England and Wales 1188-1688*, Richmond Surrey: PRO Publications, 1998, pp. 15, 17, 18, 26, 47, 73, 172, 176; A. L. Brown, *The Governance or Late Medieval England 1272-1461*, Standford: Standford University Press, 1989, p. 76.

③ Sidney Painter, *Studies in the History of the English Feudal Barony*, New York: Octagon Books, 1980, p. 48.

贵族的地位和封地面积，由贵族与国王共同协商确定继承金的数量。当国王向总佃户征收继承金时，总佃户就会向自己的封臣征收协助金，以转嫁负担。国王的教会总佃户的世俗封地也要交纳继承金。现存最早的亨利一世时期 1130 年《财政署收支卷档》（参见图 2）记载，该年他收到的继承金为 416 英镑 3 先令 4 便士，如果加上即位以来拖欠的继承金，则高达 4592 英镑 10 先令。[1]

到亨利二世时代，公正合法的继承金被明确承认为 5 英镑 / 骑士领。约翰王对继承金的榨取达到了空前的程度。如一块年收入 23 英镑的土地，约翰王却征收 500 马克的继承金，相当于这块土地 15 年的收入。[2] 1214 年，约翰王向一个伯爵领征收高达 1 万马克（约 6600 英镑）的继承金。[3] 由于约翰王任意征收高额继承金，所以《大宪章》第 2 条明确规定，一个骑士领的继承金为 100 先令（合 5 英镑），一个伯爵领的继承金为 100 英镑，但《大宪章》并不能禁止国王滥用这些权利。

图 2　12 世纪英国国王《财政署收支卷档》

当国王的总佃户去世时，如果其男性继承人未成年（未满 21 周岁），那么总佃户的土地全部由国王监护，国王把这些监护土地出租，除供养年幼的继承人外，其余收入归国王所有。如果总佃户既从国王那里占有土地（即便只有 1 英亩），又从其他封建主那里占有土地，那么当其继承人未成年时，其全部土地都由国王监护，这称为“国王的优先监护权”。如果总佃户没有男性继承人，继承其封地的遗孀或女儿除交纳继承金之外，她们的婚姻还被掌握在国王手中，

---

① Judith A. Green, *The Government of England under Henry I*, pp. 84, 223-225.

② J. E. A. Jolliffe, *The Constitutional History of Medieval England*, London: Adam and Charles Black, 1937, p. 256.

③ G. W. S. Barrow, *Feudal Britain: The Completion of the Medieval Kingdoms 1066-1314*, p. 196.

遗孀是否再婚、女儿婚姻（法定婚龄为 14 周岁）对象都由国王决定。监护权和婚姻权是国王封建财政特权收入之一。亨利一世 1130 年的《财政署收支卷档》记录该年的监护收入为 66 英镑 13 先令 4 便士。

（四）王室森林区收入

中世纪英国历代国王多酷爱狩猎，王室森林区的直接目的是保护动物，供国王狩猎。王室森林区大致与全国森林密实地区吻合，但并非完全同一。因为王室森林区是人为划分的区域，国王的敕令可以把任何地区变成王室森林区，所以森林区内既有森林，也有耕地和荒地。王室森林区还通过出售木材、狩猎权、放牧权、垦荒权等，为国王带来一定的收入（参见表 3 和表 4）。

表 3　理查一世和约翰王出售垦荒权获得的部分收入 [1]

森林区所在郡	时间	收入
贝尔福	1190 年	200 英镑
约克	1190 年	100 英镑
康沃尔	1204 年	2200 英镑
埃塞克斯	1204 年	500 马克、5 匹战马
德汶	1204 年	5000 马克
约克	1204 年	100 马克、2 匹战马
苏里	1207 年	500 马克

表 4　亨利二世和理查一世时期出售王室森林区放猪权获得的部分收入

时间	收入		
	英镑	先令	便士
1170 年	91	6	1
1171 年	56	4	0
1172 年	22	10	7
1178 年	58	14	1
1179 年	36	13	8
1181 年	20	8	4

---

[1]　Charles R. Young, *The Royal Forests of Medieval England*, Philadelphia: University of Pennsylvania Press, 1979, p. 21.

续表

时间	收入		
	英镑	先令	便士
1182 年	21	2	2
1183 年	36	0	0
1185 年	62	15	11
1186 年	30	16	11
1187 年	48	3	5
1188 年	33	19	3
1196 年	48	4	7

但国王从王室森林中获得的最大宗收入是司法利润。历代王室森林巡回法庭罚金征收情况如下表（参见表 5）。[1]

表 5　历代王室森林巡回法庭罚金征收情况

国王	巡回法庭开庭时间	罚金（英镑）
亨利一世	1130 年	255
亨利二世	1166 年	502
	1175 年	12305
	1179 年	1007
理查一世	1185 年	2403
	1198 年	1980
约翰王	1212 年	4486

（五）王室采买权

王室采买权起源于盎格鲁-撒克逊时期，当时商品货币经济不发达，各地多以食物形式交纳地租。国王带着王廷（Household）常年在各地巡游就食，每到一处，当地贵族和地方官员负责承担国王一行的衣食住行，称为"款待权"（Hospitality）。1066 年"诺曼征服"后，国王的领地跨英吉利海峡两岸，但没有固定的都城。为了加强对领地的管理，国王仍然经常巡游各地，他们或者食用

---

① Judith A. Green, *The Government of England under Henry I*, p. 223; Charles R. Young, *The Royal Forests of Medieval England*, p. 39.

自己领地（王领）的食物，或者由总佃户负责接待。由于实物地租逐渐转化为货币地租，所以国王也把"款待权"转化为王室采买权。王廷中有些专门负责此事的官吏，被称为"采买官"。

每当国王决定巡游，一般提前6周命令当地的郡守或直接派遣采买官前往采买各种食物。如1205年，约翰王决定在牛津度过圣诞节，王廷官吏11月就到达牛津筹买物资。牛津郡守被命令采买250马车木柴、20马车木炭，以及大量的布料和毛皮。国王在重大节日的宴会是一项重大任务，极尽奢侈。1206年约翰王在温切斯特举行圣诞节宴会，命令温切斯特郡守采买了20头公牛、100头猪、100只羊、1500只鸡和5000个鸡蛋。[1] 1252年，亨利三世命令10个郡的郡守购买76头公猪、60只天鹅、72只孔雀、1700只山鹑、500只野兔、600只家兔、4200只家禽、200只野鸡、1600只云雀、700只鹅、60只苍鹭和16000个鸡蛋，运送到温莎城堡。[2] 战争时期，王廷采买官也要为国王一行采买生活必需品。1304年，爱德华一世在苏格兰作战，采买官在5个月里一共为国王采买了1500头牛、3000只羊、1200头猪、400只腌猪。[3] 议会召开期间，国王也命令王廷采买官和郡守大量购买食物。如为了准备1312年议会在威斯敏斯特召开，爱德华二世下令采买了1600夸脱（1夸脱=1.1365升）小麦、2300夸脱麦芽、2600夸脱燕麦、1360头牛、5500只羊和700头猪以供消费。[4]

战争时期，国王利用王室采买权，为军队强行购买后勤物资，王室采买权就演变为军事强买权。如亨利二世为了对爱尔兰发动战争，下令各地郡守采买了6425夸脱小麦、2000夸脱燕麦、584夸脱大豆、4160块咸肉、160夸脱食盐、840担奶酪。[5] 1283年，爱德华一世为在威尔士作战的军队一共采买了6000吨葡萄酒、12000夸脱小麦、10482夸脱燕麦、1100头牛和许多咸鱼干。[6]

13世纪90年代到14世纪30年代百年战争初期，是国王实行军事采买最频繁、规模最大的时期。1296年，爱德华一世发动对法国的战争，仅仅3月和4月，就下令南部12个郡的郡守强买了13500夸脱小麦、13000夸脱燕麦。不久，为了供应在法国西南部加斯科涅地区的军队，爱德华一世又向英国9个郡强买

[1] Richard Mortimer, *Angevin England: 1154-1258*, Oxford: Blackwell, 1994, p. 19.

[2] Bryce Lyon, *A Constitutional and Legal History of Medieval England*, p. 395.

[3] Michael Prestwich, *War, Politics and Finance under Edward I*, p. 126.

[4] Michael Prestwich, *War, Politics and Finance under Edward I*, pp. 131-132.

[5] Michael Prestwich, *War, Politics and Finance under Edward I*, p. 119.

[6] Michael Prestwich, *War, Politics and Finance under Edward I*, pp. 119-120.

了33800夸脱小麦、20400夸脱燕麦、5800夸脱大麦和3200夸脱大豆。[1]1297—1307年苏格兰战争中，爱德华一世在靠近苏格兰边境的伯威克和卡里斯尔设立了2个采买基地，各地采买的物资都运输到这里集中，然后供应给英国军队，其采买的物资品种和数量如表6。[2]

表6　爱德华一世采买的物资品种和数量

采买物资品种	采买数量	
	伯威克	卡里斯尔
面粉	291夸脱	3562夸脱
小麦	2716夸脱	4508夸脱
大麦	99夸脱	—
麦芽（用于酿造啤酒）	2688夸脱	1129夸脱
燕麦	4739夸脱	7769夸脱
大豆	973夸脱	52夸脱
葡萄酒	734吨	623吨
牛	50头	101头
猪	14头	521头
羊	60只	—
鲱鱼	28500条	9500条
鳕鱼干	14336条	21吨
食盐	418夸脱	22夸脱

（六）强迫借款

中世纪国王的重要职责之一就是保卫王国的安全。中世纪后期，国王常常以此作为强迫借款（Forced Loan，参见表7）的依据。从理论上说，强迫借款需要偿还，但实际上国王很少或根本不偿还，这是强迫借款与一般借款的重要区别。

---

[1]　Michael Prestwich, *War, Politics and Finance under Edward I*, p. 121.

[2]　Michael Prestwich, *War, Politics and Finance under Edward I*, p. 123.

表 7　中世纪后期历代国王强迫借款情况 ①

国王	借款时间	借款目的	借款数量（英镑）
理查二世	1397	—	22000
	1398	—	2000
亨利四世	1402	对法战争	—
	1405	对法战争	—
	1410	—	—
亨利五世	1416	对法战争	—
	1419	—	—
	1421	—	36840
亨利六世	1426	对法战争	—
	1429	—	—
	1430	对法战争	24000
	1431	对法战争	33322
	1434	—	12853
	1436	对法战争	38706
	1439	—	14000
	1442	对法战争	17600
	1444	国王婚姻	6200
	1446	国王旅行	2750
	1449	对法战争	12250
	1453	对法战争	22450
	1455	保卫加莱港	—

二、国王的税收收入

英国是中世纪西欧税收制度最发达的国家之一。中世纪英国的税收种类、税率等都随着国内外政治局势、经济发展等因素而不断变化。

---

① M. Jurkowski, C. L. Smith and D. Crook, *Lay Taxes in England and Wales 1188-1688*, pp. 70-109.

（一）丹麦金和卡鲁卡奇

丹麦金本是盎格鲁-撒克逊时期，英国为避免丹麦人的入侵而向后者交纳或被丹麦人勒索的贡金。据盎格鲁-撒克逊编年史记载，991 年，英国开始交纳丹麦金。丹麦金的税率由国王决定，一般为 2 先令 / 海德（最初被认为是一块可以供养一个家庭一年的土地面积）。"诺曼征服"后，丹麦金仍然偶尔征收，但税款不再交纳给丹麦人，而是为国王所用。据说威廉一世征收过 3 次或 4 次丹麦金，以每海德 2 先令征收，每次所得 5000 多英镑。威廉二世分别在 1090、1094、1097 和 1098 年征收过，1096 年甚至以双倍的税率（4 先令 / 海德）征收。亨利二世只征收过 2 次丹麦金，1162 年后，丹麦金在英国停止征收。

卡鲁卡奇也是一种土地税，有的学者认为它是丹麦金的复兴或者干脆仍然称之为丹麦金。卡鲁卡奇以土地面积单位"卡鲁卡特"或"犁队"（8 条公牛一天耕作的土地）上的真实财富价值为基础，税率一般为 2 先令 / 卡鲁卡特。

表 8　历代国王征收卡鲁卡奇的情况 [1]

征收时间	原因	税率（先令 / 海德）	税量（英镑）	占国王年收入比
1194	理查一世的赎金	2	—	—
1198	对法战争	5	4000	18%
1200	法国领地继承金	3	7500	17%
1217	对法战争	—	—	—
1220	对法战争	3	5483	15%
1224	对法战争	2	教士 2376	6%

从上表可以看出，卡鲁卡奇的征收或为了王国，或为了国王个人的需要。它的税量呈递减趋势，原因是封土制的流行，使以土地单位上的财富为基础的征收方法难以为继。丹麦金和卡鲁卡奇的短暂历史表明，土地税在英国基本上难以实行。

（二）盾牌钱

根据封君封臣制，每个封臣每年应该为封君义务服骑兵军役 40 天。但有些总佃户不能或不愿意履行对国王的军役义务，他们就向国王交纳盾牌钱，即免役钱。亨利二世时期，维持一名骑士一天作战的开支为 8 便士，所以当时的盾牌钱标准是 2 马克 / 骑士领。到 12 世纪末，盾牌钱征收已成习惯，税率一般为

---

① 　James H. Ramsay, *A History of the Revenues of the Kings of England, 1066-1399*, Vol. 1, pp. 261, 364.

1 英镑 / 骑士领。在中世纪前期，盾牌钱是国王的一个重要财源（参见表 9）。

表 9　历代国王征收的盾牌钱[①]

国王	征收次数及平均税量（英镑）	
亨利二世	8	1327
理查一世	3	1666
约翰王	11	4500
亨利三世	10	1420
爱德华一世	3	—
爱德华二世	1	—

（三）任意税

　　任意税的征收对象是王领上的城市和庄园中的自由民，偶然也对维兰征收，数量由国王的官员与城市或王领庄园协商，如果国王的官员对数量不满，就要对居民的财产进行估税（参见表 10）。任意税具有以下几个特点：第一，它由国王个人与小会议决定征收，无须征得大会议的同意，正因如此，它被称为"任意税"。1215 年约翰王签署的《大宪章》中没有限制国王对王领征收任意税的条款。第二，任意税的征收一般与国王的紧急财政需要特别是战争有关。第三，封建习惯规定，国王每 3 年可以征收一次任意税，但实际上历代国王都难以遵循这个习惯。

表 10　历代国王征收任意税的次数和总税量[②]

国王及其在位时间	征收次数	总税量（英镑）
亨利二世（35 年）	9	22030
理查一世（10 年）	4	—
约翰王（16 年）	7	25520

① Richard Mortimer, *Angevin England: 1154-1258*, p. 47; G. W. S. Barrow, *Feudal Britain: The Completion of the Medieval Kingdoms 1066-1314*, p. 197; K. T. Keefe, *Feudal Assessments and the Political Community under Henry II and His Sons*, Berkeley: University of California Press, 1983, p. 30; James H. Ramsay, *A History of the Revenues of the Kings of England, 1066-1399*, Vol. 1, pp. 191, 226, 261, 364, Vol. 2, pp. 87, 148, 295, 433.

② S. K. Mitchell, *Taxation in Medieval England*, New Haven: Yale University Press, 1951, p. 273; B. E. V. Sabine, *A Short History of Taxation*, London: Butterworths, 1980, p. 22; James H. Ramsay, *A History of the Revenues of the Kings of England, 1066-1399*, Vol. 1, pp. 195, 227, 261, 364.

国王及其在位时间	征收次数	总税量（英镑）
亨利三世（56 年）	14	79800
爱德华一世（35 年）	1	—
爱德华二世（20 年）	1	—

（四）动产税

动产税是中古后期国王的重要财源之一，是国王对全国俗人征收的一种直接税。最初以动产和收入作为估税基础，1207 年以后，只以动产作为估税基础，故又被称为"个人财产税"。14 世纪中期以后，动产税须经过议会的批准才能征收，故又被称为"议会税"（Parliamentary Tax）。由于 1334 年后税率被固定为城市和古代王领 1/10、乡村 1/15，所以也被称为"1/10 和 1/15 税"。

动产税的起源与十字军运动有关。1187 年，伊斯兰教徒萨拉丁攻占了耶路撒冷，罗马教皇号召西欧各国教士为解救圣地交纳什一税。1188 年，英王亨利二世要求所有不参加十字军的人都必须交纳其收入和动产的 1/10，即所谓"萨拉丁什一税"。

1207 年，为了与法国进行战争，约翰向全体臣民（包括教士）征收动产和收入税，税率为 1/13，结果获得 57421 英镑。[1] 爱德华一世时期，随着议会的兴起，动产税开始由议会批准。爱德华三世时期，动产税又发生了一个重大变化：动产税率固定为城市和古代王领 1/10，乡村为 1/15，各个村庄和城市的交纳数量被登记造册，作为以后动产税征收的固定数量。1334 年的动产税估税为 38245 英镑，所以此后每次动产税的税量就固定为 3.7 万英镑左右，动产价值 10 先令以下者免交。[2]

尽管动产税不能连年征收，但由于税量比较大，加上征收次数的增加，所以从爱德华一世起，动产税成为国王的一个重要财源（参见表 11）。[3]

---

[1]　S. K. Mitchell, *Taxation in Medieval England*, p. 273; B. E. V. Sabine, *A Short History of Taxation*, p. 22; James H. Ramsay, *A History of the Revenues of the Kings of England, 1066-1399*, Vol. 1, p. 245.

[2]　S. Dowell, *A History of Taxation and Taxes in England: From the Earliest Times to the Present Day*, 4 Vols, 1st ed., London: Routledge, 1965, pp. 86-87; James F. Willard, *Parliamentary Taxes on Personal Property 1290 to 1334: A Study in Mediaeval English Financial Administration*, Cambridge Mass: Mediaeval Academy of America, 1934, p. 345.

[3]　Michael Prestwich, *War, Politics and Finance under Edward I*, p. 179; M. Jurkowski, C. L. Smith and D. Crook, *Lay Taxes in England and Wales 1188-1688*, pp. 29-36; James H. Ramsay, *A History of the Revenues of the Kings of England, 1066-1399*, Vol. 2, p. 148; W. M. Ormrod, *The Reign of Edward III: Crown and Political Society in England 1327-1377*, New Haven: Yale University Press, 1990, p. 204.

表 11　历代国王征收动产税的次数和平均税额

国王	征收次数	平均税额（英镑）
亨利二世	2	—
理查一世	1	—
约翰王	2	32497
亨利三世	4	32085
爱德华一世	9	45000
爱德华二世	6	38708
爱德华三世	25	35216
理查二世	13	45835

（五）关税

关税是中世纪英国国王对进出口商品征收的间接税，主要包括羊毛出口关税和羊毛补助金、吨税和镑税、呢绒出口关税三大类。

中世纪的英国是欧洲最重要的羊毛产地之一。意大利大部分毛纺织业和佛兰德地区所有毛纺织业，都依赖英国的羊毛。1275 年，因战争而债台高筑的爱德华一世经过议会批准，在伦敦等 13 个港口，以全国统一的税率，对英国和外国商人出口的羊毛征收关税，税率分别为：每袋羊毛半马克（6 先令 8 便士），每 300 条羊毛皮半马克，每块羊皮 1 马克（13 先令 4 便士）。1303 年，爱德华一世颁布《商业宪章》规定，在 1275 年确立的关税率基础上，向外国商人增加羊毛出口关税：每袋羊毛增加 3 先令 4 便士，每 300 条羊毛皮增加 3 先令 4 便士，每块羊皮增加 6 先令 8 便士。

羊毛补助金是国王在大小关税的基础上对出口羊毛征收的附加关税。1294 年，为了支付与法国和苏格兰战争的巨额费用，爱德华一世下令向羊毛出口商人征收更高的关税：每袋 1 英镑 13 先令 4 便士，这相当于 1275 年关税率的 5 倍。百年战争期间，羊毛补助金为每袋 40—50 先令；到 15 世纪，国内羊毛商人为每袋 40 先令，外国商人有时高达每袋 5 英镑，1471 年固定为每袋 76 先令 8 便士。15 世纪后期，国内外商人羊毛关税和补助金的税率分别占其羊毛出售价格的 25% 和 48% 左右。[1]

---

① E. M. Carus-Wilson and Olive Coleman, *England's Export Trade 1275-1547*, Oxford: Clarendon Press, 1963, p. 194.

吨税是对法国进口的葡萄酒征收的关税。葡萄酒是中世纪英国从法国进口的重要商品，如 1300 年，英国就从法国进口 2 万桶（每桶为 252 加仑）葡萄酒，相当于加斯科涅地区葡萄酒出口量的 1/5。[①] 国王一直享有以低于市场的价格采买法国进口葡萄酒的权利。每艘 10 吨—19 吨的商船购买 1 桶，20 吨以上的商船购买 2 桶，无论葡萄酒的质量如何，价格都固定为每桶 20 先令。但是到 1302 年，爱德华一世允许法国葡萄酒商人交纳进口关税每桶 2 先令。1303 年《商业宪章》规定，所有外国的葡萄酒商人都要交纳每桶 2 先令的关税，并且必须在运载葡萄酒的船只登陆英国 40 天之内交纳。1308 年，英国葡萄酒进口商人也愿意把采买折算为每桶 2 先令的关税。

1347 年，国王决定对羊毛和葡萄酒之外的其他进出口商品按每英镑 6 便士的税率征收，称为"镑税"。

从 14 世纪中期起，英国的呢绒出口迅速增长。1347 年，爱德华三世和贵族大会议决定对出口呢绒征收关税（参见表 12），税率依据呢绒的染色程度由国内外商人而定。

表 12　出口呢绒关税征收情况

呢绒染色程度	英国商人税率（便士）	外国商人税率（便士）
不染	14	21
半染	21	31
全染	28	42

与动产税不同，国王常常与贵族大会议、国内外商人协商决定征收新的关税或提高税率。随着议会的发展及其对国王财政控制的加强，1339 年，议会下院首次提出羊毛关税和补助金应该由议会批准，并于 1362 年获得了关税和羊毛补助金的批准权力。1371 年，议会又控制了吨税、镑税和呢绒出口关税的批准权。但 1398 年，议会批准国王理查二世终生享有征收关税（包括羊毛出口关税和羊毛补助金）的权利。尽管议会在批文中说"这不能成为后代国王的先例"，但 1415、1453、1461 年议会都批准国王享有终生征收关税的权利。虽然名义上议会仍然掌握了关税批准的权力，但实际上关税成为国王的正常收入之一（参见表 13）。

---

① Scott L. Waugh, *England in the Reign of Edward III*, Cambridge: Cambridge University Press, 1991, p.59.

表13 历代国王年均关税收入 ①

国王	年均关税收入（英镑）
爱德华一世	15870
爱德华二世	12650
爱德华三世	78456
理查二世	47734
亨利四世	30000
亨利五世	30000
亨利六世	25000
爱德华四世	30000

（六）人头税

英国历史上的第一次人头税也与十字军有关。1222年，为了援助十字军建立的"耶路撒冷王国"，贵族大会议批准亨利三世征收人头税。6月，亨利三世发布估税和征收令状，规定按照社会地位交纳人头税，除了圣殿骑士团的骑士免除外，教会土地的佃农、城市市民、王领居民都包括在内。这次人头税的税率如表14。

表14 人头税的交纳情况

社会等级	交纳数量
伯爵	3马克（1英镑）
男爵	2马克（13先令4便士）
骑士	1先令
自由佃农	1便士
无地但财产价值半马克以上者	1便士

1377年1月，议会批准爱德华三世征收人头税，"王国境内14周岁以上人，无论男女，除真正的乞丐外，每人交纳4便士"。结果全国1376442人交纳了人

---

① James H. Ramsay, *A History of the Revenues of the Kings of England, 1066-1399*, Vol. 2, pp. 83, 280, 431; B. E. V. Sabine, *A Short History of Taxation*, p. 36; A. L. Brown, *The Governance of Late Medieval England 1272-1461*, pp. 62, 69; Charles Ross, *Edward IV*, p. 373. M. M. Postan, *The Cambridge Economic History of Europe*, Vol. III, *Economic Organization and Policies in the Middle Ages*, Cambridge: Cambridge University Press, 1979, p. 318.

头税，共计获得 22607 英镑 2 先令 8 便士。[1] 这次纳税人口数成为研究中世纪英国人口的宝贵史料。

1379 年，议会批准理查二世征收人头税（参见表 15）。所有 16 周岁以上的人，如果收入低于纳税标准就按照 1377 年的税率交纳 4 便士 / 人。达到和超过纳税标准的人，则按照其收入交纳，由于有些人的收入与其职业有关，所以职业也作为估税的参考标准。

表 15　1379 年人头税估税情况 [2]

社会等级或职业	估税数量
兰开斯特公爵和布列塔尼公爵	6 英镑 13 先令 4 便士
伯爵	4 英镑
男爵、男爵遗孀、富有骑士	2 英镑
骑士和地产较多的候补骑士	1 英镑
地产较少的候补骑士	6 先令 8 便士
服役而无产的候补骑士	3 先令 4 便士
国王法庭的大法官	5 英镑
警卫官和大手工业主	2 英镑
富有的手工业者	1 英镑
普通手工业学徒	6 先令 8 便士
伦敦市长	4 英镑
大城市的市长	2 英镑
小城市的市长	1 英镑、10 先令、6 先令 8 便士
大商人	1 英镑
富裕商人	13 先令 4 便士
小商人	半马克、1/4 马克、1 先令、6 便士
地方警官、小地主	6 先令 8 便士或 40 便士
庄园农民、牲口贩子	6 先令 8 便士、40 便士、2 先令、12 便士
已婚律师、公证人、代诉人	2 英镑、1 英镑、6 先令 8 便士
没有列入商人等级的所有旅馆老板	40 便士、2 先令、12 便士

[1]　S. Dowell, *A History of Taxation and Taxes in England: From the Earliest Times to the Present Day,* Vol. 1, 3rd ed., p. 93.

[2]　M. Jurkowski, C. L. Smith and D. Crook, *Lay Taxes in England and Wales 1188-1688*, pp. 58-59.

神职人员也按照他们的等级交纳人头税（参见表 16）。[1]

表 16 神职人员交纳人头税表

等级	交纳数量
坎特伯雷大主教	6 英镑 13 先令 4 便士
主教和大修道院院长	4 英镑
封地年价值 400 马克以上的教士	3 英镑
封地年价值 400—200 马克	2 英镑
封地年价值 200—100 马克	1 英镑 10 先令
封地年价值 20—10 英镑	5 先令
其他封地较少的教士	2 先令
修士和修女	3 先令 4 便士、1 先令 8 便士、1 先令、4 便士
没有封地的教士	4 便士

理查二世预期这次人头税能够获得 5 万英镑，但最后只收到 19304 英镑。[2]这两次人头税成为 1381 年英国农民起义的导火索。

通过对中世纪英国国王各种收入的分析，我们可以看出，中世纪英国国王收入构成具有以下几个特点：

第一，由于受封君封臣制度的影响，中世纪英国税收呈临时性、紧急性的特点。除关税外，其他税收都是作为紧急性的战争财政措施而征收的，国王缺乏常规性的税收。所以，每遇战事发生，国王常常陷入财政窘境，而且大多数国王临终时都留下大笔债务。

第二，封君封臣制度的实行使土地税难以征收。由于土地经过层层封授，以土地为基础的封建税收都逐渐被放弃，如丹麦金、卡靡卡奇、盾牌钱、仕意税等，到中世纪后期，国王主要依靠动产税和关税收入。

第三，经济发展和财富形式的变化，是中世纪英国税收结构变化的物质前提和基础。中世纪早期，由于商品货币经济不发达，国王只得依靠征收土地税来维持国家和王室的开支。随着商品货币经济的发展，特别是养羊业和羊毛出口的增长，国王开始以动产税和关税来维持国家的一应开支。

---

① S. Dowell, *A History of Taxation and Taxes in England: From the Earliest Times to the Present Day*, Vol. 1, 3rd ed., p.94.

② A. L. Brown, *The Governance of Late Medieval England 1272-1461*, p.75.

　　第四，税收结构变化产生了两个重要后果：一是国王的财政收入急剧增长。1130 年，亨利一世的财政收入为 2.3 万英镑左右，而 14 世纪中期，爱德华三世的年收入达到 15.7 万英镑。[①] 二是国王财政收入的构成发生了重大变化。1130 年亨利一世的财政收入中，封建特权收入占 74%，而爱德华三世时期税收与封建特权收入和税收之比达到 4 ∶ 1。[②] 税收成为国王不可或缺的财源。

（原载《经济社会史评论》2013 年第六辑）

[①] J. A. Green, *The Government of England under Henry I*, p. 55; J. R. Lander, *Government and Community: England 1450-1509*, London: Edward Arnold Press, 1980, p. 85.

[②] M. H. Keen, *England in the Later Middle Ages: A Political History*, London: Methuen, 1973, p. 42; W. M. Ormrod, *Political Life in Medieval England 1300-1450*, New York: St. Martin's Press, 1995, p. 92; M. M. Postan, *The Cambridge Economic History of Europe*, Vol. III, *Economic Organization and Policies in the Middle Ages*, p. 317.

中世纪西欧国王与贵族的财政关系

虽然西欧各国封建化步伐不一致，但是在成熟的封建社会里，西欧各国的封建制度还是具有很多相同的特点，其中之一就是国王与贵族之间直接而明确的财政关系。作为全国最高封君，国王享有对贵族的财政特权（Royal Prerogatives），它们主要包括三大"协助金"（Aids）、盾牌钱（Scutage）、继承金（Relief）、监护权（Wardship）和婚姻权（Marriage）等。到 12 世纪末，西欧各国君主和大多数大贵族的秘书机构都记录了关于封地、臣服礼、军役义务和财政收支的记录，这些文献为我们研究本题提供了宝贵的资料。国王不仅利用这些财政特权榨取贵族的收入，而且以此作为从政治上控制贵族的手段，因此中世纪乃至近代早期，这些财政关系都被称为贵族与王权争夺的焦点之一。

根据封君封臣制度，国王的长子被封为骑士、国王的长女出嫁、国王被俘而需要交纳赎金时，各级封臣都应该"自愿"交纳协助金（参见表 1），但其具体数量则逐渐受到封建习惯和法律的限制。如 1100 年，英王亨利一世在《加冕誓词》中许诺，他将合理地征收协助金。1215 年，约翰王签署《大宪章》，其中第 12 条规定："不经过全国的共同协商，国王不能征收盾牌钱和协助金，除国王的赎金、国王的长子被封为骑士和长女出嫁外。即使在这三种情况下，国王也只能合理地征收。"[1]

中世纪西欧比较著名的被俘国王是英国理查一世和法国约翰二世。1192 年从十字军东征返回英国的途中，理查一世被神圣罗马帝国的奥地利公爵所俘，最初被要求交纳赎金 15 万马克，后来协商为 10 万马克。为了赎回国王，王后和贵族大会议决定对每个骑士领征收 1 英镑的协助金。英法百年战争期间，英

---

[1] D. C. Douglas and G. W. Greenaway, *English Historical Documents: 1189-1327*, Vol. 3, London: Taylor & Francis, reprinted in 2004, p. 318.

军统帅"黑太子"爱德华于 1356 年普瓦提埃战役中俘虏了法国王储约翰（继位后称为"约翰二世"）。经过双方谈判，最终法国不仅割让了近 1/3 领土，而且为国王支付 400 万克朗（相当于 666666 英镑）赎金。[①]

1216 年，英王亨利三世重新颁布《大宪章》，删除有关封建协助金的条款。1275 年，英王爱德华一世颁布《威斯敏斯特条例 I》，其中第 36 条规定：每个骑士领（knight's fee）的协助金为 20 先令，而且只有当领主（包括国王）的儿子 15 岁才能征收封骑士的协助金，女儿 7 岁时才能征收出嫁协助金。[②]1297 年，爱德华一世被迫承诺，除古代的协助金（即封建协助金）外，不经过全国的共同同意，他将不再征收协助金。起初，封建协助金只需要经过由国王总佃户组成的贵族大会议的批准即可征收，但从 14 世纪起，议会常常追认贵族大会议的批准。为了限制协助金的征率，1352 年，英国议会通过一项法令，规定封建协助金的征率为 1 英镑 / 骑士领，后世国王完全遵守这个规定。

表 1　中世纪英国历代国王征收的封建协助金 [③]

国王	征收时间	征收原因	征收率	总数（英镑）
亨利一世	1100 年	长女出嫁	3 先令 / 海德	10000
亨利二世	1168 年	长女出嫁	1 马克 / 骑士领	2608
亨利三世	1235 年	姐姐出嫁	2 马克 / 骑士领	—
亨利三世	1245 年	长女出嫁	1 英镑 / 骑士领	6000
亨利三世	1253 年	长子封骑士	1 英镑 / 骑士领	11000
亨利三世	1255 年	长子结婚	1 英镑 / 骑士领	10000
爱德华一世	1302 年	长女出嫁	1 英镑 / 骑士领	6832
爱德华三世	1346 年	长子封骑士	2 英镑 / 骑士领	10600

① Christopher Allmand, *The Hundred Years War: England and France at War, C.1300-C.1450*, revised edition, Cambridge: Cambridge University Press, 2001, p.38.

② D. C. Douglas and G. W. Greenaway, *English Historical Documents: 1189-1327*, Vol.3, p.406.

③ Bryce Lyon, *A Constitutional and Legal History of Medieval England*, 2nd ed., New York: W. W. Norton & Company, 1980, p.317; G. W. S. Barrow, *Feudal Britain: The Completion of the Medieval Kingdoms 1066-1314*, London: Edward Arnold, 1983, p.184; Judith A. Green, *The Government of England under Henry I*, Cambridge: Cambridge University Press, 1986, p.41; F. M. Powicke, *The Thirteenth Century: 1216-1307*, Oxford: Oxford University Press, 2nd ed., 1991, pp.32-33; M. Jurkowski, C. L. Smith and D. Crook, *Lay Taxes in England and Wales 1188-1688*, Richmond Surrey: PRO Publications, 1998, pp.15, 17, 18, 26, 47, 73, 172, 176; A. L. Brown, *The Governance of Late Medieval England 1272-1461*, Standford: Standford University Press, 1989, p.76.

续表

国王	征收时间	征收原因	征收率	总数（英镑）
爱德华三世	1347 年	长女出嫁	2 英镑 / 骑士领	10600
亨利四世	1401 年	长女出嫁	1 英镑 / 骑士领	2000
亨利七世	1504 年	长女出嫁	1 英镑 / 骑士领	15500
亨利七世	1504 年	长子封骑士	1 英镑 / 骑士领	15500

按照封君封臣制度，国王的直属封臣都有义务根据自己封地的骑士领数量，带领相应人数的骑士为国王每年服役 40 天。西欧封君封臣制度最初的重要目的就是国王希望通过这种方式调集军队作战。那些不能或者不愿意服军役的贵族，必须向国王交纳"盾牌钱"。英王亨利二世时期，维持一名骑士作战一天的开支大约为 8 便士，因此标准的盾牌钱是 2 马克 / 骑士领（40 天 × 8 便士 = 320 便士或 2 马克）。

西欧各国开始征收盾牌钱的时间各不相同，英国到亨利一世时期已经开始征收。[①] 到 12 世纪末，国王征收盾牌钱（参见表2）的基本习惯形成：第一，只有进行战争时，国王才能征收盾牌钱；第二，盾牌钱一般在战争结束时征收；第三，盾牌钱的税率一般为 1 英镑 / 骑士领。随着中世纪后期国王其他财源日益重要，而且盾牌钱的征收容易引发贵族对王权的厌恶甚至反对，政治成本高昂，所以它逐渐淡出西欧各国统治者的视线，例如英国 1322 年后国王就再也没有征收过盾牌钱。

表2　中世纪英国历代国王征收的盾牌钱 [②]

国王	征收次数	平均税量（英镑）
亨利二世	8	1327
理查一世	3	1666

① John Horace Round, *Feudal England: Historical Studies on the Eleventh and Twelfth Centuries*, London: George Allen and Unwin, 1964, p.268; F. M. Stenton, *The First Century of English Feudalism: 1066-1166*, Oxford: Oxford University Press, 1932, p.105. 但是道威尔认为始于亨利二世时期，参见 S. Dowell, *A History of Taxation and Taxes in England: From the Earliest Times to the Present Day*, Vol. 1, 3rd ed., London: Routledge, 1965, p.38。

② Richard Mortimer, *Angevin England: 1154-1258*, Oxford: Blackwell, 1994, p.47; G. W. S. Barrow, *Feudal Britain: The Completion of the Medieval Kingdoms 1066-1314*, p.197; K. T. Keefe, *Feudal Assessments and the Political Community under Henry II and His Sons*, Berkeley: University of California Press, 1983, p.30; James H. Ramsay, *A History of the Revenues of the Kings of England, 1066-1399*, Oxford: Clarendon Press, 1925, Vol. 1, pp.191, 226, 261, 364, Vol. 2, pp.87, 148, 295, 433.

国王	征收次数	平均税量（英镑）
约翰王	11	4500
亨利三世	10	1420
爱德华一世	3	—
爱德华二世	1	—

根据英国封君封臣制度，当贵族去世时，他们的合法继承人必须交纳一定数量的继承金给国王。起初一般按照贵族的等级和封地面积，由贵族与国王共同协商决定具体数量。亨利一世（1100—1135年在位）在《加冕誓词》第2条中许诺继承金必须"公正合法"。到12世纪末，继承金被明确规定为5英镑/骑士领（一个骑士的封地面积，高级贵族往往拥有多个骑士领），但是关于伯爵领的继承金，则只是含糊地规定要"合理"。亨利二世（1154—1189年在位）时期的《财政署收支卷档》（Pipe Rolls）记载了大量交纳继承金的例子：威廉·布里托为了继承15个骑士领而交纳40马克（1马克为2/3英镑），威廉·德·蒙塔库特为了继承10个骑士领而交纳100马克，而威廉·伯特兰则为了继承3个骑士领而交纳了200英镑。最高的继承金是罗伯特·莱斯和理查·德·冈特，他们为了继承一个伯爵领分别交纳了1000马克。[1] 约翰王（1199—1216年在位）对继承金的榨取达到了空前的程度。如一块年收入23英镑的土地，约翰王却征收了500马克继承金，相当于这块土地15年的收入。[2] 1214年，约翰王向一个伯爵领征收高达1万马克（约6600英镑）的继承金。[3] 由于约翰王任意征收高额继承金，所以《大宪章》第2条明确规定，一个骑士领的继承金为100先令（合5英镑），一个伯爵领的继承金为100英镑。但是《大宪章》并未禁止国王滥用这些权利，所以1258年，英国贵族在发动叛乱前夕，向亨利三世提交了一份请愿书，其中许多条款都请求国王合法地收取继承金。[4]

根据封君封臣制，封君取得封臣土地的监护权本身是理所当然的：由于继承人未成年，不能履行军役义务，所以，封君就有权取得被监护人的土地的利益，直到被监护人成年。但是各国甚至各地的法定成年年龄不同：英国规定男

① W. L. Warren, *Henry II*, London: Methuen Press, 1973, p. 386.

② J. E. A. Jolliffe, *The Constitutional History of Medieval England*, London: Adam and Charles Black, 1937, p. 256.

③ G. W. S. Barrow, *Feudal Britain: The Completion of the Medieval Kingdoms 1066-1314*, p. 196.

④ R. E. Treharne and I. J. Sanders, *Documents of the Baronial Movement of Reform and Rebellion 1258-1267*, Oxford: Oxford University Press, 1973, pp. 77-91.

性21周岁，女性14周岁（法定婚龄）；而法国香槟地区的成年年龄为男性15周岁，女性11周岁。[①]英国贵族去世时，如果其男性继承人未成年，那么其土地全部由国王监护。国王把这些土地出租，除供养年幼的继承人外，其余收入归国王所有。如果贵族既从国王那里占有土地（即使只有1英亩），又从其他封建主那里占有土地，那么当其继承人未成年时，其全部土地都由国王监护，这称为"国王的优先监护权"。[②]如果贵族或其继承人违背国王的意志，就必须交纳大笔罚金。

如果贵族没有男性继承人，那么继承其封地的遗孀或女儿除交纳继承金之外，他们的婚姻（包括遗孀再婚）也被国王控制，她们能否结婚或再婚、结婚或再婚的对象，都由国王决定。国王的理由是：贵族遗孀或女儿不能把从国王那里获得的封地因为婚姻而带给国王的敌人或反对者。在这方面，法国香槟地区的封建习惯也与其他地方有所不同：寡妇有权监护她的未成年继承人；如果她同意偿还丈夫的债务，那么她拥有她丈夫动产的处分权；她必须向她丈夫的领主行臣服礼。她的男性继承人15岁、女性继承人11岁时必须向领主行臣服礼，否则他们的封地将被领主合法收回。[③]

监护权和婚姻权是中世纪早期国王从贵族家庭获得大宗收入的来源之一。国王主要通过出租和出售监护土地获得收入。亨利二世把德汶伯爵领的监护权出租，每年可以获得420英镑的收入。[④]但国王也常常把监护权当作待沽的商品，出售给竞价最高的人。亨利一世1130年的《财政署收支卷档》记载，该年监护收入为66英镑13先令4便士；婚姻权收入为220英镑13先令4便士，加上历年拖欠则为2506英镑1先令。[⑤]

亨利二世是中世纪英国最重视利用监护权和婚姻权取得收入的国王。1185年，亨利二世派出巡回法庭，对各地被监护人的土地、财产状况进行详细调查，编成《国王监护的贵妇、男孩和女孩花名册》（*Rolls of Ladies, Boys and Girls in the King's Gift*），其部分结果被保留下来了，不仅为国王决定寡妇及其女儿在婚

① Theodore Evergates, translated and edited., *Feudal Society in Medieval France: Documents from the County of Champagne,* Philadelphia: University of Pennsylvania Press, 1993, p.54.

② Jennifer Ward, translated and edited., *Women of the English Nobility and Gentry 1066-1500*, New York: Manchester University Press, 1995, p.9.

③ Theodore Evergates, translated and edited., *Feudal Society in Medieval France, Documents from the County of Champagne*, p.54.

④ James H. Ramsay, *A History of the Revenues of the Kings of England, 1066-1399*, Vol.1, p.134.

⑤ Judith A. Green, *The Government of England under Henry I*, pp.223-225.

姻市场的价格提供了十分重要的参考，而且可以看出国王对贵族家庭的妇女、儿女及其土地拥有巨大的权利。如来自剑桥郡的一份记录："尤金妮娅·皮柯特是肯特郡的拉尔夫的姐姐、托马斯·菲兹·伯纳德的妻子，现在寡居，是被国王监护的对象。她在拉德菲尔德百户区拥有年地租收入 25 英镑的庄园。她与伯纳德生育了 3 个儿子和 1 个女儿，长子 10 岁，次子 8 岁，幼子 3 岁。国王把她的女儿许配给约翰·德·比顿的儿子。"几年以后，尤金妮娅为了取得对儿子约翰及其继承的土地的监护权而交给国王 80 英镑。[1] 类似记载比比皆是："洛赫斯·德·布斯是鲍德温·菲茨基尔伯特的女儿、威廉·德·布斯的妻子，被国王监护，现年 50 岁。她有 2 个女儿……她继承的莫顿封地价值为每年 15 英镑，还有 3 个牛队和 200 只绵羊。她现在拥有的土地价值为 4 英镑。瓦尔特·福尔马基的妻子，也是托马斯·德·内维尔的女儿，现年 24 岁，被国王监护，她有一个不足周岁的女儿，是继承人。她在克罗索姆拥有半个犁队的土地，为此她每年交纳 5 先令，她还有一座磨坊，交纳 2 马克（13 先令 4 便士）。"[2]

虽然习惯规定购买者交还土地时应该像当初购买时一样，但许多购买者根本不顾这些规定，竭力使用土地，以期从中获取最大的利润，所以被出售的监护土地常常遭受严重损害：土地荒芜、森林被滥砍滥伐、房屋年久失修等。

像监护权一样，贵族妇女的婚姻权也是国王可以出售的商品，而且二者常常一起出售。亨利一世曾经许诺，他将免费发放婚姻许可证，除非与他的敌人结婚，否则他决不阻拦，而且分文不取。但实际上，寡妇和女继承人的婚姻自由地出售给竞价最高的人，或国王的朋友。被监护的寡妇或女继承人被迫交纳大笔罚金"以便保持寡居"，或"不被强迫嫁人"，或"嫁给她的意中人"。12 世纪，越来越多女继承人的婚姻被国王操纵。亨利一世 1130 年《财政署收支卷档》中记载，该年的切斯特伯爵的遗孀向亨利一世交纳 500 马克后才购买了 5 年的独身权。[3] 1182 年，约克郡一名伯爵遗孀的婚姻被亨利二世出售了 200 马克。威廉·德·赫里兹的遗孀为了避免类似的命运而主动向亨利二世交纳了 50 英镑。沃威克伯爵威廉的遗孀为了"继承丈夫的土地、嫁妆和选择中意的再婚夫"，被迫交纳 700 马克。[4]

①　Noel James Menuge, *Medieval English Wardship in Romance and Law*, Cambridge: D. S. Brewer, 2001, p. 2.

②　Emilie Amt, *Women's Lives in Medieval Europe: A Sourcebook*, 2nd ed., London: Routledge, 2010, p. 125.

③　Noel James Menuge, *Medieval English Wardship in Romance and Law*, pp. 85-86.

④　Robert Bartlett, *England under the Norman and Angevin Kings: 1075-1225*, Oxford: Oxford University Press, 2000, p. 169.

国王出售婚姻权的收入不断增长。亨利二世时期，每个被监护的总佃户继承人为了取得婚姻权平均要交纳 101 马克，理查一世时期为 171 马克，约翰王时期为 314 马克。仅婚姻权一项约翰王就获得共 4 万马克（约 2.7 万英镑）。①

在英国封君封臣制度下，每个贵族都有义务自备武器装备和后勤物资，每年为国王作战 40 天。军役义务虽然逐渐演变为贵族向国王交纳"盾牌钱"或免役钱，但是它并未妨碍国王强行要求财产价值达到一定数量的臣民必须接受"骑士"封号，以便纳入对国王负有各种财政义务的贵族阶层。1224 年 11 月，亨利三世（1216—1272 年在位）为了准备加斯科涅战役，要求所有土地价值 40 英镑以上者必须接受骑士封号，并准备到加斯科涅服役。1241 年和 1254 年，亨利三世下令土地价值 20 英镑以上者必须接受骑士封号。王太子爱德华在加斯科涅被封为骑士，并与卡斯提尔的埃莉诺完婚，为此，亨利三世要求所有土地价值 60 英镑以上的年轻总佃户都必须与王太子同时加封为骑士。爱德华一世偶尔也直接召集符合条件的地主服役，如 1297 年他召集那些年土地价值 20 英镑以上者到佛兰德服役，但遭到强烈抵制，只有 100 名左右的强封骑士应召服役。②1306 年，爱德华一世许诺为所有符合条件而参加授封骑士仪式的人提供装备，结果近 300 人在怀特桑泰德（Whitsuntide）接受了骑士封号。③

中世纪国王与贵族的财政关系常常引起贵族与王权之间的矛盾和斗争，因此国王常常在一些场合宣布按照封建习惯从各级贵族处获得收入。如英王亨利一世在《加冕誓词》第 3 条就承诺："如果我的任何伯爵或总佃户的女儿、姐妹或侄女等出嫁，他必须与我协商，但我既不为此而寻求他们支付款项，也不拒绝，除非她们出嫁给我的敌人。如果我的总佃户去世而他的女儿成为继承人，那么我将按照贵族的建议来处理她的婚姻和土地。如果我的总佃户的妻子成为继承人而又没有子嗣，那么她不仅可以占有嫁妆和遗产，而且我不强迫她再嫁，除非经过她的同意。"第 4 条承诺："如果一个总佃户的遗孀与一个未成年孩子生活，只要这个遗孀保持贞洁，她就能够继承嫁妆和土地，不经过她的同意，我将不干预她的再婚。未成年人亲属或母亲将成为土地和他的监护人。我将命令我的伯爵们像对待自己的子女和遗孀一样对待被他们监护的人。"④但正如前面

①　Robert Bartlett, *England under the Norman and Angevin Kings: 1075-1225*, p. 164.

②　A. L. Brown, *The Governance of Late Medieval England 1272-1461*, p. 92.

③　A. L. Brown, *The Governance of Late Medieval England 1272-1461*, p. 92.

④　D. C. Douglas and G. W. Greenaway, *English Historical Documents: 1042-1189*, Vol. 2, 2nd ed., London: Eyre Methuen, 1981, p. 433.

已论述的，亨利一世及其后代国王并不遵守这些誓言。

　　1215 年约翰王签署的《大宪章》对监护权和婚姻权进行了明确规定。第 2 条规定："如果总佃户（Tenant-in-Chief，即直接接受国王封地的高级贵族，也被称为'直属佃户'）去世，他的继承人已成年，那么他必须交纳旧的继承金，即伯爵领 100 英镑，骑士领 100 先令。"第 3 条则规定："如果继承人未成年而成为被监护人，那么当他成年时，无须交纳继承金和罚金而继承他的土地。"第 4 条规定："监护人只能向被监护人及其土地收取合理的收入、合理的习惯性捐纳和合理的军役，不许损害被监护人的人身和财物……如果监护人损害了被监护的人和财物，那么应该给予补偿，并且剥夺监护权。"第 5 条规定："只要监护人获得监护权，那么他就应该维修被监护人的房屋、花园、池塘、磨坊和其他东西，当被监护人成年时，他应该如数而且完好如初地归还。"第 6 条规定："监护人不能强迫被监护人与社会身份低的人结婚。"第 7 条规定："总佃户的遗孀能够继承自己的嫁妆和丈夫的土地，无须交纳任何继承金，并且能够继续在丈夫的家中居住 40 天。"第 8 条规定："如果总佃户的遗孀愿意寡居，那么不得强迫她改嫁。"[1] 13 世纪中期勃拉克顿的法律论文说，男性继承人的婚姻必须自由选择，不能违背被监护人的意愿而强迫他们与人结婚，尽管监护人对他们的婚姻拥有决定权。

　　从爱德华一世起，国王主要依靠税收，继承金、监护权和婚姻权带来的收入所占比重很小，但国王并未放弃继承金的征收、监护权和婚姻权的利用。1275 年爱德华一世颁布的《威斯敏斯特条例 I》第 36 条规定，骑士领的协助金是 20 先令。[2] 1278 年《格洛塞特法令》和 1285 年的《威斯敏斯特条例 II》都对国王的监护权和婚姻权进行了限制。

　　但是英国都铎王朝（1485—1603）的亨利七世（1485—1509 年在位）再次重视利用监护权、婚姻权，以榨取贵族家庭的收入。1486 年，亨利七世任命了 3 名监护法官，负责特伦特河以北地区的监护土地的管理。1503 年，他又设立监护法庭，任命了一名监护土地总管（General Surveyor），负责全国监护土地的管理和租税征收事务。为了从被监护土地榨取更多的收入，亨利七世经常提高被监护土地的出售金额。如他曾经以 266 英镑把一块土地的监护权出售给肯特伯爵，几年后将它收回，再以 1333 英镑的价格出售给他人。亨利七世的监护收入稳步

①　D. C. Douglas and G. W. Greenaway, *English Historical Documents: 1042-1189*, Vol. 2, pp. 317-318.

②　D. C. Douglas and G. W. Greenaway, *English Historical Documents: 1189-1327*, Vol. 3, p. 406.

增长。1492 年只有 343 英镑，1494 年达 1588 英镑，1507 年高达 6163 英镑。①
1540 年，亨利八世（1509—1547 年在位）设立"监护法庭"，负责贵族土地的
继承金、监护等事务。伊丽莎白一世女王（1558—1603 年在位）统治末期，监
护法庭每年带来 9 万英镑左右的收入。②

斯图亚特王朝（1603—1714）的詹姆斯一世和查理一世是英国历史上最后
利用继承金和监护权、强封骑士增加收入的国王。詹姆斯一世（1603—1625 年
在位）即位不久就面临巨大的财政困难。1610 年，国库长罗伯特·塞西尔（萨
尔兹伯里伯爵）向下议院提出了一个被称为"大协议"（Great Contract）的财
政计划。"大协议"要求议会一次性批准税收 60 万英镑用于偿还国王债务，同
时要求议会每年批准税收 20 万英镑给国王，国王则放弃监护权和王室采买权
（Purveyance，即国王可以低于市场的价格为王室购买物资的权利）。结果国王和
议会双方都对"大协议"表示不满意。詹姆斯一世认为议会每年批准税收 20 万
英镑太少，而且放弃"监护权"则意味着他失去了控制大贵族的一个有用手段；
而下议院则认为代价太高，请求国王不仅放弃监护权和采买权，而且放弃征收
"新关税"。"大协议"不了了之。③

詹姆斯一世继续利用国王的封建特权榨取贵族的收入。1617—1622 年，监
护权为詹姆斯一世带来 3.5 万英镑收入；1638—1640 年，监护权为查理一世
（1625—1649 年在位）带来 8.3 万英镑收入。④詹姆斯一世和查理一世还强行授封
了 3281 名骑士。⑤查理一世甚至任命了一批官吏，到各地鉴别应该被封为骑士的
人数，结果有 9000 多人因为没有接受骑士封号而被罚，共获得罚金约 17 万英镑。⑥

克伦威尔掌权期间，1646 年，英国议会两院一致下令废除国王的监护权和
监护法庭，1656 年，议会颁布法令对此予以确认，所有以前从国王那里获得的
封建领地全部被转化为自由土地。1660 年斯图亚特王朝复辟后，下议院所做的
第一件事情就是再次确认以上法令。现代英国学者帕金（H. J. Perkin）认为，废除
监护权和监护法庭是"英国历史上的决定性变化，它不仅使英国不同于欧洲大
陆各国，而且英国社会与欧洲大陆各国社会的每种差异都起源于此"。⑦

①　J. R. Lander, *Government and Community: England 1450-1509*, London: Edward Arnold Press, 1980, p. 89.

②　Roger Lockyer, *Tudor and Stuart Britain: 1485-1714*, 3rd ed., London: Routledge, 2013, p. 241.

③　Christopher Hill, *The Century of Revolution: 1603-1714*, London: Routledge, 2002, pp. 49-50.

④　Angus Stroud, *Stuart England*, London: Routledge, 1999, p. 58.

⑤　Linda Levy Peck, *Court Patronage and Corruption in Early Stuart England*, Boston: Unwin Hyman, 1990, p. 32.

⑥　Angus Stroud, *Stuart England*, p. 58.

⑦　Christopher Hill, *The Century of Revolution: 1603-1714*, p. 50.

国王与教会的财政关系

中世纪英国教会分为坎特伯雷和约克两大主教区，各大主教区下设若干主教区，主教区下再设教区。到 13 世纪，英国拥有 9500 个教区，3 万名教士，530 座大型修道院和 250 座小型修道院，2 万—2.5 万名修道士、修女。[1] 教会是英国社会中最富有的集团之一。教会拥有广袤的地产，1086 年《末日审判书》记载，大约 50 名高级教士和修道院长占有全国地租收入的 1/4，即 18250 英镑左右。[2] 另据 1254 年教会的"诺里季估税"，当时英国教士的总收入为 10.2 万英镑之巨。国王和教皇都觊觎英国教会的巨额财富，但教会法律规定，不经过教皇的同意，国王不能向国内的教士征税，所以国王与教会的财政关系涉及国王、教会和罗马教皇三者之间的政治和经济关系。

一、"国王贡金"——英国对罗马教廷的财政义务

"国王贡金"是中世纪英国国王交纳给罗马教廷的一种封建性协助金，每年 1000 马克。罗马教皇格列高利曾经要求威廉一世以教皇封臣身份统治英国，因为教皇批准他于 1066 年继承了英国王位，但遭到威廉的拒绝。每任命一名主教或修道院长，他首先要求主教或修道院长宣誓效忠和行臣服礼，然后授予主教或修道院长象征宗教权力的戒指和权杖。

国王贡金起源于约翰王时期。1211 年，教皇英诺森三世派两名教皇使节到

---

[1] Alan Harding, *England in the Thirteenth Century*, Cambridge: Cambridge University Press, 1993, p. 233.

[2] Clayton Roberts and David Roberts, *A History of England: Prehistory to 1714,* Vol. I, 3rd ed., New Jersey: Prentice Hall, 1991, p. 80.

英国调解教皇与约翰王之间围绕任命斯蒂芬·朗顿为坎特伯雷大主教的争端。当约翰王拒绝教皇提出的人选时，教皇宣布开除约翰王的教籍，解除他的臣民对他的效忠，并威胁要派军队到英国废除其王位。当时约翰王正在与法国交战，约翰王在国内得不到贵族的支持，在欧洲大陆的反法联盟也遭到削弱，法王菲利普·奥古斯都乘机准备入侵英国。鉴于这种危机，约翰王派人到教廷答应教皇任命的大主教人选。但教皇英诺森三世回信说，约翰王必须宣誓效忠教皇才能得到宽宥。为了取得势力强大的教皇支持，抑制国内贵族，抵制法国入侵，约翰王于1213年把英格兰和爱尔兰作为教皇封给他的封地，以教皇附庸的身份向教皇宣誓效忠。为此，国王每年交纳1000马克给教皇，称为"国王贡金"。[1]

亨利三世幼年即位，是诺曼征服以来最依赖教皇的国王，也是交纳"国王贡金"较多的国王。在克服了即位初年的动荡后，他交纳过几次贡金，但直到1226年，才补清了余额。从1226到1240年，他一般都能定期如数交纳。1245年，英国贵族起草了一份抗议书，反对教皇要求英国交纳贡金。他们在抗议书中说，贵族们以前没有、现在没有、将来也不会同意交纳"国王贡金"。他们还认为，约翰王的臣服没有经过贵族的同意，所以他与教皇订立的封建契约关系是非法的。但亨利三世太软弱，他不顾贵族的反对，仍然交纳贡金，1253年甚至不惜借款交纳。1258—1265年贵族掌权期间，英国中止了"国王贡金"的交纳。为了报答教皇帮助自己恢复权力，亨利三世补交了拖欠的贡金。

爱德华一世对"国王贡金"的态度和做法与他父亲完全不同。他认为这是国王的一个沉重的财政负担，更是对国王尊严的贬损，所以尽量逃避。1274年，他还支持贵族代表向教皇递交抗议书，认为约翰王的臣服违背了王国的利益和国王的加冕誓言，约翰王的行为是无效的，因为他是受到开除教籍和剥夺教权的威胁而做出决定的。与此同时，爱德华一世采取了三个措施以对付教皇的贡金要求。第一，拖延交纳。1274年，教皇无视英国国王和贵族的反对，仍然要求英王交纳贡金。爱德华一世回信给教皇说，不经过贵族的同意，他就不能交纳，并保证在次年的议会中与贵族协商此事，但在次年的议会中他根本没有提及此事。第二，把交纳"国王贡金"的负担转嫁给国内的教会组织。1278年，在补交了8000马克之后，爱德华一世向教皇提出，以后的贡金将由修道院

---

[1]　William E. Lunt, *Financial Relations of the Papacy with England to 1327*, Cambridge Mass: Mediaeval Academy of America, 1939, pp. 130-140.

代为交纳，他将授予足够的土地给这些修道院作为弥补。但教皇认为这与教廷的地位不相称而拒绝爱德华一世的建议。在这种情况下，爱德华一世只好采取第三种措施，即以交纳贡金作为从教皇那里索取更多特权的砝码。1281 年，爱德华命令承包英国关税的意大利商人代为交纳 4000 马克；1284 年，他又交纳了2000 马克，但这两次都是为了让教皇批准他对英国教士连续征收 6 年的 1/10 收入税。1289 年后，爱德华一世再也没有交纳过"国王贡金"。

爱德华二世对"国王贡金"的态度与他父亲晚年一样，只有在他能够从教皇那里取得某些特权时，他才愿意交纳。1309 年，教皇写信给坎特伯雷大主教，要他敦促国王交纳贡金。尽管爱德华二世已经获得教皇批准对英国教士征税，但他直到 1317 年才第一次交纳贡金给教廷。教皇约翰二十二世就职时，爱德华二世派人送去一份厚礼，教皇立即允许他从教士税中借款。1320 年后，爱德华二世以对苏格兰的战争和国内贵族叛乱为由停止交纳贡金。到 1327 年，英国又拖欠了 1.3 万马克。[①] 从亨利三世到爱德华二世的一个多世纪里，历代教皇都再不敢以开除教籍和教权威胁国王交纳贡金，他们只能以给予国王恩惠引诱国王交纳。1213—1327 年，教皇共收到"国王贡金"7.8 万马克，占应该收到的 60%。[②]

爱德华三世很少交纳"国王贡金"，他还利用议会废除"国王贡金"的交纳。1366 年，教皇乌尔班五世（Urban V）为了与米兰公爵维斯康提作战，要求爱德华三世补交拖欠的贡金。爱德华三世把教皇的信件交给议会讨论，贵族议员们说，不经过议会同意，任何人都不能把英国臣服于教皇；如果教皇坚持要求交纳，那么贵族议员将与下议院议员联合起来予以抵制。从此以后，英王摆脱了交纳贡金的屈辱义务。

二、国王间接征收教士税

国王对教士的征税是由间接（通过教皇批准或从教皇对英国教士的征税中截留一部分挪作他用）向直接转变的，这种转变发生于 13 世纪末期，即爱德华一世统治晚期。除税收外，国王还通过其他手段榨取教会的财富，如提供战争

---

① May Mckisack, *The Fourteenth Century: 1307-1399*, Oxford: Oxford University Press, 1991, p. 283.

② William E. Lunt, *Financial Relations of the Papacy with England to 1327*, p. 172.

后勤供应、空缺教职的监护收入等。

从 12 世纪起，教会法学家就认为，世俗国家的共同需要可以越过教会法律的限制，甚至废除教会的特权。1179 年，第三次拉特兰宗教会议就规定，在世俗国家紧急需要时，教士可以交纳世俗税收，因为这种需要不是来自统治者的个人意志，而是由于国家安全的共同利益受到威胁，所以统治者有权从他的人民那里取得支持，包括交纳税收。12 世纪后期，罗马教廷利用基督教会共同利益原则，以共同需要为理由征税，这为世俗统治者对教士征税树立了样板。为了保卫耶路撒冷的十字军国家，罗马教皇于 1166、1188 年向西欧基督教各国征收"什一税"。

（一）国王与教皇瓜分英国教士税

所谓国王对教士的间接征税包括两个方面：一是教皇批准国王对英国教士征税；二是国王从教皇对英国教士征收的税收中截留一部分或大部分。所以，中世纪英国历代国王与教皇之间围绕教士税收的征收和分成形成了既合作又对抗的关系。

教皇对英国教士征税始于 1173 年，目的是缓解教皇的财政困难。1184 年，为了平定罗马城的贵族叛乱，教皇又向英国教士征收过补助金。1199 年，为了凑集第四次十字军东征的费用，教皇英诺森三世（Innocent III）令教士连续 2 年交纳其财产的 1/40。1215 年，为了第五次十字军东征，他又下令对英国教士连续 3 年征收 1/20 的收入税。但在这些税收中，国王与教皇之间没有发生任何冲突。

亨利三世统治时期，王权软弱，严重依赖教皇的帮助，教皇曾经 3 次命令英国教士给国王交纳补助金。1217 年，为了缓解亨利三世的财政困难，教皇霍诺留斯三世（Honorious III）要求英国教士按财产比例交纳补助金给国王，具体数量由教皇使节决定。1226 年，他又下令英国教士交纳 1/16 的财产给国王；1266 年，内战结束后，亨利三世面临财政困难，教皇下令教士连续 3 年交纳收入的 1/10 给国王。亨利三世一共得到 4.9 万英镑。[①]

国王经常以参加十字军为借口，促使教皇批准对教士征税或从教皇征收的补助金和教士收入税中截留税款。1250 年，亨利三世答应参加十字军，教皇批准他对教士征收 3 年的 1/10 收入税，但后来亨利三世并没有履行诺言，通过与

---

① William E. Lunt, *Financial Relations of the Papacy with England to 1327*, p. 309.

教皇协商，亨利三世用这笔税款为王子艾得蒙德购买西西里的王位。1272年，王子爱德华和艾得蒙德决定参加十字军，教皇又批准国王对教士征收收入税，连征2年，共得到2.2万英镑。1274年，爱德华一世准备参加十字军，教皇批准他征收教士1/10收入税，连征6年。虽然爱德华一世以各种借口迟迟不启程，但他禁止税款运出英国，最终从6年的税收15.6万英镑中获得133333英镑。1291年，爱德华一世又以参加十字军为名，要求教皇尼古拉斯四世同意他对教士征税，教皇批准他连续6年征收1/10收入税，而且对教士的收入进行了全面评估，史称"尼古拉斯估税"，虽然由于教皇去世而只征收了4年，但爱德华一世因为苏格兰战争而没有参加十字军，却从征收到的8.2万英镑中瓜分了4.8万英镑。①

1301年，教皇卜尼法斯八世（Boniface VIII）以教廷在意大利遇到的困难为由，强行对英国教士征收3年的1/10税，供英王和教廷共同使用，爱德华一世从中分到4.2万英镑。②他的继任者克里门特五世（Clement V）和约翰二十二世（John XXII）继续实行这种政策。1305年，教皇克里门特五世以圣地需要为由，令英国教士交纳收入税，供他与国王瓜分。

爱德华二世继续与教皇合作瓜分教士税收。1309年，教皇允许国王从3年教士税收中分取3/4，国王共得到96661英镑。③据伦特教授估计，爱德华二世在位期间，从教士那里共获得25.5万英镑的税收，其中3/4是由教皇批准他征收的，1/4是国王直接对教士征收的。④

爱德华三世继位后，虽然他多次直接向教士征税，但教皇还是与他瓜分教士税收。1329年，教皇约翰二十二世下令对英国教士征收4年1/10税，其中的一半交给了国王的财政署。百年战争爆发后，由于英国对驻扎在法国的"阿维尼翁教皇"的敌视和税款运输的困难，教皇不便于向英国教士征税。但1360年，英法两国签订《加莱条约》后，教皇英诺森六世为了替法国交纳法王约翰（在加莱战役中被英军俘虏）的赎金，竟然向英国教士征税。由于税款最终到达英国国王手中，所以国王并没有反对这次征税，结果国王从中获得1.5万英镑。⑤

① 　William E. Lunt, *Financial Relations of the Papacy with England to 1327*, p. 341.

② 　F. M. Powicke, *The Thirteenth Century: 1216-1307*, Oxford: Oxford University Press, 2nd ed., 1991, p. 500.

③ 　William E. Lunt, *Financial Relations of the Papacy with England to 1327*, p. 363.

④ 　May Mckisack, *The Fourteenth Century: 1307-1399*, pp. 286-287.

⑤ 　May Mckisack, *The Fourteenth Century: 1307-1399*, p. 284.

表 1 中世纪历代国王对教士间接征税一览表 [1]

征收时间	税率	征收期限
1226 年	1/16	—
1266 年	1/10	3 年
1272 年	1/10	2 年
1274 年	1/10	6 年
1291 年	1/10	6 年（实征 4 年）
1301 年	1/10	3 年
1305 年	1/10	7 年（实征 2 年）
1309 年	1/10	3 年
1317 年	1/10	
1322 年	1/10	2 年
1329 年	1/10	4 年
1360 年	—	（15000 英镑）

  国王对教士征收的间接征税（参见表 1）无须取得教士的同意，这不仅避免了与教士发生直接冲突，还节省了估税和征收成本。而教士缺乏反对国王征税的合法武器，只能把怨恨转向命令他们纳税的教皇，所以教皇为了从英国教士那里获得收入而付出了高昂的代价，有的学者形容为"教皇从英国得到的税款少，而得到的批评多"。

  如果教皇仅仅为了自己或教廷的用途而对英国教士征税，那么就会引起英国世俗贵族、教士的反对。1239—1247 年间，教皇为了教廷或个人目的对英国教士征收过 4 次收入税，结果引起英国对教皇的普遍敌视，尤其是 1244—1246 年间，国王、世俗贵族和教士联合起来反对教皇的榨取行径，都认为教皇事先不经过国王的允许而对英国教士征税，是违反英国习惯的行为，教士和修道院的收入应该用于英国教徒和修士的修行活动。[2] 教皇以剥夺国王的教权威胁亨利三世，结果征收了英国教士的收入税。到了 14 世纪，国王对本国教会的权威上升，教皇的国际势力严重下降，教皇对英国教士征税的情况发生了逆向变化。1372 年，教皇格列高利十一世（Gregory XI）为了与米兰作战而下令对英国教士

---

① William E. Lunt, *Financial Relations of the Papacy with England to 1327*, pp. 175-239.

② F. M. Powicke, *The Thirteenth Century: 1216-1307*, p. 499.

征税，英国政府不仅禁止征收，而且迫使教皇的总征税人发誓，不做有损于英国国王、王国或普通法的任何事情，如果没有得到英王的允许，他不能把任何金银或其他财富运出英国。同时英国议会还决定，如果对国王无利可图，那么教皇就不能对英国教士征税。1388 年教皇乌尔班六世（Urban VI）、1391 年卜尼法斯九世（Boniface IX）企图对英国教士征税，但教士们认为这是非法的榨取，如果他们交纳，国王将没收他们的教职土地。

（二）教皇征收教士税的方法

13 世纪之前，当教皇决定对英国教士征收补助金或收入税时，他便派出教皇使节或总征税人到英国，他们手持教皇的信函或手谕，命令英国的高级教士（一般是主教或大修道院院长）协助征收工作。为了榨取更多的税款，教皇有时命令征税人对教士的财产和收入进行估价。早在 1228 年，教皇格列高利九世（Gregory IX）就下令对教士的财产进行估定。为此，教皇使节或总征税人必须得到当地教士的合作和协助才能完成任务，特别是国王官员的协助更有利于估征工作的顺利进行。13 世纪中期以后，随着教皇征税的频繁，教皇的总征税人常驻英国，但他们毕竟人单势孤，还须借重当地的力量。1254 年，教皇总征税人指定以诺里季主教为首对教士的财产和收入进行估定，史称"诺里季估税"，由于这次税收是为国王的儿子购买西西里王位而征，遭到教士的激烈抵制，最终草草收场，没有完成估定工作。1266 年，教皇命令教士给予国王1/10 税，为了增加税收量，又进行了新的估税，尽管得到国王官员的帮助，但估征仍然难以进行，国王只好妥协，允许一部分财产不予以估征。中世纪对英国教士最重要的估税是所谓的"尼古拉斯估税"，其结果将近 1254 年"诺里季估税"的两倍。这次估税成为后来教皇征收各种捐税，如收入税、教士首年金、教皇使节巡视费等的基础，直到"宗教改革"前夕的 1535 年才被新的估税所取代。

教皇总征税人收到教皇的征税敕令后，召集各地主教和大修道院院长宣布教皇的命令，由主教和修道院长负责自己辖区内的征收工作，他们常常任命助手具体从事估税和征收活动。

三、国王直接征收教士税

（一）教士收入税

对教士直接征税就是不经过教皇批准，国王对国内的教士征收收入税。这种先例在理查一世时期就创立了。1194 年，为了支付国王的巨额赎金，英国的摄政下令对教士征收收入的 1/10。教士为世俗国家纳税义务的观念经历了很长时间才确立，但亨利三世和爱德华一世时期教皇对教士的征税和教皇批准国王对教士的征税活动为这种观念的形成起了很大的作用。

对教士征收收入税与对俗人征收动产税是同时发展起来的。为了扩大财政收入，爱德华一世直接向教士征税。教士收入税的征收基础是 1291 年的"尼古拉斯估税"，根据这个估税标准，一次教士收入税（1/10）将带来大约 2 万英镑，其中 1.6 万英镑来自坎特伯雷大主教区，另外 4000 英镑来自约克大主教区。1318 年后，由于苏格兰人对北部的骚扰，约克大主教区的税量减为 1600 英镑。1294 年，爱德华一世与法国交战，面临十分紧急的财政困难。他希望教士交纳更多的税。该年 9 月，他召集主教和教士到威斯敏斯特，限他们三天之内给予国王协助金，教士们同意给予 2 次 1/10 收入税，但国王拒绝接受，他要求教士收入的一半。拒绝给予的教士将失去国王的合法保护，结果教士们屈服了，1294 年的 1/2 教士收入税共 10.5 万英镑。[①] 到 1295 年 9 月，大约收到了 8 万英镑。[②] 1295 年 11 月，国王又召集教士，与议会代表一起，教士们同意给予 1/10 收入税，而且保证，如果国王需要，他们将继续给予。

与此同时，法王菲利普四世也在国内对教士大肆征税。英法两国教士的抱怨传到教皇卜尼法斯八世那里。教皇于是颁布了著名的《禁止教士纳税令》（Clericis Laicos），明确重申了教皇对所有教会事务的独立权威：除非经过教皇批准，否则世俗统治者不能以任何形式对国内教士征税，并以开除教籍相威胁。该法令发布于 1296 年 2 月。但爱德华一世于同年 11 月又召集教士代表出席议会，要求他们给予曾经答应过的税收。新任坎特伯雷大主教罗伯特·温切尔西（Robert Winchelsey，1294—1313 年在任）已看到了这个法令。而国王又要求教士交纳收入的 1/5，并让大主教和教士们推迟到次年 1 月以前考虑此事，如果到

---

① G. W. S. Barrow, *Feudal Britain: The Completion of the Medieval Kingdoms 1066-1314*, London: Edward Arnold, 1956, p. 376.

② M. H. Keen, *England in the Later Middle Ages: A Political History*, London: Methuen, 1973, p. 204.

那时教士还不同意，他就不再合法保护教士了。面对这种生命安全的威胁，大多数教士的立场动摇了。但温切尔西自己感到必须坚持强硬的立场，于是他发表了教皇的敕令。但在 3 月教士大会上，他指示其他的教士根据自己的良心行事。大多数教士和修道院都乐于以税收换取国王的和平。爱德华一世在 1297 年 8 月动身前往佛兰德尔时告诉主教们，他将很快征收 1/5 税，或者征收教士世俗地产收入的 1/3，两种方案由教士选择，而且他还保证将不允许开除那些交纳税收的教士的教籍。不过教皇很快就发布了新的敕令（Etsi Statu），认为如果王国处于紧急情况时，《禁止教士纳税令》就不再适用。大主教感激地承认国家的紧急情况。1297 年秋天，坎特伯雷和约克两个大主教区都把税收上交。国王则停止征收 1/5 收入税，开除教籍的威胁也烟消云散了。

爱德华一世在 1297 年赢得了一个重大胜利。他的行动有力地表明，面对不受国王保护的威胁，教士们将不会，也不能坚持反对国王的立场，即使得到教皇的支持。教皇和坎特伯雷大主教都承认，如果处于紧急状态，国王有权利不经过教皇的同意而向英国教士征税。从古代的教士独立于世俗权威角度看，教皇的让步确实是关键性的。但爱德华很明智地利用他的成功。1297 年后，他再也没有不经教皇同意而向教士征税。教皇也明智地于 1301 年批准国王向教士征收 3 年的 1/10 收入税。爱德华一世统治期间，对教士的直接和间接征税收入共达 30 万英镑。爱德华二世时期，他从教士直接税中获得大约 6.4 万英镑。[1]

从 14 世纪起，教士收入税成为国王三大财政收入之一。爱德华三世统治时期，百年战争的巨大开支迫使他不断地对教会财富进行搜刮，但经过教皇批准对教士的间接征税减少了。1330 年，教皇下令对英国教士连续征收 4 次 1/10 收入税，并且规定与爱德华三世共同瓜分，各得一半，但最终爱德华三世获得了所有税款 3.56 万英镑中的 3.5 万英镑。[2] 爱德华三世对教士直接征收收入税成为榨取教会财富的主要手段。爱德华三世共征收过 18 次 50 年的教士收入税，累计达 40.21 万英镑（参见表 2）。[3]

---

[1]　Joseph R. Strayer, *Dictionary of the Middle Ages*, Vol. 11, New York: Charles Scribner's Sons, 1982, p. 614.

[2]　W. M. Ormrod, *The Reign of Edward III: Crown and Political Society in England 1327-1377*, New Haven: Yale University Press, 1990, p. 205.

[3]　James H. Ramsay, *A History of the Revenues of the Kings of England, 1066-1399*, Vol. 2, Oxford: Clarendon Press, 1925, p. 294.

表 2 爱德华三世征收的教士税 ①

坎特伯雷大主教区		约克大主教区		估税数量	实际征收数量
批准时间	征收次数和税率	批准时间	征收次数和税率	（英镑）	（英镑）
1327 年 11 月	1/10	1327 年 10 月	1/10	18800	17000
1334 年 9 月	1/10	1334 年 10 月	1/10	19000	16900
1336 年 3 月	1/10	1336 年 5 月	1/10	19000	16600
1336 年 9 月	1/10	1336 年 10 月	1/10	19100	16700
1337 年 9 月	3 次 1/10	1337 年 11 月	3 次 1/10	57000	45000
1338 年 10 月	1/10	—	—	16000	14000
1340 年 2 月	1/10	—	—	16000	14000
—	—	1340 年 2 月	2 次 1/10	4000	3000
1342 年 10 月	1/10	1342 年 12 月	1/10	18000	16000
1344 年 5 月	3 次 1/10	1344 年 6 月	3 次 1/10	54000	48000
1346 年 10 月	2 次 1/10	1347 年 1 月	2 次 1/10	36000	32000
1351 年 5 月	2 次 1/10	1351 年 5 月	2 次 1/10	36000	30000
1356 年 5 月	1/10	1356 年 6 月	1/10	18000	15000
1360 年 2 月	1/10	1360 年 2 月	1/10	18000	15000
1370 年 1 月	3 次 1/10	1370 年 2 月	3 次 1/10	54000	45000
1371 年 5 月	特别协助金	1371 年 5 月	特别协助金	50000	42100
1373 年 12 月	1/10	1374 年 1 月	1/10	18000	15000
1377 年 2 月	人头税	1377 年 4 月	人头税	1000	800

理查二世共征收过 17 次教士收入税，累计获得约 225490 英镑。②

从 14 世纪起，在对英国教士征税方面，国王与教皇的地位发生了逆转。在温切尔西时期，教皇声称有权保护教士不被国王征收不合习惯的税收，到了 15 世纪时，爱德华四世却声称他要保护英国教士不被教皇征税。15 世纪，坎特伯雷大主教区和约克大主教区的教士大会分别批准国王征收教士税 47 次和 30 次，坎特伯雷大主教区的教士税每次约 1.52 万英镑，约克大主教区每次大约 2000 英镑，所以 15 世纪坎特伯雷大主教区和约克大主教区的教士税分别为 61.18 万英镑和 5.45 万英镑，另外加上 1489 年亨利七世向坎特伯雷大主教区教士征收的特别协助

① W. M. Ormrod, *The Reign of Edward III: Crown and Political Society in England 1327-1377*, p.205.
② James H. Ramsay, *A History of the Revenues of the Kings of England, 1066-1399*, Vol. 2, p.433.

金 2.5 万英镑，15 世纪历代国王征收的教士税共 69.13 万英镑（参见表 3）。

表 3　15 世纪国王征收的教士税 [①]

国王	批准时间	坎特伯雷大主教区征收次数和税率	约克大主教区征收次数和税率
亨利四世	1401	1.5 次 1/10	1/10
	1402	1.5 次 1/10	—
	1403	0.5 次 1/10	—
	1404	1 次 1/10	—
	1404	1 次 1/10	—
	1404	1.5 次 1/10	—
	1406	1/10	6 先令 8 便士 / 教士
	1407	1.5 次 1/10	—
	1408	—	1/10
	1411	1.5 次 1/10	—
	1411	1.5 次 1/10	—
	1412	—	0.5 次 1/10
	1413	2 次 1/10	1/10
亨利五世	1414	2 次 1/10	—
	1415	2 次 1/10	2 次 1/10
	1416	2 次 1/10	—
	1417	2 次 1/10	2 次 1/10
	1418	—	1/10
	1419	1/10	—
	1420	—	0.5 次 1/10
	1421	1/10	1/10
亨利六世	1425	0.5 次 1/10	—
	1426	0.5 次 1/10	—
	1428	0.5 次 1/10	0.5 次 1/10
	1429	1.5 次 1/10	——
	1430	—	1/10
	1431	1/10	—

---

① Richard Barrie Dobson, *The Church, Politics and Patronage in the Fifteenth Century*, New York: St. Martin's Press, 1984, pp. 169-189.

国王	批准时间	坎特伯雷大主教区征收次数和税率	约克大主教区征收次数和税率
亨利六世	1432	0.5 次 1/10	—
	1433	0.75 次 1/10	0.25 次 1/10
	1435	1.5 次 1/10	—
	1436	—	1/10
	1437	1/10	—
	1439	1/10	—
	1442	1/10	1/10
	1444	1/10	—
	1445	—	1/10
	1446	1/10	—
	1449	1.25 次 1/10	—
	1452	—	0.5 次 1/10
	1453	2 次 1/10	—
	1460	—	0.5 次 1/10
爱德华四世	1461	1/10	—
	1462	1/10	0.5 次 1/10
	1463	1/10	1/10
	1468	1/10	1/10
	1472	1.5 次 1/10	—
	1473	1/10	—
	1475	1.5 次 1/10	2 次 1/10
	1478	1/10	—
	1479	—	1/10
	1481	1/10	1/10
理查三世	1484	1/10	—
	1485	1/10	—
亨利七世	1487	1/10	1/10
	1489	1/10	2 次 1/10
	1492	1/10	1/10
	1495	1/10	—
	1496	—	1/10

（二）教士批税机构——教士大会

教士作为一个特殊群体，还表现于他们的批税机构与俗人的分离，教士拥有自己的批税机构——教士大会。但教士大会发展成为教士税的批准机构经历了长期的过程，它是教士面对教皇和国王不断的财政要求所做出的反应。

亨利三世继位以后，教士大会经常被召集考虑税收问题。一系列教士集会的必然结果就是贵族大会议中的教士们更加团结了。正是从这些贵族大会议中可以寻找到后来的"教士大会"的起源。教士大会是根据国王的要求，由大主教发布令状召集、主持和解散的教士代表会议。教士"在自己的大主教区大会中讨论税收事宜"的观念开始形成于皮卡姆任坎特伯雷大主教时期，经过爱德华一世晚期企图把议会中的俗人和教士联系起来的努力和爱德华二世的统治，到爱德华三世时期才全面确立。值得注意的是，批准税收的"教士大会"与因其他目的而召集的大主教区教士集会之间并没有明确的界限：大主教经常在没有国王命令的情况下召集教士讨论有关税收的教会事务，批准税收的教士大会可能转变成讨论其他事务，纯粹为了教会事务而召开的教士大会也可能讨论给予国王税收的事。所以"教士大会"是一个宽泛的概念，直到15世纪才成为"大主教区会议"（Provincial Council）的代名词。

"教士等级"在英国的形成也与国王和教皇对教士不断的税收要求有关。亨利三世时期，参加贵族大会议的高级教士经常根据教皇的敕令，被要求能够代表所有的教士给予国王税收。

但至少在1254年，低级教士就已经被认为是一个单独的政治等级。该年的摄政和贵族大会议被告知，在有关教士税收的事务中，高级教士的同意与否并不能代表整个低级教士。1255年，国王为了购买"西西里王位"而向教士征收"十字军"税时，低级教士代表就单独与国王协商，而且抗议教皇将十字军的税收转交国王用于其他目的。1265年，西门·德·孟福尔还在掌权期间，他曾经要求各地主教从各教区选举两名低级教士参加议会，但可惜的是这次议会最终没有召开。此后30年中，低级教士再也没有派出过代表出席国王的议会。但低级教士的代表仍然参加教士大会。1294和1295年，国王要求主教负责从各个教区中派代表参加议会。为什么当爱德华一世通过教士大会与教会打交道时，他还召集教士代表参加1295年的"模范议会"呢？这是一个难以完全理解的问题。中世纪的宗教和政治传统都反对这种混合，爱德华一世经历了教会的固执和独立态度，他一定知道教会不愿意放弃它的独立性。唯一的解释只能是爱德华一世认为在同一时间、同一机构中与全国各个阶层打交道更加简单方便，他希望当教士参加议会时可以向他们施加更大的压力。但教士们很少出席爱德华一世后来的议会。也许是因为灭在爱德华一世与罗马教皇卜尼法斯八世的激烈争斗之中，英国教士显然不愿意出席议会，所以出席次数很少。14世纪前30年中，教士们仍然不定期地出席议会，此后，教士再也不出席议会。他们参加与议会同时举行的教士大会，批准给国王的税收。从此议会只有贵族、骑士和市民代表。低级教士退出议会有助于骑士和市民后来联合起来组成下议院。

　　爱德华一世虽然取得了对教士直接征税的胜利，但1297年的危机表明，他再也不能无视教士免税的特权。可是国王的紧急需要又使国王不得不征收教士税。因此，教士税的征收就牵涉到同意的问题，这种同意应该从哪里、如何取得？14世纪初，爱德华一世企图把教士纳入议会体系中，使他们与俗人一起批准税收，但直到爱德华一世末期，这个政策也没有明显成功。教士不喜欢被召集到俗人的议会中，因为这样一来，他们似乎有出席世俗法庭的义务。在爱德华二世企图恢复这种政策时，坎特伯雷大主教温切尔西竭力反对。但只在1341年大主教斯特拉福提出抗议以后，国王才不再发出召集教士参加议会的令状。爱德华三世从未承认教士可以不参加议会，他和理查二世继续召集教士代表参加议会，但要求全体低级教士代表都参加的意图已被放弃了。教士更喜欢单独与国王协商，到1322年，在议会中能从教士那里得到的税收同意都是有条件的，而且都可以从教士大会中取得。当爱德华三世发现，教士税收可以在他的要求下通过大主教召集教士大会而获得同意时，就允许教士代表不参加他的议会。此后，教士税收就在教士大会中获得同意。从大主教怀特勒斯（Whittlesey，1368—1374年在任）时期起，教士大会就被普遍地用于指教士批税集会。

　　教士们并非没有抗议和抵制国王的税收要求，在他们的压力下，国王曾经多次只好满足于少于额定的税收数量。1356年，国王要求教士交纳6次1/10收入税，但教士只同意给予一次。1370、1371年，坎特伯雷大主教区的教士强烈抵制国王的征税要求。在教士大会与在议会中一样，爱德华三世经常利用有影响的俗人提出他的税收要求。如1356年，瓦尔特·曼尼爵士（Sir Walter Manny）带领一群法官和国王的官吏到坎特伯雷教士大会，1371年又出现同样的情况。况且主教们常常与政府站在同一立场上。缺乏有力的领导人是教士大会的致命弱点。

　　1371年议会中，下议员们同意给予5万英镑用以国王的战争，但条件是教士也要给予同样的数量。1380年，下议员们又声称，既然教会占有全国土地的

1/3，那么他们也应该交纳国王要求的税收 10 万英镑中的 1/3。[1]

出席国王大会议的主教等高级教士经常被要求对他们的教会地产和世俗地产征税，并代表全体教士给予同意，或者在大会议中向他们宣读教皇要求他们纳税的敕令。约翰王曾经与教区的教士集会协商过，1226 年，亨利三世和大主教朗顿试图利用这种教士集会执行 1225 年教皇下达的交纳补助金给国王的敕令，似乎想把纳税数量交给教区的教士集会去讨论。该年初，全国教士会议曾经被召集，该会议拒绝了教皇要求他们为了教廷而长期纳税的建议。这次教士会议第一次召集了教士代表参加。有的学者认为这就是为了批税而召集的最早的大主教区教士大会。[2] 1256 年，低级教士派出代表出席大主教区的教士大会，批准给予国王参加十字军的税收，还向大会递交了他们的冤情请愿书。到 1272 年，向教皇纳税要与低级教士代表会议协商的原则已确立了。在教皇的权威面前，教士的讨论变成了形式上的辩论，但它为皮卡姆和温切尔西大主教时期教士大会讨论直接给予国王税收准备了条件，也为 14 世纪教士大会发展的最后阶段准备了条件，该阶段教士代表出席所有的大主教区教士大会，并且形成了教士大会中的"下院"。

大主教基沃拜曾经被认为首次召集教区教士参加大主教区的教士会议。这个结论是错误的。正如我们所看到的，1256 和 1269 年都召集过教士代表。基沃拜的第一次教士会议是在 1273 年召开的，且讨论的是教会的事务，而不是税收，与会者不仅有教士代表，而且每个主教区选派 4 名代表跟随主教参加。

1279 年米迦勒节议会中，国王要求坎特伯雷大主教皮卡姆考虑他的财政需要。前任大主教已批准了 4 年教士税。鉴于国王的威尔士战争，皮卡姆积极支持国王的要求。这次税收是在主教区的教士会议中讨论的，由各地的主教负责召集。约克大主教区的教士们同意交纳 2 年 1/10 税，坎特伯雷大主教区的教士们则同意交纳 3 年 1/15 税。但这次税收的批准附加了两个条件：一是根据诺里季估税征收，二是那些正交纳由议会批准的俗人补助金的教士的世俗地产将不予以估征。税收的征收工作由主教任命人从事，主教们还要求征税人把税款存放在安全之处。这是首次不经过教皇的批准而由教士交纳补助金给国王。

坎特伯雷大主教区的 1/15 教士税还在征收时，1282 年的威尔士叛乱使国王的财政再度吃紧，爱德华一世派出国库长到各地请求支援，收到 1.65 万英镑。他发出令状召集两个大主教区的教士集会，希望他们与世俗议员一起给予税收，

[1] May Mckisack, *The Fourteenth Century: 1307-1399*, p. 291.

[2] F. M. Powicke, *The Thirteenth Century: 1216-1307*, p. 502.

教士代表由大主教召集，要求他们"为了公共利益按照所听到的去做"。国王发给两个大主教的令状表明它们一点也没有顾及教会的传统。教士代表被召集到国王官吏面前，他们没有机会在主教区会议上讨论国王的税收要求，他们没有被赋予全权，按照国王官吏的要求去做（批税）。爱德华一世的行为表明了叛乱的严峻形势和他平定叛乱的决心。皮卡姆大主教意识到国王的立场，但他不情愿地传播国王的令状，在诺森伯顿的集会中并没有给予税收。而且，由于召集令状不规范，只有少部分教士代表出席了会议。所有与会教士代表都认为，税收之事必须经过主教区教士会议正式协商后再提交给大主教区教士大会讨论。1283 年 1 月，在诺森伯顿的大主教召集了正式的主教会议。这次会议形成了"以后在国王的号召下大主教区教士大会给予教士补助金"的典型案例。

爱德华一世平定叛乱后，各地教士聚集在主教区会议上，选举代表，起草反对国王税收的抗议书。

1294 年，爱德华一世用令状召集教士会议，要求教士交纳收入的一半。1295 年，他又精心设计，希望把教士与俗人议员召集到议会批准他的税收要求。1296 年，教皇卜尼法斯八世发布了著名的《禁止教士纳税令》，使英国大主教和教士陷入激烈的政治危机之中。爱德华一世统治期间，教士坚持在主教区会议的基础上批准和征收教士补助金之举，为国王控制打开方便之门，产生了更严重的后果。当教士大会批准了税收时，各个主教区的主教就负责征收。直到1290 年，主教才任命征税人，从此以后与国王的官吏合作征税。但交给国王的教士税与交纳教皇补助金不同，不论世俗统治者如何参与，教士只臣服于教皇的权威。而交纳给国王的教士收入税尽管带有教会的特征，但它的征收过程自然导致财政署的更严密监视，特别是在 1290 年以后，俗人补助金和国王的其他收入都置于财政署的监督之下。国王开始任命助理征税人，常常是修道院的院长，因为他们能够提供坚实的存放税款之所。修道院长还负责详细记录账目，定期向财政署汇报，最后到财政署结账。主教区的教士与地方官员在财政署的监督下合作行事，抗税的教士有时被郡守或百户区长、有时由教会人员扣押其财产。教皇税中积累的经验被融入主教区与郡政府协作的传统之中，使教士收入税与俗人补助金一样成为国王正常收入的一部分。两者的唯一区别是俗人补助金每次征收前都要重新估税，而 1291 年后教士收入税则一直以"尼古拉斯估税"为基础征收。教士的地位在 1307 年被确定下来，当俗人补助金被批准时，教士也将交纳收入税。总而言之，作为国王的臣民，教士变成了正常的纳税人，虽然其纳税的基础是教皇为国王参加十字军凑集经费。

从 13 世纪后半期开始，教士也利用国王对教士征税的机会提出自己的冤情，以便取得国王的让步。1253 年，教士批准给予国王一次 1/10 收入税，但教士与世俗贵族联合起来要求国王重颁《大宪章》作为教会自由的保障。1280—1285 年爱德华一世进行威尔士战争时，围绕对教士征税和纠正教士的冤情进行了长期的辩论。1297 年危机中，虽然教士与世俗贵族反对国王的行动是分别进行的，但他们围绕一个共同主题而具有重要的意义。

四、国王榨取教会财富的其他手段

除对教士征收直接税和间接税以外，中世纪英国历代国王还采取其他手段榨取教会的财富，如利用空缺教职的监护权、没收教会财产和为军队提供后勤供应等。

（一）空缺教职

英国自诺曼征服以后，王权强大，作为全国最高领主的国王有权利保护教俗人员占有的土地，国王一直掌握着来自教会地产的部分收入。12 到 14 世纪，英王声称有权享有空缺教职的教会地产收入。1279 年，爱德华一世发布《摩特曼法令》（The Statute of Mortmain），禁止俗人把土地转让给教会。从表面上看，该法令绝对禁止转让，但实际上，只要得到国王的允许就可以转让。由于主教的地产庄园每年的收入常常超过 1000 英镑，所以国王总是尽力拖延任命新的主教。主教去世后，国王可能不告知教皇，或尽可能寻找借口推迟新主教的选举。主教职位空缺 6—18 个月是常有的事，有的富庶主教职位空缺甚至长达 8 年。如亨利二世时期，伦敦主教区空缺两年半，萨尔兹伯里主教区空缺近 5 年，林肯主教区空缺六年多，约克主教区则空缺近八年。[1] 国王监护主教空缺土地期间，他获得地产上的所有收入，而且还可能向主教的附庸征收盾牌钱和协助金。亨利三世和爱德华一世都曾经用空缺教职的收入兴建城堡、修缮教堂、进行慈善捐助，甚至为官吏支付年金。爱德华一世曾瞒着修道院，把修道院的财产作为向意大利银行家借款的抵押品。在财政极端拮据时，亨利三世和爱德华一世甚至指定年老的主教职位的空缺收入偿还债务。

大致说来，中世纪前期的国王比较重视剥削空缺教职收入。从亨利二世到

---

① 　W. L. Warren, *Henry II*, London: Methuen Press, 1973, p.385.

亨利三世统治期间，空缺主教和修道院长的土地平均每年带给国王的收入大约为1700英镑，爱德华一世时期平均每年约为2000英镑（参见表4）。[1]

表4　中世纪历代国王剥削空缺教职的收入

国王	时间	空缺教职收入		
		英镑	先令	便士
亨利一世	1130	935	10	0
亨利二世	1161	414	1	4
	1165	1608	8	0
	1166	3749	1	1
	1167	2883	17	11
	1168	3286	15	7
	1169	4524	12	4
	1170	3960	5	4
	1171	6200	14	11
	1172	547	14	0
	1173	497	9	4
	1174	695	13	5
	1175	47	1	11
	1176	404	6	3
	1177	77	19	0
	1180	765	17	9
	1181	2888	14	11
	1182	2793	1	6
	1183	3199	19	2
	1184	4024	2	0
	1185	3668	5	4
	1186	2799	19	2
	1187	2420	2	6
	1188	2613	18	4
	总计	54028	11	1
	年均	2349	—	—

[1]　Frederick C. Dietz, *English Government Finance 1485-1558*, Urbana: University of Illinois, 1921, pp. 139-140.

续表

国王	时间	空缺教职收入		
		英镑	先令	便士
理查一世	1189	2000	9	10
	1194	881	0	8
	1195	1960	10	1
	总计	4842	0	7
	年均	1614	—	—
约翰王	1205	809	3	8
	1206	3075	2	10
	1207	3438	19	2
	1208	414	1	9
	1209	3694	4	9
	1210	24606	6	0
	1211	13074	10	3
	总计	49112	8	5
	年均	7718	—	—
亨利三世	1264	751	7	6
爱德华一世	年均	2000	—	—

（二）没收教产

约翰王开创了没收教会财产的先例。1206 年，围绕是否任命斯蒂芬·朗顿为坎特伯雷大主教这一问题，教皇与约翰王展开了激烈的冲突。1209 年，教皇开除约翰王的教籍，作为报复，约翰王则没收英国教会的财产。据估计，在这些年里，约翰王获取教产约10 万英镑。[1] 约翰王最终归还了这些财产。1308 年，爱德华二世根据教皇的要求，下令没收英格兰、苏格兰和爱尔兰 "圣殿骑士团" 所有财产，其收入全部归国王的宫室掌握。爱德华三世时期，随着百年战争的爆发，英国怀疑外籍教士充当法国的间谍，驱赶了一批外籍教士，没收其财产。如教士刘易斯（Lewes）被迫交纳 500 马克，孟塔古特（Montacute）被罚以 120英镑。

国王还可以要求教会为军队提供后勤供应。爱德华一世曾用主教空缺土地

---

① G. W. S. Barrow, *Feudal Britain: The Completion of the Medieval Kingdoms 1066-1314*, p. 204.

上的食物供应在加斯科涅的英国军队。1282 年，爱德华一世命令温切斯特主教的管家在复活节之前，远送 1000 架咸肉、1000 夸脱小麦和一些燕麦到朴次芽斯港。到 13 世纪末，他又把温切斯特主教庄园的谷物运往威尔士以充军粮。国王还可以从教会森林中砍伐木材以供军需。[1]

①   Carolyn Webber and Aaron B. Wildavsky, *A History of Taxation and Expenditure in the Western World*, New York: Simon and Schuster, 1986, pp. 187-188.

英国都铎王朝的税收与财政

受中世纪封君封臣制度的影响，英国国王的财政收支被区分为正常与特别两类，正常开支由正常收入满足，特别收入用于特别开支。作为全国最高封君的国王的私人财政与其作为国家首脑的公共财政在法理上是分离的。国王的私人财政是指国王应该像其他封建主那样依靠正常收入维持正常开支（王室生活和和平时期的行政开支，如官吏的俸禄），即所谓"国王应该靠自己过活"的税收原则。只有在特别紧急的情况下，一般是战争，国王才能以国家首脑的身份征收全国性税收。而近代国家公共财政就是把国王的财政与国家的财政统一起来，即建立常规性税收，使国王的收支与国家的收支等同或混合起来。英国都铎王朝的税收制度就是力图把中世纪的税收原则转化为近代国家公共税收原则。本文考察都铎王朝如何从税收理论和实践两方面突破封君封臣制度的束缚，为建立近代英国国家财政奠定基础。

一、扩大正常收入

中世纪英国国王的正常收入主要包括王领收入、封建特权收入和关税。

按照封君封臣制度，王领就是国王没有分封给贵族的土地，此外还包括国王根据封建法而监护或没收的贵族土地。[①] 王领相当于普通封建主的自营地，是国王正常收入的主要来源。但是中世纪历代英王为了获得贵族的政治和军事支持，不断地把王领土地授予他们，使王领面积不断缩小。亨利七世从"玫瑰战

---

① 根据封建法，如果国王的直接封臣（即直接从国王那里获得封地的大封建主）死后无嗣，其土地由国王没收；如果封臣的继承人未满 21 周岁，其土地由国王监护直到继承人成年，但是需要交纳一笔继承金。

争"中夺取王位建立都铎王朝，他深知要巩固王权，国王必须富裕起来。但是前朝国王由于依靠议会批税导致议会对王权的制约，或国王由于不经过议会批准而征税导致议会和臣民反对，这些历史教训使亨利七世清醒地认识到，扩大正常收入是首选之途。亨利七世首先扩大王领面积和加强王领管理。他即位后连续5次下令恢复内战期间被贵族侵夺的王领土地，同时利用叛国罪法审判了1348名贵族，没收他们的土地，从而使王领面积达到空前水平[①]，王领收入也从1485年的2.9万英镑增加到1509年的4.2万英镑，占国王财政总收入的三分之一。1505年后的一个世纪里，王领收入基本上占国王正常收入的1/3左右。[②]

都铎王朝历代君主都特别重视封建特权带来的各种收入，以致西方学者认为，封建主义（封君封臣制度）的军事功能虽然已经衰退，但其财政功能越来越突出，被称为"财政封建主义"。为了更有效地增加监护土地的收入，1503年亨利七世设立监护法庭，专门负责调查和管理监护土地。为了禁止贵族把应由国王监护的土地交给他人托管，亨利八世于1536年说服议会通过了《托管法》。由于遭到贵族们激烈反对（曾经引起"体面的朝圣者运动"），1540年又通过了《遗产法》，允许贵族把2/3的土地给他人托管，国王只能监护1/3的土地。整个16世纪，监护法庭平均每年为国王带来约1.5万英镑的收入。[③]

根据封君封臣制度，封君在三种情况下可以向封臣征收协助金：封君被俘、封君的长子被授封为骑士和封君的长女出嫁。1504年，亨利七世因为长子授封和长女出嫁而征收了封建协助金，获得3.1万英镑，这是英国历史上国王最后一次征收封建协助金。[④]

中世纪英王还有一项特权，即所谓"先买权"，国王的官员有权在全国任何市场上以低于市场的价格为王室采购生活用品。中世纪后期，特别是百年战争期间，国王经常利用先买权为军队提供后勤物资，引起极大民愤，15世纪先买权制度屡屡受到议会尖锐批评。但是考虑到先买权带来的利益，都铎王朝并没有放弃利用它来攫取收入。大约从16世纪70年代起，先买权被逐渐折算为一种税收，每郡每年须向国王交纳一定数量的现款，以免除国王官员到各郡采购王室生活物资。到伊丽莎白一世末年，先买权带来的收入每年达到3.7万英镑。[⑤]

① Michael V. C. Alexander, *The First of the Tudors: A Study of Henry VII and his Reign*, London: Croom Helm, 1981, p. 71.

② P. J. Helm, *England under the Yorkists and Tudors: 1471-1603*, London: Bell, 1972, p. 22.

③ Ronald H. Fritze, *Historical Dictionary of Tudor England: 1485-1603*, New York: Greenwood Press, 1991, p. 493.

④ Michael V. C. Alexander, *The First of the Tudors: A Study of Henry VII and his Reign*, p. 79.

⑤ Ronald H. Fritze, *Historical Dictionary of Tudor England: 1485-1603*, p. 493.

中世纪封建特权被转化为一种准常规税收。

中世纪英王享有的一种军事特权，即有权从沿海城市征集船只摆渡军队和官吏横渡英吉利海峡，也被都铎君主转化和扩大为一种准税收。都铎时期，国王把提供船只的义务从沿海延伸到内陆城市和各郡，从 16 世纪 90 年代起，伊丽莎白一世要求各地以交纳现款代替提供船只。

都铎王朝国王还注意加强关税征管，提高关税率，以便扩大间接税收入。英国关税制度是 1275 年建立的，包括对出口羊毛征收的关税和从 14 世纪开始征收的呢绒出口关税、进口葡萄酒的吨税，以及其他各种进出口商品的镑税（按照商品价值比例征收）。14 世纪中期英国议会控制了关税批准权，但从 15 世纪起议会总是批准每位新登基的国王享有终生征收关税的权利，从此关税实际上变成了国王正常收入。亨利七世也十分重视从中获利，通过鼓励发展外贸，打击走私，撤换腐败的关税官员等，亨利七世的关税收入从每年 3 万英镑增加到 4 万英镑。[1]

16 世纪英国从羊毛出口国转变为呢绒出口国。呢绒出口关税一直比较低，由于 16 世纪物价上涨，关税的实际价值随着时间推移而下降，亨利八世连年对外战争也直接导致关税不断下降。1547 年关税收入只有 2 万英镑。爱德华六世时期关税稍微增加，1551 年为 2.6 万英镑，1557 年为 2.9 万英镑。玛丽女王统治时期，1558 年议会通过法令，提高呢绒出口关税率，英国商人从 14 便士提高到 6 先令 8 便士，外国商人则提高到 14 先令 8 便士，扣除物价上涨因素，关税率实际提高 75%，从而扩大了关税收入，从每年 2.9 万英镑上升到 8.3 万英镑。[2] 关税改革是玛丽女王财政管理最为成功的方面。伊丽莎白一世着重提高吨税和镑税的税率，使关税收入继续增长，每年在 6 万—9.1 万英镑之间波动。[3] 关税成为都铎国王重要的正常收入。

二、掠夺教产

教会和修道院是中世纪英国首富。据估计，宗教改革前夕，所有修道院每

[1] Frederick C. Dietz, *English Government Finance 1485-1558*, Urbana: University of Illinois, 1921, p. 25.

[2] Penry Williams, *The Tudor Regime*, Oxford: Oxford University Press, 1979, p. 70.

[3] Penry Williams, *The Tudor Regime*, p. 72.

年的土地收入近 20 万英镑，占全国土地财富的 1/5 到 1/4。英国教士对国王和国家的财政义务包括几个方面。第一，根据中世纪传统在紧急情况下，当议会批准国王对世俗臣民征收财产税时，坎特伯雷和约克两大主教区也同时批准国王对教士征收 1/10 的财产税。都铎时期每次教士财产税约 1.1 万—1.2 万英镑。亨利七世获得的教士财产税共 16 万英镑。[①] 第二，从亨利八世起教士与世俗臣民负有同样的财政义务。每当国王通过议会向俗人征收财产税之外的补助金时，两大主教区也批准对全体教士征收补助金，而且与教士财产税同时征收。亨利八世向教士征收的补助金达 45.3 万英镑。[②] 伊丽莎白一世在 1559—1581 年间征收过 16 次教士补助金和教士财产税。此外，每当国王向世俗臣民强迫借款或征收捐纳时，教士也不能幸免。如 1522—1527 年，亨利八世就向教士强迫借款 6.2 万英镑。[③] 第三，剥削空缺教职的收入。如果主教和修道院长（宗教改革前）职位出现空缺，其封地收入归国王所有。在这方面，都铎王朝以亨利七世和伊丽莎白一世最为著名。如 1492 年，亨利七世从两个主教空缺获得 1800 英镑。伊丽莎白则拖延教职空缺时间来增收，她让埃利主教职位空缺 19 年，而牛津主教职位空缺更是长达 41 年。[④]

　　宗教改革给都铎王朝掠夺教会和修道院的财产提供了重要契机，史学家称为"掠夺的时代"。为了从教会和修道院获得更多收入，1535 年，国王派遣官员到各地进行教产估计，其结果《教产评估》成为后来国王向教士征税的依据。英国的宗教改革是从解散修道院入手的。国王从教会和修道院可以获得以下两种收入。一是教士首年俸和什一税。首年俸本来是新任教士为批准任职而交纳给罗马教廷的第一年封地收入，什一税是教士每年把收入的 1/10 作为税收交纳给罗马教廷。1533 年英国议会通过法令，规定教士停止向罗马教廷交纳首年俸和什一税。1534 年议会又通过法令，教士首年俸和什一税都转交国王，为此还设立了"首年俸和什一税法庭"，1535—1540 年，该法庭获得 14.6 万英镑。[⑤] 当国王向教士征收财产税时，该年的教士什一税停止征收。玛丽女王恢复了天主教信仰，教士首年俸和什一税又交给罗马教廷。但是伊丽莎白一世时期它们又被交给

①　Ronald H. Fritze, *Historical Dictionary of Tudor England: 1485-1603*, p. 495.

②　Diarmaid Macculloch, *The Reign of Henry VIII: Politics, Policy and Piety*, Basingstoke: Macmillan, 1995, pp. 89, 93.

③　Diarmaid Macculloch, *The Reign of Henry VIII: Politics, Policy and Piety*, p. 89.

④　Michael V. C. Alexander, *The First of the Tudors: A Study of Henry VII and his Reign*, pp. 79-80.

⑤　Diarmaid Macculloch, *The Reign of Henry VIII: Politics, Policy and Piety*, p. 83.

国王，她大约每年从中取得 1.5 万—2.5 万英镑。[1] 二是没收修道院土地和财富。为了处理这些土地的出租出售事宜，亨利八世设立"增收法庭"，1536—1541 年该法庭平均每年出租土地收入达到 5 万多英镑。[2] 迫于战争开支的巨大压力，国王大量出售修道院地产。1539—1547 年修道院土地已被出售了 2/3，获得 80 多万英镑。[3] 爱德华六世时期出售王领和修道院土地共得到 42.8 万英镑。伊丽莎白一世在财政吃紧时也求助于出售土地。仅她统治的最后 10 年出售王领和修道院土地即获得 52 万英镑[4]，伊丽莎白一世统治期间平均每年出售土地获得 2.5 万英镑。[5]

三、寻求新的直接税

中世纪英国国王只能征收一种直接税，就是对全国臣民的动产按照一定比例课征财产税，始征于 1207 年，每次征收税率不同，城市和乡村的税率也不同，城市一般高于乡村。由于每次税率不同，所以每次征税前都由国王派出法官到各地估税。1334 年，为了加快征收速度，国王把税率固定为城市居民交纳其动产的 1/10，乡村居民交纳其土地收入的 1/15（因此又被称为"1/15 和 1/10 税"），这样每次征收财产税大约可以获得 3.8 万—3.9 万英镑。对于国王来说，财产税有几个不足：一是受封君封臣制度影响，财产税被当作国王的特别收入，只有在紧急情况下才能征收，而紧急情况往往等同于战争，所以这种税不能连年征收；二是由于税率固定，所以不能随着经济繁荣和物价上涨而增加；三是从 14 世纪中期起，议会获得了批准财产税的权力，不经过议会批准国王不能征收。因此，作为王国保护者的国王只有以战争为理由才能要求议会批准征收财产税，这就使它难以成为国王的一种常规性税收。

但是如果仅仅依靠正常收入，国王不仅不能发动战争，甚至连和平时期的行政开支和王室生活都难以维持。因此，都铎王朝历代国王都力图从税收的原则和实践上突破中世纪财产税的局限性，扩大财政收入。

---

[1]　G. R. Elton, *The Tudor Constitution: Documents and Commentary*, Cambridge: Cambridge University Press, 1982, p. 42.

[2]　Diarmaid Macculloch, *The Reign of Henry VIII: Politics, Policy and Piety*, p. 83.

[3]　G. N. Clark, *The Wealth of England from 1496 to 1760*, Oxford: Oxford University Press, 1947, p. 64.

[4]　Penry Williams, *The Tudor Regime*, p. 75.

[5]　Penry Williams, *The Tudor Regime*, p. 71.

都铎王朝继续征收传统的财产税，但是每次只能获得 2.9 万—3 万英镑。亨利七世比较注重扩大国王的正常收入，但他也以战争为由征收过几次财产税，共获得 28.2 万英镑，平均每年约 11750 英镑。[①] 由于财产税的税率和税量都严重脱离英国臣民财富的实际情况，所以都铎君主开始在财产税之外寻求其他的直接税。亨利八世开始征收"补助金"（Subsidy）。补助金与财产税一样，也是由议会批准，以个人土地收入、动产和工资收入作为估税的基础，税率也有城乡差别，起初每次征收税率不同（一般为每英镑 1—4 先令），起征点也不一样，因此每次征收之前国王都派出法官到各地估税。从 1513 年起，补助金常常与财产税同时批准和征收，但是补助金仍然要估税。玛丽女王把补助金的起征点固定为土地收入或动产价值 20 英镑以上者，税率固定为土地收入每英镑征收 4 先令，其他动产收入则每英镑征收 2 先令 8 便士；对于年土地收入或动产价值不足 20 英镑者，则税率酌情降低。这种固定税率一直维持到都铎王朝末期。由于补助金税率较高，前期又是按照臣民财产或收入的实际情况估税的，因此税量也比较高，1545 年约有 9 万—10 万英镑，1547 年增加到 12 万英镑。[②] 到伊丽莎白一世时期，补助金的税量与臣民财富实际情况又出现了较大差距，物价上涨使补助金的实际价值急剧下降。1593 年，约翰·佛特斯鸠爵士对下议院说，补助金的价值只相当于亨利八世时期的一半，于是议会就常常批准伊丽莎白一世连续征收几次补助金，如 1589 年议会就批准她征收 2 次，1601 年甚至批准 4 次。伊丽莎白一世在位最后 12 年中，议会批准的财产税和补助金平均每年带来 13.5 万英镑。

补助金是都铎王朝新开辟的直接税，它与传统的财产税一起成为重要财源，为都铎王朝提供了大约 1/3 的战争开支。都铎王朝历代国王征收的俗人财产税和补助金情况如下表：

	1/5 和 1/10 税		补助金	
	征收次数	总税量（万英镑）	征收次数	总税量（万英镑）
亨利七世	7	28.2	—	—
亨利八世	8	23.2	9	78.6
爱德华六世	6	24.3	1	11.2
玛丽一世	2	5.9	1	—
伊丽莎白一世	7（1566—1581）	21	12	—

---

① 　Michael V. C. Alexander, *The First of the Tudors: A Study of Henry VII and his Reign*, p. 78.

② 　刘新成：《英国都铎王朝议会研究》，首都师范大学出版社 1995 年版，第 173 页。

中世纪国王的重要职责之一就是保卫王国，所以如果遇到危急情况，国王既可以间接地通过议会向臣民征税，也可以向比较富裕的臣民直接要求财政帮助，这就是国王要求臣民"捐纳"（Benevolence）的根据。中世纪国王曾利用"捐纳"筹集战争经费，这不需要经过议会批准，只要国王和枢密院决定，用国王玉玺发布征收命令即可，而且"捐纳"不需要偿还，实际上相当于一种特别税收。约克王朝时期，1484年议会曾宣布"捐纳"为非法，予以废除。但都铎王朝又恢复了它。1491—1492年，亨利七世为了战争而征收捐纳，获得48500英镑，相当于1487—1497年间三次财产税的总和。[1]1545年，面对巨大的战争开支，亨利八世决定征收捐纳，收入在2英镑或财产价值在3英镑6先令8便士到20英镑之间的人每英镑征收8便士，20英镑以上者每英镑征收1先令。为了扩大税量，还派出巡回法官到各地征税，并要求法官与当地居民协商时注意保密，对于抗税者予以严惩。伦敦市民利德就因此而被法官命令去北方戍边，让他体会"平安地坐在家里与战场的颠簸和危险之差别"。结果，1545年的捐纳给亨利八世带来12.5万英镑。1546年亨利八世又征收捐纳，由于臣民怨声载道，结果只得到6万英镑。[2]1588年以后，为了与西班牙作战，伊丽莎白一世也常常利用捐纳来筹措战费，如1600年就征收捐纳偿还战争期间的巨额开支。但是从总体上看，都铎王朝历代国王对于捐纳的利用还比较谨慎，只有在公开战争时期才使用捐纳来聚敛臣民的钱财。

中世纪英王有在战争时期向臣民强行借款的传统，如1485年初理查三世就强行借款2万英镑。[3]都铎王朝不仅继续采取强迫借款的方式筹集财政收入，而且多次实行。强迫借款不需要经过议会批准，虽然表面上是借款，但实际上国王常常不归还，所以强迫借款也类似于一种新的直接税。都铎王朝的强迫借款始于亨利八世。1522年，亨利八世的权臣沃尔西为征收强迫借款，下令对全国臣民的财产和军事能力状况进行调查，其结果《军事调查》就成为评估臣民财产和征收强迫借款的依据。借款法令规定，按照臣民的财产或土地价值征收，20英镑以上者每英镑征收2先令（或者说1/10），300英镑以上者征收13.3%，1000英镑以上特别富有者的交纳比例则由国王的法官与他们协商决定，结果获得26万英镑。1523年亨利八世又决定强迫借款，规定财产或土地价值5英镑

①　刘新成：《英国都铎王朝议会研究》，第79页。

②　Penry Williams, *The Tudor Regime*, pp. 65-66.

③　Paul Einzig, *The Control of the Purse*, London: Secker & Warburg, 1959, p. 50.

以上者交纳 1/10，即每英镑 2 先令，又获得 6 万英镑。这两次强迫借款共获得 32.2 万英镑。1529 年，议会通过法令免除国王偿还这笔债务。

玛丽女王只实行过一次强迫借款，获得 10.9 万英镑[1]，而且从未偿还。伊丽莎白一世也经常向臣民强迫借款，特别是 16 世纪 70 年代安特卫普货币市场倒闭之后，如 1569 年为镇压北方叛乱，1597 年为与西班牙进行海战之际。但是伊丽莎白常常在强迫借款之后就召集议会批准财产税和补助金给予偿还，实际上把强迫借款变成了一种税收。

都铎王朝有两次征收直接税失败，从中可以看出都铎国王在攫取臣民财富方面所进行的努力。第一次是 1525 年，亨利八世为筹措对法战争军费而向臣民征收所谓"友善的协助金"（Amicable Grant），俗人每英镑交纳 4 先令，教士则交纳其年收入或动产价值的 1/3，结果遭到教俗两界强烈反对，亨利八世只好放弃。尽管如此，此举仍被称为"英国历史上最严苛的财政讹诈"。第二次是 1548 年，议会批准爱德华六世征收补助金，同时征收"羊头税"，每头公羊 2 便士，母羊 3 便士，由于遭到反对而未能征收，代之以征收传统的财产税。

因此，整个都铎一朝，国王向臣民征收的直接税或准直接税除了中世纪传统的财产税、捐纳和强迫借款以外，还增加了一种新的，即补助金。这些直接税为都铎国王带来巨大收入。如亨利八世时期，1512—1515 年补助金平均每年为 7.5 万英镑，1522—1525 年补助金和强迫借款平均每年为 10 万英镑，1540—1547 年平均每年为 14 万英镑。伊丽莎白一世统治的最后 10 年（1593—1603）中，直接税平均每年为 14.4 万英镑。从总体上看，都铎王朝的直接税收入约占其战争开支的 1/3 到 1/4。[2]

四、其他敛财措施

战争开支的巨大压力迫使都铎王朝国王不断采取一些非常的财政手段。第一，国内外借款。都铎历任君主几乎都在不同时期依靠借款度日。亨利七世即位初年主要向国内贵族借款。亨利八世开始向欧洲大陆，特别是安特卫普货币市场举债，仅 1544—1546 年间就从安特卫普借款 27.2 万英镑，利息高达

---

①　Penry Williams, *The Tudor Regime*, p.70.

②　Penry Williams, *The Tudor Regime*, pp.67, 74 .

10%—18%，其中 10 万英镑直到亨利八世去世还未偿还。[1] 为了处理借款事务，亨利八世派遣一名代表长年驻扎在安特卫普。与其先辈相比，伊丽莎白一世更加依赖借款，其统治前期主要依靠安特卫普货币市场，到 1560 年已从安特卫普借款 27.2 万英镑，其统治后期主要是向伦敦的富商大贾借款。

第二，货币贬值也是都铎王朝掠夺臣民财富的常用方法，同样始于亨利八世时期。国王命令全国臣民把所有的货币（银币）带到国王的铸币所，把这些银币与其他金属一起熔铸成新的货币，货币成色因而降低，国王则从中获利。亨利八世用这个办法共获得 36.3 万英镑。[2] 到爱德华六世统治的 1551 年，通过货币贬值国王已经获得 127 万英镑。[3] 所以当时一名贵族曾形象地把铸币所比喻为国王的"靠山"。

第三，随着英国经济和对外贸易的发展，出售贸易特权和垄断权也成为都铎国王敛财的手段之一。这种敛财方式始于伊丽莎白一世，在 16 世纪 80、90年代与西班牙战争期间得到迅速发展。出卖淀粉、煤炭、食盐和肥皂经营权每年为女王带来 8 万英镑，出卖垄断权又可以获得 20 万—30 万英镑。[4]

五、税收理论的突破

虽然税收理论的变化往往滞后于税收实践的变化，但是都铎王朝在这方面也曾努力突破中世纪税收原则的限制。这种突破主要表现在征收直接税的理由和税款的用途两方面。中世纪国王都是以紧急情况为由向全国臣民征收财产税的，而紧急情况一般等同于公开的战争或受到战争威胁，即税收习惯等同于国防或军事需要。都铎王朝表面上仍然把紧急情况当作征税理由，但是"紧急情况"中常常包括一些并非紧急的情况，例如 1534 年英国处于和平时期，但是议会在征收补助金的法令中却声称，在过去 25 年中，国王为了"国家的繁荣、统一、和平和安宁"而承担了许多开支。也就是说，臣民对国王的感激就可以作为征税的充足理由。维持一个贤良的政府本来属于国王的正常开支，现在却要

[1] Penry Williams, *The Tudor Regime*, p.58.

[2] Clayton Roberts and David Roberts, *A History of England: Prehistory to 1714*, Vol. I, 3rd ed., New Jersey: Prentice Hall, 1991, p.264.

[3] Diarmaid Macculloch, *The Reign of Henry VIII: Politics, Policy and Piety*, p.94.

[4] John Brewer, *The Sinew of Power: War, Money and the English State, 1688-1783*, New York: Knopf, 1988, p.18.

求臣民为此交纳补助金，这为后来都铎国王征收直接税树立了一个先例。再如1553 年议会通过的补助金法令把债务作为国王征税的理由。本来债务也属于国王的正常开支，但是既然国王是国家的拯救者和保护人，国王的债务有损王权，因此为保护王权而实行的举措也可以认为是为了保卫王国。从此以后，良好的政府和维护王权都成为税收合法性的证明，而在中世纪这些都是不可接受的征税理由。

与税收发展同时，16 世纪英国的大臣、政治评论家等都主张，国王的需要就是征税的唯一标准，而且这种需要不限于战争危机或其他紧急情况。1515 年，亨利八世的重臣沃尔西强迫议会通过法令，规定议会必须"自愿地、自由地并绝对地满足国王的税收要求"。[①] 1550 年政治评论家拉提摩尔写道："为了维护共同利益，为了国防，维持国王的战争……他（国王）必须得到他所需要的，他的需要就是臣民的义务，他可以通过'上帝之法'而要求得到他所需要的。"[②] 爱德华六世时期，诺森伯兰伯爵在议会说，仅仅国王的需要本身就可以证明特别税收（即直接税）的合法性，而不论这种需要是如何引起的。

征税理由的延伸，导致国王正常收入与特别收入二者界限模糊，国王经常把税款用于正常开支。如爱德华六世时期一共收到直接税 355892 英镑，其中只有189802 英镑（占 56.5%）用于战争和国防，其他税款都被用于国王的正常开支。伊丽莎白一世时期，1572—1573 年俗人和教士交纳的税收共 72640 英镑，其中用于国防及相关的开支为 50.8%，用于行政的开支为 11929 英镑，占 16.4%，其余 23798 英镑（占 32.8%）都用于偿还国王的债务。[③] 由此可见，都铎王朝已经突破了中世纪"国王靠自己过活"的税收原则而向近代国家公共财政迈进。

在英国财政史上，都铎诸王的财政措施各有特色：亨利七世以剥削正常收入为主，亨利八世以榨取教会并发展补助金著称，玛丽女王以提高关税率、扩大间接税收入而对后来的财政产生影响，伊丽莎白一世则主要从议会获得直接税来维持她在战争和和平时期的开支。

促使都铎王朝财政措施不断变化的首要因素就是战争。如亨利八世时期，仅 1511—1514 年的军事开支就达 89.2 万英镑，而 16 世纪 40 年代的军事开支

---

① 　Paul Einzig, *The Control of the Purse*, p. 53.

② 　J. D. Alsop, "The Theory and Practice of Tudor Taxation," *The English Historical Review*, vol. 97, no. 382, 1982, pp. 1-30.

③ 　J. D. Alsop, "The Theory and Practice of Tudor Taxation," *The English Historical Review*, vol. 97, no. 382, 1982, pp. 1-30.

高达 320 万英镑。[①]1588 年，伊丽莎白一世反对西班牙的战争耗费 400 多万英镑。第二个重要因素是 16 世纪的物价上涨使国王收入的实际价值降低。正因如此，都铎一朝，除亨利七世外，其他国王去世时都是债务缠身。亨利八世至少遗留了 10 万英镑外国债务，爱德华六世留下 6.5 万英镑，玛丽女王留下 15 万—20 万英镑，伊丽莎白一世遗留了 35 万英镑。

都铎王朝的财政措施对英国历史产生了重大影响。

第一，使都铎历代国王的财政收入不断增加，并使其构成发生重大变化。1509 年亨利七世的正常收入为 11 万英镑左右，而总收入为 14.2 万英镑左右。亨利八世时期的战争开支主要通过出售修道院土地（占 32%）、货币贬值（占 32%）和直接税（35%）来满足。1600 年，伊丽莎白一世的正常收入为 30 万英镑，而年总收入为 50 万英镑，她统治后期的战争开支一半由直接税满足。

第二，虽然都铎王朝并没有完全打破中世纪英国税收传统的束缚，创设一种能够使国王常年征收的税收，从而为建立真正的近代国家公共财政奠定稳定基础。但是随着直接税税种增加、直接税收入扩大、征税理由扩大，以及和国王不断把特别收入用于正常开支，都铎王朝成为英国建立近代国家公共财政的起点。

第三，都铎王朝采取大量出售修道院和王领土地、货币贬值等竭泽而渔的敛财手段，既削弱了后世国王的财政资源，又破坏了英国经济健康发展的基础。当斯图亚特王朝的君主们也沿用都铎王朝的手段聚敛收入时，他们发现财源已经枯竭，于是不得不采取出售官职、专利权和垄断经营权等手段来获得必要的财政收入，甚至利用早已过时的封建特权获取收入，因此遭到全国臣民尤其是新兴资产阶级的激烈反对，从而使财政问题成为 1640 年英国爆发资产阶级革命的一个重要原因。

（原载《首都师范大学学报》2002 年第 3 期）

---

① G. W. Bernard, *War, Taxation and Rebellion in Early Tudor England: Henry VIII Wolsey and the Amicable Grant of 1525*, New York: St. Martin's Press, 1986, p. 53.

亨利七世的财政政策

　　亨利七世是英国都铎王朝的创建者，在英国历史上，他以"吝啬"和"贪婪"而著称，这是由于他采取的严苛的财政政策所致。而有的现代史家则对亨利七世的财政政策推崇备至。如研究都铎王朝财政史的英国史家弗里德里克·C.迪兹认为，亨利七世统治期间实行的"财政机构和财政方法完全打破了中世纪的财政制度，为英国建立更加现代的收入制度奠定了基础"。[1] 亨利七世的传记作者迈克·V. C.亚历山大也认为，亨利七世的财政政策使"国王的财政比任何时候都建立在更加稳定的基础之上"。[2] 另一位英国史家莱斯·鲍德温·斯密斯则认为，亨利七世的财政政策完成了一场"财政革命"。[3]

　　究竟应该如何看待亨利七世的财政政策呢？笔者认为，对亨利七世财政政策实施的动机、具体措施和后果等方面的论述，有助于我们比较全面地认识亨利七世的财政政策。

一、亨利七世的财政政策的动机

　　亨利七世从玫瑰战争的混乱中侥幸夺取王位，面对动荡和叛乱的政治局面，他的最高目标是建立稳固的统治，使王位在自己的家族中世袭下去。与历史上任何统治者一样，这既是亨利七世一切政治、军事和财政政策的出发点，也是

---

① Frederick C. Dietz, *English Government Finance 1485-1558*, Urbana: University of Illinois, 1921, p. 77.

② Michael V. C. Alexander, *The First of the Tudors: A Study of Henry VII and his Reign*, London: Croom Helm, 1981, p. 216.

③ Sir John Fortesque, Lockwood Shelly, ed., *On the Laws and Governance of England*, Cambridge: Cambridge University Press, 1997, p. 91.

他的终极目标。

亨利七世善于吸取前朝历史教训。15 世纪英国著名政治理论家佛特斯鸠（1395—1477）在献给爱德华四世的著作《论英格兰的法律和统治》中曾经建议，为了建立强大的王权，国王"必须靠自己过活"，国王的财富必须两倍于任何臣民。[1] 据说亨利七世仔细地研读过该书。亨利七世即位之初就认识到，兰加斯特王朝（1399—1461）和约克王朝（1461—1485）的王权之所以弱小，在很大程度上是由于他们的贫穷。没有强大的财政基础，他的王位就很难稳定，他的所有政策都将遭到失败。因此，要想强大，就必须富有。

打破中世纪税收原则的束缚，绕过议会的税收批准权，扩大财政收入，这是亨利七世财政政策的直接原因。受封君封臣制度的影响，中世纪英国形成了一个重要的税收原则，即国王应该"靠自己过活"。为此，中世纪英国国王的收入被划分为正常和特别两大类。正常收入是指国王作为全国最高封建主所获得的收入，包括王领（国王的自营地）、关税、司法利润和封建特权带来的收入四个部分；特别收入是指国王作为一国之君而获得的收入，主要包括由议会批准的 1/15 和 1/10 税，或称为"直接税"，它是直接对城乡臣民的动产进行估征，城市居民和王领居民征收其动产的 1/10，乡村居民征收其动产的 1/15。在和平时期，国王应该利用正常收入"靠自己过活"，只有在战争时期，国王才能向臣民征税。

但是从 14 世纪中期起，英国议会获得了批准直接税的权力，不经过议会同意，国王不能向全体臣民征收直接税。绕过议会的批税权既是亨利七世的财政策略，也是他的财政政策的目的之一。

二、亨利七世财政政策的内容

虽然亨利七世最终成为当时欧洲最富有的国王，但他即位时却完全是另外一幅景象。即位之初，亨利七世还负债累累，依靠借款度日，从 1485 年到 1486 年，他一共向国内商人借款 10127 英镑。[2] 为了摆脱财政窘境，亨利七世采取了一系列强硬的敛财措施。

---

[1]　Sir John Fortesque, Lockwood Shelly, ed., *On the Laws and Governance of England*, pp. 92-100.

[2]　Lacey Baldwin Smith, *This Realm of England 1399 to 1688*, Lexington Mass: D. C. Heath, 1988, p. 71.

（一）以战争为由说服议会批准直接税

亨利七世遵循中世纪形成的直接税征收原则。在他统治期间，只有几次战争使他要求议会批税：1487年为了镇压国内叛乱，1489—1490年为了对法国进行战争，1497年为了抵御苏格兰人的进攻。所以，亨利七世统治时期，直接税征收不太频繁，他一共获得直接税28.2万英镑，平均每年约为1.2万英镑。[①] 亨利七世之所以不把直接税当作最重要的财源之一，是出于以下几个方面的考虑。

第一，直接税的税量呈下降趋势。自1334年被固定为3.8万英镑后，一些腐败城市和乡村被减免，因此，税量不断下降，到都铎王朝时期，每次只能征收到2.95万英镑左右。[②]

第二，直接税的征收过程迟缓。一次批税常常要经过几年才能征收完毕，拖欠现象十分普遍。例如，1491年为了对法国的战争，议会批准亨利七世10万英镑，但是实际上只征收到6万英镑，不能满足国王的紧急需要。[③]

第三，更重要的是，直接税的征收必须经过议会的同意。亨利七世吸取历史教训，不想重蹈兰加斯特王朝和约克王朝的覆辙，既不愿意因为税收的批准而受制于议会，也不愿意强行征税而恶化王权与议会的关系。

第四，直接税的征收常常引起臣民的反抗。普通的英国人憎恨国王以任何理由向他们征税。1489年，国王派遣巡回法官到各地去征收议会批准的税收，引起各地群众的反抗和骚乱。

（二）改革王领的管理

王领（Royal Demesne 或 Crown Lands）是指国王没有分封给大封建主（称为"国王的总佃户"）的土地，是国王正常收入的大宗。亨利七世的王领包括兰加斯特公爵领、约克公爵领、康沃尔公爵领、马克伯爵领、切斯特伯爵领、沃威克伯爵领，以及都铎家族自身的里奇蒙德公爵领等。为了增加王领的收入，亨利七世吸收约克王朝爱德华四世的王领管理方法，并根据实际情况，进行了一些改革。

首先，亨利七世力图保持和扩大王领的面积。他利用议会分别于1485年、1486年、1487年、1495年两次，通过了5个法令，恢复被贵族或官吏非法侵占

①   Michael V. C. Alexander, *The First of the Tudors: A Study of Henry VII and his Reign*, p. 225.

②   G. R. Elton, *England under the Tudors*, London: Routledge, 1991, p. 495.

③   Clayton Roberts and David Roberts, *A History of England: Prehistory to 1714*, Vol. I, 3rd ed., New Jersey: Prentice Hall, 1991, p. 47.

的王领土地，有的甚至追溯到爱德华三世时期。[①] 亨利七世还通过没收等手段扩大王领面积，在他统治期间，共有 1348 名贵族被判处叛国罪，他们的土地都被国王没收。如威廉·斯坦利勋爵被判处叛国罪，他的年收入一千多英镑的土地就被国王据有。[②] 亨利七世还经常利用王室成员去世的机会扩大王领。1495 年他的叔父去世，1503 年他的王后去世，他都立即收回赏赐给他们的土地。亨利七世甚至不顾惯例，没有授予土地给王子亨利。通过继承和没收，亨利七世的王领面积比约克王朝增加了三分之一。

其次，建立宫室管理王领的财政制度。亨利七世即位之初，主要财政机构是财政署（Exchequer）。财政署是 12 世纪亨利二世时期设立的国家财政管理部门，它分为上下两部，下部（又称为"收支部"）主要负责财政收支、账目记录等具体事务，而上部（又称为"审计部"）主要负责审核账目，同时它也是国王的一个重要法庭，专门审理与财政事务有关的案件。但是长期以来，大量的收支和审计工作使财政署的程序繁杂，效率低下，难以满足国王在紧急时期的财政需求，因此，早在 13 世纪，国王就从王廷中发展出其他财政管理机构，如宫室（Chamber）或锦衣库（Wardrobe）等。它们的程序相对简化，效率比较高，国王利用它们可以很快获得所需要的资金，尤其是在战争时期。到约克王朝的爱德华四世统治时期，他利用宫室管理财政收支，大大提高了效率，而且扩大了国王的收入。

亨利七世恢复并改进了爱德华四世的宫室财政管理制度。从 1487 年起，亨利七世使宫室成为主要财政管理机构，原先由财政署管理的王领逐渐转移到宫室手中，到 1493 年，王领的收入全部交纳到宫室，地方官员把国王的各种租税也直接交纳到宫室，除了征收缓慢的关税仍然由财政署掌握外，几乎国王的其他所有收入都交纳到宫室，甚至连议会批准的税收也由宫室收取和支配。1487年之前，宫室只掌握国王的少量收入，1487—1489 年中，宫室的收入就达到每年 1.7 万英镑，占国王总收入的 25%。15 世纪 90 年代，宫室年均收入为 2.7 万英镑，到 1500—1509 年，宫室的年均收入达到 10 万英镑以上，占国王正常收入的 90% 以上。[③] 亨利七世还选拔忠诚、富有经验和法律知识的人担任宫室主管，如曾经多年担任财政署秘书的托马斯·洛威尔和约翰·赫伦等。

---

① B. P. Wolffe, *The Crown Lands: 1461-1536*, London: George Allen and Unwin, 1970, pp. 67-68.

② Lacey Baldwin Smith, *This Realm of England 1399 to 1688*, p. 74.

③ R. L. Storey, *The Reign of Henry VII*, New York: Walker, 1968, p. 102.

宫室成为国家的主要财政机构，不仅可以迅速地满足国王的紧急财政需要，而且便了国王密切地监督国家的财政管理。出丁宫室收文不断增长，亨利七世对宫室的收支情况极为关心，几乎是事必躬亲。1498 年，西班牙驻英国的大使阿亚拉写信向西班牙国王汇报情况时说："亨利七世不是考虑国家的公共事务或与御前会议成员商讨国家大事，而是仔细地登记和审核归他支配的金钱的账目。"亨利七世 1502—1505 年的收支账目被保存下来了，每页账目都经过他的亲自审核，而且御笔签署了国王名字的第一个大写字母"H"。[1]

为了更好地管理王领，亨利七世任命曾经在约克王朝担任兰加斯特公爵领总管的雷根纳·布雷仍然为王领总管。同时加强对兰加斯特公爵领的管理，这是最有价值的一块王领土地，在英国 33 个郡中拥有土地，所以它被单独管理。它的收入从 1488 年的 666 英镑增加到 1508 年的 6566 英镑。而且直到 1503 年去世，布雷一直是亨利七世最重要的财政顾问。

第三，提高王领土地的租税。亨利七世统治期间，王领的租税至少提高了200%。[2]

由于管理加强，王领的收入大幅度增长。1485 年的王领收入为 2.9 万英镑，到 1509 年，王领的收入达到 4.2 万英镑，占国王正常收入的三分之一，成为亨利七世财政稳定的重要基础。[3]

（三）加强关税征收

关税是一项重要的财源，因此，亨利七世高度重视加强关税征管工作。羊毛是中世纪英国的主要出口商品，关税制度由爱德华一世在 13 世纪后期创立，当时的征率为每袋羊毛 6 先令 8 便士，但是到 14 世纪 30 年代，提高为英国商人 33 先令 4 便士，外国商人 66 先令 8 便士。1347 年开始，随着英国呢绒出口的增长，国王开始对其征收关税，与此同时，国王还对进口的葡萄酒征收所谓"吨税"，对其他各种进出口商品按照其价值征收一定的"镑税"。从理论上说，14 世纪关税的征收要经过议会批准，但是实际上，从亨利五世开始，议会常常在国王即位时就批准他终生征收关税、吨税和镑税，所以关税实际上已经成为国王的"正常"收入的一部分了。

---

[1] P. J. Helm, *England under the Yorkists and Tudors: 1471-1603*, London: Bell, 1972, p. 25.

[2] Lacey Baldwin Smith, *This Realm of England 1399 to 1688*, p. 73.

[3] P. J. Helm, *England under the Yorkists and Tudors: 1471-1603*, p. 22.

亨利七世即位之初，议会就批准他终生征收关税。为了最大限度地提高关税收入，他采取了许多严厉的措施。

第一，鼓励英国对外贸易的发展。他的许多外交政策都是为了促进英国与欧洲大陆国家的商业联系。正如培根所说："作为一个喜爱财富的国王，他不能容忍对外贸易的衰落。"此外，亨利七世知道，对外贸易的发展也有利于他向伦敦的商人借款。亨利七世刚刚登上王位，就恢复了约克王朝保持与哈布斯堡王朝的传统友谊，因为他认识到，该王朝所控制的低地国家是英国羊毛出口的重要市场。1489 年，亨利七世又与意大利的佛罗伦萨的统治者洛伦佐·德·美第奇签订商业条约，规定英国每年尽量多地向佛罗伦萨出口羊毛。①

第二，打击走私。亨利七世规定，捕获走私商人的关税官员与国王平分其走私货物，这大大地刺激了关税官员打击走私的积极性，许多走私商人被逮捕。1485—1509 年，财政署法庭共审判了 1140 起走私案件。

第三，撤换不合格的关税征收官吏。仅 1486—1488 年间，就撤换了二十多名渎职、参加走私贸易活动和挪用关税款的关税官吏。②

亨利七世统治的前 10 年中，关税收入年均约为 3.3 万英镑，此后的时间里，年均约为 4 万英镑。③ 关税成为国王仅次于王领的重要正常收入。

（四）利用封建特权榨取收入

国王的封建特权包括获得封建协助金、监护土地收入、捐款和强迫借款，以及强买权等。征收封建特权收入不需要经过议会的批准，所以亨利七世也很重视从中获得财政收入。

根据英国的封君封臣制度，国王对封建主拥有许多权利。虽然封君封臣制度作为一种军事组织制度早就已经过时了（英王最后一次召集封臣服役是 1385年），但是亨利七世把封臣的军事义务转化为财政义务，以至有的史家称之为"财政封建主义"。当国王的长子被授封为骑士、长女出嫁时，国王的总佃户都必须交纳一定数量的协助金，这种封建协助金在《大宪章》中得到了确认；当总佃户的后代继承土地时，他们都必须向国王交纳一笔继承金；如果总佃户死后无嗣，那么其土地全部转归国王；如果总佃户的继承人年幼（不满 21 周岁），

---

① G. R. Elton, *England under the Tudors*, p. 229.

② J. R. Lander, *Government and Community: England 1450-1509*, London: Edward Arnold Press, 1980, p. 96.

③ Michael V. C. Alexander, *The First of the Tudors: A Study of Henry VII and his Reign*, p. 25.

国王就获得对其土地和财产的监护权，直到被监护人成年；如果总佃户的遗孀被国王监护，那么她必须得到国王的同意才能再婚，而这种同意是要交纳可观的费用之后才能取得的。

11—13 世纪，封建协助金是国王榨取总佃户的一种重要手段，但是在国王寻找到更加有利的财源后，它在国王收入中所占的比重就微不足道了，有些弱小的国王甚至放弃征收。但是亨利七世并没有放弃这种敛财手段，他是英国历史上最后一位征收封建协助金的国王。1504 年，他两次向总佃户要求交纳协助金，一次是为他的长女出嫁给苏格兰国王詹姆斯六世，一次是为长子亚瑟被授封为骑士称号。亚瑟提前 15 年就被授封为骑士，他被授封时已经夭亡两年多了。从这两次协助金中，亨利七世共获得 3.1 万英镑。[1]

监护权是亨利七世最重要的封建特权收入。1486 年，亨利七世任命了 3 名特别监督员，负责监督北部地区的国王监护土地的经营管理。1500 年，他命令卡里斯尔主教监督该主教区中的监护土地和女继承人的婚姻状况。亨利七世还通过提高监护土地的价格来增加收入。如他曾经以 266 英镑的价格把一块土地的监护权出卖给肯特伯爵，几年之后，同一块土地的监护权出卖给牛津伯爵时却要价 1333 英镑。[2] 为了逃避国王的监护，一些总佃户把土地交给亲属朋友托管，等到继承人成年后再归还，如 1489 年，诺森伯兰伯爵在一次动乱中被杀，他把年价值 1500 多英镑的土地托付他人代管，到 1498 年他的后代收回土地时，国王至少因此而损失了 1.4 万英镑的监护收入。针对这种现象，1485 年，亨利七世指示巡回法官到十多个郡中调查隐瞒的监护土地，并调查近来死亡的地主的土地是否属于国王总佃户的土地。1490 年，亨利七世通过议会颁布法令规定，总佃户的未成年继承人必须把土地交给国王监护，无论这些土地是否已经被他人托管。如果已经被他人托管，则每年按照习惯交纳一定的继承金给国王。1503 年，亨利七世下令设立了全国监护土地总管，专门负责征收监护土地的收入。

由于亨利七世的这些严厉措施，监护土地的收入稳步增长。1492 年，全国的监护土地收入只有 343 英镑，1494 年为 1588 英镑，而 1507 年则达到 6163 英镑。[3] 无怪乎诺丁汉伯爵曾经叹息说："一块土地经过三次监护后就会变得毫无

---

[1]　Lacey Baldwin Smith, *This Realm of England 1399 to 1688*, p.79.

[2]　Lacey Baldwin Smith, *This Realm of England 1399 to 1688*, p.72.

[3]　J. R. Lander, *Government and Community: England 1450-1509*, p.89.

价值。"①

　　为了使更多的土地与国王结成封建关系，以便对它们榨取封建收入，亨利七世还强行授予封建主"骑士"封号。正如著名都铎史家 G. R. 埃尔顿教授所说，亨利七世几乎从一开始就想方设法把每个地主变成国王的总佃户，以此增加与国王有封君封臣关系的封建主的人数。1486 年 12 月，亨利七世宣布，所有年土地收入在 40 英镑以上者必须接受骑士封号，各郡的郡守必须向中央政府报告该郡年土地收入 40 英镑以上者的人数和名单，并要求所有符合条件的人在 1487 年 2 月 4 日之前接受骑士封号，违反命令者将处以 200 英镑的罚金。1500 年 3 月、1503 年 12 月，亨利七世又重申了强封骑士的命令。

　　亨利七世还利用"捐纳"（Benevolence）和强迫借款等手段聚敛钱财。中世纪国王的重要职责之一就是保卫王国的安全，所以当国家受到外族入侵的威胁时，国王就有权利向比较富裕的臣民要求财政帮助，这种帮助既可以通过议会批税间接地实施，也可以通过征收"捐纳"而直接地实现。"捐纳"就是由国王的巡回法官持国王小玉玺签发的信件，到各地要求比较富裕的臣民自愿交纳。无论富裕还是贫穷，法官都会威胁他们交纳，所以捐款实际上相当于变相的直接税。1491 年，亨利七世征收"捐纳"，获得 4.85 万英镑，相当于 1487—1497 年间三次直接税。②1496 年，亨利七世又征收了一次"捐款"。

　　强迫借款也是巡回法官持国王小玉玺签发的信件与各地签订借款协议，名义上它需要偿还，但是实际上常常不可能偿还。1486 年，亨利七世命令巡回法官到各地通过"协议"而强行借款，虽然最终所得并不多，共 5200 多英镑，但它是以后成为都铎王朝财政政策一大特点的强迫借款的开端。③

（五）"司法获大利"

　　中世纪英国流行一句谚语："司法获大利。"因为司法权可以为封建主包括国王带来许多收入。亨利七世是 15 世纪获得司法利润最多的英国国王。司法利润包括上诉人购买诉讼令的费用、法庭所收取的罚金。在中世纪英国，臣民利用国王的法庭是一种特权，而不是一种权利，所以，所有的案件上诉之前先要交纳一笔费用，而且败诉者还得交纳一笔罚金。无论官员、贵族还是商人，如

---

① Ronald H. Fritze, *Historical Dictionary of Tudor England: 1485-1603*, New York: Greenwood Press, 1991, p. 209.

② Michael V. C. Alexander, *The First of the Tudors: A Study of Henry VII and his Reign*, p. 52.

③ Lacey Baldwin Smith, *This Realm of England 1399 to 1688*, p. 79.

果触犯了法律，亨利七世都征收沉重的罚金。无论是刑事犯罪还是叛国罪，亨利七世常常对违法的贵族采取经济惩罚而不是其他惩罚。如亨利七世访问牛津伯爵时，伯爵因为保留私人军队而触犯了法律，结果被处以1万英镑的罚金。[①]1507年，伯加韦尼勋爵乔治·内维尔被指控非法保留私人军队而被处以7.65万英镑的罚金[②]。

亨利七世还利用保证金向贵族榨取收入。亨利要求大贵族签订效忠保证书，如果大贵族触犯法律，那么就将遭到没收财产的处罚。早在1485年，他就利用这种方法从一名贵族那里榨取到1万英镑。1487年，斯克洛普勋爵因为参与了反叛的阴谋活动，他的几个朋友被亨利七世榨取了0.7万英镑，作为斯克洛普不离开指定地区的保证金。1491年，亨利七世与杜塞特侯爵及其52位朋友签订了效忠协议书，这意味着如果其中一人触犯法律，那么其他人都将受到严惩。到1495年，亨利七世至少与191名贵族签订了协议。到1499年，他分别从10名贵族那里获得0.1万—1万英镑不等的收入。[③]1503—1504年，亨利七世用这种方法就获得了3.1万英镑的收入。[④]

（六）榨取教会财富

教会是英国的首富，当时有人说："基督教世界最富有的40个主教区中，英国占有7个。"从理论上说，国王对教会征税必须经过教皇的同意。但是实际上，中世纪英王常常不经过教皇而向英国教会征税。因此，亨利七世即位之初就注重从教会榨取收入。亨利七世通过以下几个方法榨取教会的收入。

第一，十分之一税，这是对教士的财产征收的。每当亨利七世要求议会批准对俗人征收直接税时，坎特伯雷和约克两大主教区的教士大会也批准国王征收十分之一税。亨利七世在位期间，一共征收过五次教士什一税，共获得约6.3万英镑。[⑤]

第二，空缺教职的土地的收入。在这方面，亨利七世超过以前任何国王。当主教或修道院长去世时，他们的土地由国王管理，其收入也归国王所有。这

① Ronald H. Fritze, *Historical Dictionary of Tudor England: 1485-1603*, p. 90.
② 肯尼思·O. 摩根：《牛津英国通史》，王觉非等译，商务印书馆1993年版，第252页。
③ J. Enoch Powell and Keith Wallis, *The House of Lords in the Middle Ages: A History of the English House of Lords to 1540*, London: Weidenfeld & Nicolson, 1968, p. 533.
④ Lacey Baldwin Smith, *This Realm of England 1399 to 1688*, p. 82.
⑤ Michael V. C. Alexander, *The First of the Tudors: A Study of Henry VII and his Reign*, p. 227.

种收入虽然极为不稳定，却是一个有利的财源。如，1492 年，宫室就获得巴特和韦尔斯两个空缺主教的土地收入 1800 英镑。1494 年，又从巴特和杜哈姆两个空缺主教的土地获得 1200 英镑。1503 年，共获得空缺主教土地收入 1673 英镑，1504 年为 6049 英镑，1505 年为 5339 英镑。[①] 为了尽可能从空缺教职中获得收入，亨利七世尽量延长教职空缺时间。

第三，教士首年俸。每个新上任或调任的教士都必须把第一年收入的三分之一交给国王。为此，亨利七世统治时期，各地的主教被卷入无休止的频繁调任游戏之中。如托马斯·萨瓦基于 1493 年当选为罗切斯特主教，三年后被调任伦敦主教，1501 年又被调任约克主教。[②] 当时有的主教土地的年收入达到三四千英镑，因此，通过主教的频繁调任，亨利七世从中渔利甚多。

第四，出卖教职的收入。这种收入比较偶然，但是亨利七世也没有放弃使用。如出卖约克主教职务，他就从中获得 1000 马克。[③]

亨利七世究竟从教会获得了多少收入，由于没有完整的账目保存下来，所以难以估测。J. J. 斯卡里斯布立克教授认为，亨利七世平均每年从教会获得的收入大约为 1.25 万英镑。[④] 也有人估计，亨利七世从教会获得的各种收入一共只有 16 万英镑。[⑤]

三、亨利七世财政政策的影响

亨利七世财政政策的第一个明显效果就是急剧扩大了财政收入。亨利七世即位之初，每年收入为 5.2 万英镑，到他统治末期则上升为每年 14.2 万英镑。[⑥] 亨利七世去世时，国内谣传他遗留了 130 万英镑的财富。但是现代学者研究后认为，亨利七世遗留了价值 30 万英镑的珠宝以及借给神圣罗马帝国的皇帝马克西米安一世 30 万英镑。[⑦] 所以，从财政收入的急剧扩大来看，亨利七世的财政政策的确产生了"革命性"的作用。

---

① Sir John Fortesque, Lockwood Shelley, ed., *On the Laws and Governance of England*, p. 31.

② Lacey Baldwin Smith, *This Realm of England 1399 to 1688*, p. 80.

③ Lacey Baldwin Smith, *This Realm of England 1399 to 1688*, p. 80.

④ J. J. Scarisbrick, "Clerical Taxation in England, 1540-1640," *J. E. H.*, XI (1960), p. 50.

⑤ G. R. Elton, *England under the Tudors*, London: Routledge, 1991, p. 496.

⑥ Frederick C. Dietz, *English Government Finance 1485-1558*, p. 233.

⑦ P. J. Helm, *England under the Yorkists and Tudors: 1471-1603*, p. 25.

　　王领和关税的总收入占亨利七世财政收入一半多，它们都是国王的正常收入。这不仅使亨利七世建立了稳固的财政基础，而且摆脱了依赖议会批准税收的局面，为建立强大的王权奠定了坚实的基础。从都铎王朝起，英国进入绝对专制主义时期。

　　第一，以宫室为中心的财政管理机构并非亨利七世的独创，中世纪英国许多国王都利用宫室作为财政收支的中心。从英国财政机构发展的前景看，近代英国的国家公共财政管理部门是财政署，而宫室萎缩成为国王的私人收支机构，所以亨利七世的财政管理机构只是中世纪的延续，而不是近代的发轫。

　　第二，亨利七世仍然囿于榨取中世纪国王的传统财源，王领和关税等成为他的主要收入，亨利七世的财政政策只是把中世纪英国国王聚敛财政收入的各种措施发挥到极致而已。

　　近代英国公共财政的主要财源是全国性的直接税，而且是常年征收。因此亨利七世的财政政策没有突破中世纪封君封臣制度的束缚，这种突破有待于亨利七世的继位人亨利八世。这两种局限表明，亨利七世的财政政策并没有导致一场"财政革命"。

（原载《史学月刊》2002 年第 4 期）

伊丽莎白一世的财政状况

伊丽莎白一世是英国历史上第一位享有崇高声誉的女王。她历经磨难，25岁即位，在位44年（1558—1603）。莎士比亚的戏剧、击败西班牙"无敌舰队"等文治武功足以让她名垂千古。通过戏剧、化装舞会、游行和多幅个人肖像画等宣传和渲染，这位"处女"女王的完美形象更加深入人心，以致当时的人们和后人都忘记了她的统治隐藏的许多问题。本文只从财政收支状况来探讨伊丽莎白一世惊人的成就、光鲜亮丽的外表掩盖下的财政问题。

一、伊丽莎白一世的财政机构 —— 财政署（Exchequer）

自亨利一世（1100—1135年在位）以来，财政署一直是英国的主要财政机构，得名于铺在财政署桌子上用于计数的棋盘形格子布，包括收支和审计两个部门。都铎王朝（1485—1603）时期，财政署与国王的其他财政机构的权力屡经变化。亨利七世（1485—1509年在位）认为财政署变成了效率低下的程式化衙门，不仅效率低下，而且不利于控制，于是他以国王身边的财政机构宫室（Chamber）侵夺了财政署的很多权力：只要不是议会批准的税款一律交纳给宫室，而且下令改进了宫室的账簿记录方法，以便他及时并快捷地审查账目。在亨利七世的"宫室财政管理"体制下，财政署仍然存在，只是处于次要地位罢了。亨利八世（1509—1547年在位）对财政事务不感兴趣，宫室财政管理体制随之走到了尽头，财政署再次恢复了财政管理中的支配地位。但是亨利八世的心腹大臣托马斯·克伦威尔也厌恶手续烦琐、效率低下的财政署，于是对财政机构进行改革，成立了一系列专门处理某种具体财政事务的机构，分割财政署的职责和权力，其中重要的是："没收土地法庭"（The Court of Augmentations）

专门处理随着修道院解散令而被政府没收的宗教场所的财产（1536—1539），
"教士首年俸和什　税法庭"（The Court of First Fruits and Tenths）负责征收神职
人员的相关税收，"国王领地法庭"（The Court of General Surveyors）负责征收国
王领地上的各种收入，以及"监护法庭"（The Court of Wards and Liveries）。到
爱德华六世（1547—1553 年在位）统治时期，财政署只能掌握国王收入的 1/3
左右。[1] 玛丽女王（1553—1558 年在位）即位后，第一次议会就宣布重组财政
署，把"没收土地法庭"、"教士首年俸和什一税法庭"并入财政署，财政署由
此掌握了国王收入的 95%（如 1555 年就达到约 26.5 万英镑）。[2] 伊丽莎白一世
继承了这种财政管理体制，财政署是她统治期间的最高财政管理机构。

二、伊丽莎白一世的财政收入

　　与中世纪传统一样，伊丽莎白一世的收入也被分为"常规收入"和"特别
收入"。所谓"常规收入"主要是指国王通过行使封建财政特权（Prerogative）
而取得的收入，其中主要包括国王王领（Crown Lands）收入、采买权、监护收
入等，而"特别收入"主要是指经过议会批准的税收收入。

　　王领收入是国王"常规收入"的大宗。这种收入也包括通过叛国罪而没
收归国王所有的土地带来的收入，以及从 16 世纪 30 年代后期起，亨利八世宗
教改革"解散修道院"期间没收的修道院财产。虽然修道院的土地被出售或在
1588 年伊丽莎白一世继位时被授予出去，但是 16 世纪后期女王每年的土地收入
都在 5 万—10 万之间波动。[3]

　　采买权（Purveyance）是中世纪英国国王的一项特权。王室采买官到市场以
自行决定的价格强行购买王室消费所需物品。这种王室采买权后来被延伸到为
军队和海军采购物资。采买权一直是引起臣民强烈不满的一个因素，到伊丽莎
白一世时期，大多数郡同意把采买权折算成固定税收，每年可以为她带来 3.7 万
英镑左右的收入。[4]

---

[1]　Ronald H. Fritze, *Historical Dictionary of Tudor England: 1485-1603*, New York: Greenwood Press, 1991, pp.188-189.

[2]　Ronald H. Fritze, *Historical Dictionary of Tudor England: 1485-1603*, p.189.

[3]　John A. Wagner and Susan Walters Schmid, *Encyclopedia of Tudor England*, ABC-CLIO, LLC, 2012, p.947.

[4]　Ronald H. Fritze, *Historical Dictionary of Tudor England: 1485-1603*, p.494.

都铎王朝君主对古代封建义务的财政剥削已经变成了所谓"财政封建主义"（Fiscal Feudalism）。中世纪英国封建主义的最初基础是国王授予封臣土地，以换取军役。为了保证持续的军役，国王掌握了一定的权利，如对封臣遗孀或女儿的婚姻决定权，或者对封臣的未成年继承人的监护权。封臣还有一定的货币义务，如维持一名骑士的武器和盔甲，当国王的长子被封为骑士或长女出嫁时，贡献一定的货币。到都铎时期，封臣的军役义务大多数已经消失了，但是货币义务仍然保留下来了，当国王不想请求议会批准税收时，他们就可以利用这些封建财政特权来筹集经费。最有价值的封建财政特权是"监护权"，即当国王的总佃户（Tenant-in-Chief）的继承人未成年时，国王可以监护他的地产和继承人，地产收入归国王所有（除了维持总佃户家人的生活之外）。到伊丽莎白一世时期，监护权每年可以给她带来 1.5 万英镑收入。[1]

虽然英国臣民期望国王能够利用"常规收入"维持王室的生活和政府的日常运行，即所谓"国王靠自己过活"，但是他们也承认，在紧急情况下，他们有义务以税收来支持国王及其政府，而紧急情况的决定权一直掌握在国王手中。到 16 世纪，政府的开支——维持国王及其王室，特别是战争——急剧增加，而国王的常规收入增长很少，甚至下降。为了满足预算不足或进行战争，英国国王不得不请求议会批准税收。虽然伊丽莎白一世是一位节俭的君主，而且不需要供养王室家庭成员，但她还是不得不越来越多地向议会寻求税收支持，特别是 1585 年与西班牙开战之后。伊丽莎白一世的税收主要包括三种：关税、十分之一和十五分之一税、补助金。

关税包括"吨税"（对从欧洲进口的葡萄酒按照每吨固定税率征收的关税）和"镑税"（对从英国出口的商品按其价值 1 英镑征收 12 便士的固定税率征收的关税）。英国出口的主要商品是羊毛、呢绒和锡。自爱德华四世（1461—1470年、1471—1483 年在位）以来，每个新即位国王的第一次议会都会授予他终生征收关税的权利。1559 年，议会援例授予伊丽莎白一世终生征收关税。从需要议会批准到议会往往一次性批准终生征收来看，关税兼具封建财政特权和税收的特征。关税是都铎王朝国王们的一个重要财源，但是 16 世纪上半期，关税收入呈下降趋势。玛丽一世女王时期，财政署的国库长温切斯特侯爵威廉·鲍勒特（后来也担任伊丽莎白一世女王的财政署国库长）改革了关税征收制度，提高了关税率，如英国商人经营的呢绒出口关税率从每匹 14 便士提高到 6 先令 8

①   John A. Wagner and Susan Walters Schmid, *Encyclopedia of Tudor England*, p. 448.

便士，外国商人则从 14 便士提高到 14 先令 6 便士。[①] 伊丽莎白一世即位之初，呢绒出口关税每年仅为 3 万英镑，每年关税总收入超过 7.5 万英镑，使关税变成了其收入的一个重要组成部分。[②] 由于关税征收困难，所以国王经常把关税承包给个人。虽然关税在国王收入构成中越来越重要，但是它对政治和外部条件依赖程度较高，不仅随着战争与和平、饥荒与盈余、对外关系的紧张与缓和而起伏，而且从英国出口商品需要得到国王的许可证，而有些商品完全禁止出口，如啤酒、红铜、鲱鱼等。

与都铎王朝其他国王一样，伊丽莎白一世女王征收的第二种税收是 "1/10 和 1/15 税"（Tenth and Fifteenth）。这是起源于中世纪的一种财产税，后来逐渐固定各地交纳数量，每次大约可以从全国各地征收到 3.7 万英镑左右。到伊丽莎白一世时期，它再也不能反映英国个人拥有财富的真实价值了，但还是被固定了总税量，一次 "1/10 和 1/15 税" 的总量大约 3 万英镑，其中 1/3 左右来自神职人员。[③]

鉴于 "1/10 和 1/15 税" 的税量难以满足实际需要，从亨利八世起，都铎王朝开始征收补助金（Subsidy）予以弥补。补助金是经过议会批准，以个人的土地、财物、工资的实际价值估税为基础的一种税收，不仅每次征收都需要重新估税，而且税率还不固定，所以即使按照 1/10 的税率征收，一次补助金也能收到 10 万英镑。伊丽莎白一世统治早期，她尽量不请求议会批准补助金，但是 1585 年与西班牙的战争开始后，随着浩大的开支，她不得不越来越多地请求议会批准补助金。但是由于补助金的估税和征收工作都落在各地不领取报酬的 "治安法官" 肩上，所以估税越来越与纳税人的实际财富脱节。到伊丽莎白一世后期，每次补助金大约能获得 8 万英镑左右，迫使女王不得不一次请求议会批准多次补助金。[④] 1559—1585 年，伊丽莎白一世共征收 6 次补助金，11 次 "1/10 和 1/15 税"，此后 19 年里，共征收补助金 14 次，"1/10 和 1/15 税" 28 次。[⑤] 换句话说，伊丽莎白一世漫长的 44 年统治中，共召集 10 次议会，而批准的税收为 20 次补助金、39 次 "1/10 和 1/15 税"（参见表 1）！[⑥]

①　Ronald H. Fritze, *Historical Dictionary of Tudor England: 1485-1603*, p. 494.

②　John A. Wagner and Susan Walters Schmid, *Encyclopedia of Tudor England*, p. 325.

③　John A. Wagner and Susan Walters Schmid, *Encyclopedia of Tudor England*, p. 948.

④　John A. Wagner and Susan Walters Schmid, *Encyclopedia of Tudor England*, p. 1070.

⑤　D. M. Dean and N. L. Jones, *The Parliaments of Elizabethan England*, Oxford: Basil Blackwell Ltd, 1990, p. 93.

⑥　Jeffrey L. Forgeng, *Daily Life in Elizabethan England*, 2nd ed., New York: Greenwood Press, 2010, p. 31.

表1 伊丽莎白一世征收的补助金及"1/10 和1/15 税"税量（单位：英镑）①

征收时间	补助金及"1/10 和1/15 税"的税量
1558 年	134000
1559—1560 年	137000
1563—1564 年	150000
1567—1568 年	87000
1571—1572 年	117000
1576—1577 年	115000
1581—1582 年	110000
1585—1586 年	106000
1588—1589 年	105000
1590—1591 年	103000
1592—1593 年	97000
1594 年	95000
1595 年	91000
1596—1597 年	87000
1599 年	83000
1600 年	81000
1601 年	?
1602 年	76000
1602—1603 年	76000
合计	1850000

英国史学家普遍认为，伊丽莎白一世统治中期的收入有所下降，但其他时期收入总体是提高的，有的年份甚至高达 50 万英镑，到她统治晚期，年收入甚至超过 60 万英镑。1558—1603 年，伊丽莎白一世的总收入约 1836 万英镑，年均399130 英镑。② 其中来自议会的收入占比 27.08%，来自非议会的收入占比72.92%。③

① Claire Cross, David Loads and J. J. Scarisbrick, *Law and Government under Tudors*, Cambridge: Cambridge University Press, 1998, p. 232.
② Michael J. Braddick, *The Nerves of State: Taxation and Financing of the English State, 1558-1714*, Manchester University Press, 1996, p. 10.
③ Michael J. Braddick, *The Nerves of State: Taxation and Financing of the English State, 1558-1714*, p. 12.

三、伊丽莎白一世的财政开支

与财政收入一样，伊丽莎白一世的财政开支也很难精确计算出来，但她的主要开支包括两项：王廷（Royal Household）和战争。

伊丽莎白一世时期，各个政府部门的官吏大约1200人，其中600人需要用议会批准的税收支付工资，另外600人就是王廷中专门服务于女王的官吏和仆役，其工资由国王的土地收入支付。[1] 由于政府的中心就是王廷，所以王廷的效率和奢华就成了一种政治工具，开支很高（参见表2）。

表2　伊丽莎白一世"宫廷"每年开支（单位：英镑）[2]

王廷	50000—60000
锦衣库	13000
宫室	12000—16000
女王私人开支	1000（？）
官吏工资	27600
礼物	9200
总数	111800—125800

战争几乎伴随着伊丽莎白一世的统治，所以战争开支是她最大的财政负担（参见表3）。

表3　1559—1603年伊丽莎白一世的主要战事及其开支（单位：英镑）[3]

时间	战场	开支
1559—1560年	苏格兰	178000
1560—1567年	爱尔兰	100000
1562—1563年	法国	245000
1579—1583年	爱尔兰	300000
1587—1588年	财政署的总拨款	400000

[1]　Jeffrey L. Forgeng, *Daily Life in Elizabethan England,* 2nd ed., p.32.

[2]　Michael J. Braddick, *The Nerves of State: Taxation and Financing of the English State, 1558-1714*, p.26.

[3]　Paul E. J. Hammer, *Elizabeth's Wars: War, Government and Society in Tudor England, 1544-1604*, Basingstoke: Macmillan, 2003, p.241.

时间	战场	开支
1585—1603 年	低地国家	1420000
1585—1603 年	海军	1450000
1585—1594 年	爱尔兰	250000
1589—1597 年	法国	297000
1594—1603 年	爱尔兰	1924000
1594—1603 年	爱尔兰和低地国家	2458470
1601 年	爱尔兰	415000
合计		9437470

四、伊丽莎白一世的财政状况分析

影响伊丽莎白一世财政状况的因素多种多样，除了收支外，我们还应该考虑物价上涨的因素。16 世纪被称为"价格革命"时期，有些英国历史学家致力于计算英国物价上涨的速度，但是大多数人采信的是帕特里克·K. 奥布莱恩和P. A. 亨特的通货膨胀表。[①]

表 4　英国通货膨胀表

时间	物价指数
1450 年	102
1490 年	106
1510 年	103
1530 年	169
1550 年	262
1570 年	300
1590 年	396
1610 年	503

从表 4 可以看出，17 世纪初比 15 世纪中期英国物价上涨了约 400%。后来

---

① John A. Guy, *The Tudors: A Very Short Introduction*, Oxford: Oxford University Press, 2000, p. 6.

学者根据奥布莱恩和亨特的这个物价指数表，分析了物价上涨对伊丽莎白一世财政收入的影响（参见表5）。[①]

表5　物价上涨对伊丽莎白一世财政收入的影响

时间	A（千英镑）	B（千英镑）	C（千英镑）	D（千英镑）	E（千英镑）
1558 年 10 月—1561 年 9 月	667	294	2.27	360	159
1561 年 10 月—1564 年 9 月	362	151	2.39	292	122
1564 年 10 月—1567 年 9 月	257	110	2.33	179	77
1567 年 10 月—1570 年 9 月	245	103	2.38	177	74
1570 年 10 月—1573 年 9 月	317	123	2.58	228	88
1573 年 10 月—1576 年 9 月	274	105	2.61	198	76
1576 年 10 月—1579 年 9 月	331	124	2.66	243	91
1579 年 10 月—1582 年 9 月	391	141	2.78	217	78
1582 年 10 月—1585 年 9 月	344	125	2.76	220	80
1585 年 10 月—1588 年 9 月	433	147	2.95	292	99
1588 年 10 月—1591 年 9 月	538	174	3.09	341	110
1591 年 10 月—1594 年 9 月	468	157	2.98	374	126
1594 年 10 月—1597 年 9 月	519	137	3.80	423	111
1597 年 10 月—1600 年 9 月	580	170	3.41	577	169
1600 年 10 月—1603 年 9 月	591	187	3.16	607	192

注：A. 伊丽莎白一世的收入（账面上或名义上的价值）；
B. 伊丽莎白一世被扣除了物价上涨指数后的收入（利用奥布莱恩和亨特的价格指数表计算出来）；
C. 奥布莱恩和亨特的物价上涨综合指数（1451—1475 年 ＝1.0）；
D. 财政署收支部的收入（账面上或名义上的价值）；
E. 被扣除了物价上涨指数后财政署收支部的收入（利用奥布莱恩和亨特的价格指数表计算出来）。

我们再以 1600 年的收支看看伊丽莎白一世的财政状况（参见表6）。[②]

表6　伊丽莎白一世的财政状况

收入	英镑	开支	英镑
司法收入	10000	女王私人用款	2000

---

① Paul E. J. Hammer, *Elizabeth's Wars: War, Government and Society in Tudor England, 1544-1604*, p.239.

② T. A. Morris, *Tudor Government,* London: Routledge, 1999, p.143.

续表

收入	英镑	开支	英镑
国王的领地	60000	锦衣库	4000
国王领地出售	4000	王廷	4000
关税和货物税	80000	建筑工程	5000
葡萄酒关税	24000	海军的各种开支	23000
不信奉国教者的罚金	7000	爱尔兰的战争	320000
教士首年俸	20000	低地国家的战争	25000
教士的补助金	20000	年金和其他各种小额开支	26000
俗人的补助金	80000	—	—
"1/10 和 1/15 税"（和其他小额收入）	60000	—	—
总计	374000	总计	459840
收支平衡		−55840	

　　从上表可以看出，1600 年伊丽莎白一世的财政收支就有约 5.58 万英镑亏空。所以史学家一般都认为，她死后遗留了债务。他们争论的关键问题之一是伊丽莎白一世究竟留下了多少债务？有的学者认为，她遗留的债务达 40 万英镑，1618 年詹姆斯一世债务顶峰的 90 万债务中，近一半是女王遗留下来的。但有的学者认为，伊丽莎白一世去世时还有 30 万英镑的议会批准的补助金没有征收上来。换句话说，她遗留的债务只有 10 万英镑左右，詹姆斯一世继承的王权是有支付能力的。[①] 所以，如果说英国革命（或"内战"）与詹姆斯一世、查理一世的税收要求有关，那么伊丽莎白一世的债务是否也是导致革命的间接因素呢？

---

① Ann Hughes, *The Causes of the English Civil War*, 2nd ed., Macmillan Press Ltd, 1998, pp. 25-26.

中世纪英国的军役制度

为了征服威尔士、爱尔兰和苏格兰以及保卫在欧洲大陆的领地，中世纪时期英国战争频仍。但是除了少量王廷骑士外，英国没有常备军。国王主要通过召集封建骑士军役、利用外国雇佣兵、授予欧洲大陆一些封建主货币采邑以换取军役、征发民军、与贵族签订服役契约等手段调集庞大的军队。本文拟就中世纪英国的这些军役制度试做论述。

一、封建骑士军役

根据封君封臣制度，国王的直接封臣（也称"总佃户"，Tenant-in-Chief）应该根据其所占有的骑士领（Knight's Fee）数量，每年提供相应数量的骑士为国王义务服役 40 天。随着英国封建社会的发展，服役骑士的人数不断下降。威廉一世时期骑士大约为 5000 人，亨利二世时期拖欠国王军役的骑士领约 5000 个，还有候补骑士近 6500 人。13 世纪后期，拥有骑士封号或占有土地数量达到骑士标准的大约为 3000 人。其中 1500 人左右为潜在的骑士，即当国王需要时可以强封他们为骑士；另外 1500 名骑士中只有 500 人是真正的武士，随时可以上战场服役。[1] 导致骑士服役人数减少的主要原因是：第一，大贵族隐匿实际封臣数量。格罗塞特伯爵和诺福克伯爵分别拥有 455 个和 279 个骑士领地，但是他们提供的骑士军役数分别为 10 个和 6 个。[2] 第二，由于土地层层分封，骑

---

[1] Bryce Lyon, *A Constitutional and Legal History of Medieval England*, 2nd ed., New York: W. W. Norton & Company, 1980, p. 161.

[2] I. J. Sanders, *Feudal Military Service in England: A Study of the Constitutional and Military Powers of the Barones in Medieval England*, Oxford: Oxford University Press, 1956, p. 60.

士领上的军役也被分割，一个骑士军役常常由几个人承担，因而难以落实下来。第三，骑士装备昂贵。12 世纪，随着更多地使用锁子甲，骑士的盔甲更沉重，也更昂贵了。这就要求骑士的战马必须更加强壮，保护设备更多，而一匹良好的战马价值 80 英镑。封授骑士的仪式也更加复杂而昂贵，骑士必须具有中等家产才能维持其地位。13 世纪时，骑士的财产标准是年土地收入 20 英镑，但是一匹战马就需要 40—80 英镑。13 世纪 60 年代，500 名重装骑士两年的开支即达到 3.3 万英镑，相当于亨利三世一年的收入。[①] 第四，13 世纪军事技术的变化导致骑士在战争中的作用逐渐削弱。虽然国王仍然需要重装骑兵作战，但是步兵、弓箭手逐渐成为战场主力。1300 年，一名应召服役的骑士只带一张弓、一支箭，他向遇到的第一个苏格兰人射出一箭后立即返回家乡，就算是已经履行了他的封建军役义务。[②] 第五，作战时间越来越长，传统的 40 天骑士军役难以适应，国王需要能够长期服役的军队。第六，中世纪英国贵族认为，他们为国王义务服役的范围是不列颠群岛各地，在欧洲大陆服役则超出了范围，他们有权利拒绝服役或者要求国王支付服役工资。1194 年，理查一世指示宰相休伯特·瓦尔特迅速派遣一批其主要领地在诺曼底的贵族带领骑士到诺曼底作战。1197 年，这批骑士当中的两人在国王的"小会议"上公然宣称，他们的军役义务仅限于英国。他们否认在欧洲大陆服役的义务，只承认在这种情况下有义务交纳盾牌钱。[③] 直到 1215 年，《匿名宪章》（The Unknown Charter of Liberties）第 7 条才确定，贵族们有义务到欧洲大陆服役，但仅限于诺曼底和布列塔尼地区。[④]

历代国王召集封建军役的次数不断下降。亨利三世统治前期，召集全部或部分封建骑士服役 12 次。爱德华一世统治时期只召集过 6 次封建骑士军役，其中 1294 年的那次召集令还没有执行。[⑤] 1317 年爱德华二世召集过一次封建骑士军役。1385 年，理查二世由于财政困难而召集封建骑士军役，前往苏格兰作战，结果因遭到贵族的强烈反对而放弃。从此以后，根据封君封臣制度召集的封建骑士军役在英国历史上消失了。封建骑士军役的确具有诸多不便，但是它毕竟能够为国王提供一定数量的骑士义务服役 40 天。而且，直到 14 世纪，骑兵仍

① F. M. Powicke, *The Thirteenth Century: 1216-1307*, Oxford: Oxford University Press, 2nd ed., 1991, p.550.

② Michael Prestwich, *The Three Edwards: War and State in England 1272-1377*, London: Routledge, 1980, p.64.

③ Austin Lane Poole, *From Domesday Book to Magna Carta: 1087-1216*, Oxford: Clarendon Press, 1964, pp.370-371.

④ David C. Douglas and George W. Greenaway, *English Historical Documents: 1189-1327*, Vol. 3, London: Taylor & Francis, reprinted in 2004, pp.310-311.

⑤ F. M. Powicke, *The Thirteenth Century: 1216-1307*, p.550.

然是英国军队的核心，所以骑士的军事价值不可忽视。于是，国王便采取一系列措施弥补由于封建骑士军役人数下降带来的损失。

首先，国王向总佃户征收盾牌钱（参见表 1）。从 12 世纪初开始，不亲自服役或服役骑士数不足的总佃户要向国王交纳免役钱，称为"盾牌钱"（Shield-Money 或 Scutage）。原先作为提供 1 名军役单位的骑士领逐渐变成交纳盾牌钱的财政单位。按照维持 1 名骑士 1 天的开支为 8 便士计算，盾牌钱的标准是 2 马克 / 骑士领。虽然总佃户每年都欠国王 40 天军役，但是国王不能每年征收盾牌钱，只有当他发动战争并召集封建骑士军役时才能征收。有的国王不断提高盾牌钱的标准。国王用盾牌钱招募其他人服役，而骑士则可以免除服役之劳顿和危险，专心经营自己的地产，并逐渐与乡绅阶层融合在一起。

英国历史上最后一次盾牌钱是 1322 年爱德华二世对没有服军役的总佃户征收的，盾牌钱的消亡与封建骑士军役的衰落大致吻合。

表 1　中世纪英国国王征收盾牌钱情况表 [①]

国王	征收次数	平均每次钱数（英镑）
亨利二世	8	1327
理查一世	3	1666
约翰王	11	4500
亨利三世	10	1420
爱德华一世	3	—
爱德华二世	1	—

其次，延长骑士服役时间。由于封建军役难以全部召集，骑士服役时间局限于 40 天，所以国王要求一定数量的骑士为其中一名提供装备和服役工资，以便他能长期服役。1157 年，为了发动对威尔士的战争，亨利二世要求每 3 名骑士中的 1 名长期服役，虽然服役骑士的人数只有总数的 1/3，但是服役期限是 4 个月，而不是传统的 40 天。1194 年，理查一世也只要求 1/3 的骑士到诺曼底长

① Richard Mortimer, *Angevin England: 1154-1258*, Oxford: Blackwell, 1994, p. 47; G. W. S. Barrow, *Feudal Britain: The Completion of the Medieval Kingdoms 1066-1314*, London: Edward Arnold, 1983, p. 197; K. T. Keefe, *Feudal Assessments and the Political Community under Henry II and His Sons*, Berkeley: University of California Press, 1983, p. 30; James H. Ramsay, *A History of the Revenues of the Kings of England, 1066-1399*, Oxford: Clarendon Press, 1925, Vol. 1, pp. 191, 226, 261, 364, Vol. 2, pp. 87, 148, 295, 433.

期服役，其他骑士则为他们提供装备。1205 年，约翰王要求 9 名骑士为 1 名骑士提供装备和 2 先令 / 天的服役工资，以便他们能够参加防御外敌的战役。①

再次，国王下令强封骑士，即国王以臣民拥有的财富（一般是土地）价值为标准，将符合条件的人强行加封为骑士。1224 年 11 月，亨利三世为了准备将于次年进行的加斯科涅战役，要求所有土地价值 40 英镑以上者必须接受骑士封号，并准备到加斯科涅服役。1230 年，亨利三世再次下令强封骑士到布列塔尼服役。1241 年，亨利三世下令土地价值 20 英镑以上者必须接受骑士封号，并准备到加斯科涅服役。1242 年他要求各地郡守呈报没有应召服役的总佃户名单，并命令他们面见贵族大会议，交纳罚金。此外，1242 年亨利三世的确召集了 1241 年强封的部分骑士前往加斯科涅服役。1254 年，亨利三世命令，所有土地价值 20 英镑以上者都必须准备到加斯科涅服役。但是这个极端的措施没有实行，因为在加斯科涅的英国军队足以平息那里的叛乱。王太子爱德华在那里加封为骑士，并与卡斯提尔的埃莉诺完婚，为此，亨利三世要求所有土地价值 60 英镑以上的年轻总佃户都必须与王太子同时加封为骑士。爱德华一世偶然也直接召集符合条件的地主服役，如 1297 年他召集那些年土地收入 20 英镑以上者到佛兰德尔服役，但是遭到强烈抵制，只有 100 名左右的强封骑士应召服役。1306 年，爱德华一世许诺为所有符合条件而参加授封骑士仪式的人提供装备，结果近 300 人在怀特桑泰德（Whitsuntide）接受了骑士封号。②

强封骑士还可以为国王带来财政利润。新封骑士意味着国王可以获得更多的盾牌钱、罚金、继承金、监护土地收入和出售婚姻权收入。根据封君封臣制度，每当国王召集骑士军役时，不服役的骑士必须交纳盾牌钱，有时还要交纳罚金。骑士的后裔交纳继承金之后才能继承土地。如果继承人未满 21 周岁，那么他要受到国王的监护，被监护土地的收入归国王；如果被监护人是未满 14 周岁的女性，那么国王还有权决定其婚姻对象，他经常把这种权利当作商品出售。

国王弥补骑士军役的第四种办法是豢养一批王廷骑士。国王以提供年金和制服等方式召集一批旗手（Banneret）、骑士和候补骑士作为王廷骑士。他们多为出身于贵族世家的年轻人，拥有大量土地。在盛大的宗教节日宴会上，国王

① William Stubbs, *The Constitutional History of England in Its Origin and Development*, Oxford: Clarendon Press, 1880, pp. 660-661.

② Alfred L. Brown, *The Governance of Late Medieval England 1272-1461*, Standford: Standford University Press, 1989, p. 92.

亲自授予他们骑士封号，并赠予昂贵的装备和服装。自诺曼征服到 14 世纪，王廷骑士一直是国王军队中的骨干，他们为国王提供训练有素而能干的军事集团。1124 年亨利一世在博特洛德战役中取得胜利，当时的军队主要由王廷骑士组成。① 亨利三世与贵族关系交恶，所以他更加依靠王廷骑士提供的军事服务。1236—1245 年王廷骑士达到 75 人，每个王廷骑士的年金从 5 英镑到 20 英镑不等，所以王廷骑士一年的总开支约 1000 英镑。② 爱德华一世军队的核心也是王廷骑士，在 1282 年威尔士战役中，王廷骑士占爱德华一世的骑兵的 1/3。③ 在 1297 年佛兰德尔战役中，670 名跟随爱德华一世出征的骑兵中，有 475 名是王廷骑士及其随从。④ 1300 年爱德华一世率军到加洛威作战，其中王廷骑士及其随从就达到 850 人。王廷骑士的人数不断变化，1300 年有 80 名旗手和骑士，1317 年大约有 60 人，1322 年只有 30 人，到 14 世纪 30 年代后期有大约 50 人。⑤

　　14 世纪后期，王廷骑士服役的情况发生了变化。理查二世、亨利四世和亨利五世时期，王廷骑士终生为国王服役，和平时期他们的生活由各郡负担，战争时期国王命令他们带领一定数量的骑兵前来服役。如果他们不履行军役义务，国王就会没收他们的土地和财产。此外，王廷骑士在战争的组织管理、协助招募士兵和采买后勤物资等方面都起着重要作用。和平时期，王廷骑士协助国王处理司法事务，如加入巡回法庭。在政治方面，王廷骑士是国王可以信任和依靠的人，因此在爱德华一世晚年的困难时期，许多王廷骑士被单独召集参加议会。

二、雇佣兵和货币采邑军役

　　中世纪前期，英国国王经常使用雇佣兵。1066 年诺曼底公爵威廉（即后来的英王威廉一世）就招募了大批雇佣兵入侵英国，这些雇佣兵来自曼恩、布列塔尼、普瓦提埃，甚至意大利南部地区某普瓦提埃人就曾对人说起，诺曼底公爵威廉用"礼物"购买他们前去服役。1085 年，为了抵抗丹麦国王卡纽特的入

①　C. W. Hollister and Amanda Clark Frost, *Henry I*, New Haven: Yale University Press, 2001, pp. 298-300.

②　Alan Harding, *England in the Thirteenth Century*, Cambridge: Cambridge University Press, 1993, p. 189.

③　Michael Prestwich, *War, Politics and Finance under Edward I*, Totowa: Rowman and Littlefield, 1972, p. 51.

④　Alfred L. Brown, *The Governance of Late Medieval England 1272-1461*, p. 92.

⑤　Michael Prestwich, *The Three Edwards: War and State in England 1272-1377*, pp. 62-63.

侵，威廉一世还从法国和布列塔尼招募了大量的雇佣兵充当步兵和弓箭手。[1]

12 世纪，英国国王越来越多地利用雇佣兵作战。当时雇佣兵分为两种：一种是因为掌握作战技巧而被雇佣的，如热那亚的十字形弓箭手或萨拉森人；另一种是打家劫舍的匪帮，他们由一些军官招募而组成，被统称为"不拉奔人"。1179 年，第三次拉特兰宗教会议做出决议，禁止各国使用不拉奔人和那瓦尔人雇佣兵，违者将被革除教籍。但是各国统治者不顾教会的禁令，仍然大量使用这些雇佣兵。除 1 万名不拉奔雇佣兵外，亨利二世还临时招募威尔士和加洛威地区的雇佣兵。理查一世则招募了一批巴斯克人和那瓦尔人雇佣兵。约翰王像他父亲和长兄一样，也维持了一支庞大的雇佣兵。这些雇佣兵主要是被用于欧洲大陆作战，但是亨利二世和约翰王也曾把雇佣兵引入英国作战。利用外国雇佣兵在欧洲大陆作战的军役制度一直保留到近代早期，但是规模比较小。如1544 年，亨利八世发动对法国的战争，他的军队达到 3.8 万人，其中 3.6 万人是英国人，2000 人为欧洲大陆各地的雇佣兵。[2]

为了保护在欧洲大陆的领地，英国与法国战争不断。英国国王经常授予低地国家、神圣罗马帝国和法国各地封建主货币采邑（参见表 2），以便从政治上孤立法国。货币采邑是相对土地采邑而言的，指封君（常常是国王）为让封臣履行各种封建义务而支付给封臣一定数量的货币。授予货币采邑也要举行封授仪式，英国国王常常派遣代表到欧洲大陆各地参加这种仪式。货币采邑的封臣也要履行对封君的义务，最主要的是军役义务，即为封君提供一定数量的士兵服役，最初是骑士，后来也包括步兵。与封地采邑不同，货币采邑的受封者不必每年为授予者义务服役 40 天，而是按服役天数领取工资。之所以授予他们货币采邑，是为了促使他们亲自服役或提供规定数量的骑士或骑兵，随时准备为英国服役。所以，准确地说，货币采邑是一种军役定金，而不是服役工资。货币采邑一般是终身制，但是如果受封者的后裔能够履行军役义务，那么也可以世袭。

英国现存最早的正式的货币采邑封授记录是 1103 年，亨利一世封授给佛兰德尔伯爵罗伯特二世，后者同意"每年提供 1000 名骑士保卫英国领土，货币采邑费为 400 马克"。这份封授契约经过一些修改后于 1110 年延续下去，亨利一世授予罗伯特每年 400 马克货币采邑，罗伯特每年为亨利一世提供 500 名骑士。亨利二世授予低地国家一些货币采邑。1194 年，理查一世为了反对法国国王菲

[1] David C. Douglas, *William the Conqueror: The Norman Impact Upon England*, London: Eyre Methuen, 1989, p. 191.

[2] Mark Charles Fissel, *English Warfare 1511-1642*, London: Routledge, 2001, p. 16.

里普·奥古斯都，授予神圣罗马帝国 10 名诸侯货币采邑。[1]

从约翰王起，英国国王在欧洲大陆授予的货币采邑急剧增加。1103—1199 年，英国在欧洲授予的货币采邑有 40 多个，而 1199—1272 年，约翰王和亨利三世一共授予欧洲大陆各国封建主货币采邑达 594 个。爱德华三世后期，货币采邑开始走向衰落，到 1444 年英国国王亨利六世时，终于结束了授予货币采邑给欧洲大陆封建主的历史。

表 2　中世纪历代国王授予货币采邑的数量[2]

国王	授予货币采邑的数量
亨利二世	14
理查一世	10
约翰王	300
亨利三世	294
爱德华一世	340
爱德华三世	150

三、民军制度

早在盎格鲁-撒克逊时期，英国就实行了民军（Fyrd）制度，每个自由民都有义务保卫王国。和平时期，他们在地方官的指挥下，监视陌生人、维修道路和桥梁、守卫城门和城墙、缉拿盗贼；每遇外敌入侵或对外战争，国王就会命令各地郡守召集民军，自带武器装备，跟随国王作战或保卫国王安全。民军在战争中主要充当步兵或辅助兵种，如运输粮草、挖掘战壕、修筑城堡等。878 年丹麦人突然入侵英格兰各地，威塞克斯国王阿尔弗雷德调集萨默塞特、怀特和罕布什尔等郡的民军给予抵抗。当时国王按照土地面积来征调民军。在伯克郡，每 5 海德土地就要提供 1 名士兵，以及 4 先令装备开支和 2 个月的伙食费。如果某人被召集参战而没有去，那么他的全部土地就会被国王没收。[3] 由此可见，

---

[1]　Bryce D. Lyon, "The Money Fief under the English Kings, 1066-1485," *English Historical Review*, LXVI (1951), p. 179.

[2]　Bryce D. Lyon, "The Money Fief under the English Kings, 1066-1485," *English Historical Review*, LXVI (1951), pp. 161-193.

[3]　R. Welldon Finn, *An Introduction to Domesday Book*, New York: Barnes and Noble, 1963, pp. 266-267.

当时民军的服役期一般为 2 个月。

诺曼征服后，英国的军役制度发生了变化，以服军役为条件占有国王土地的总佃户为国王提供服役骑士，封建骑士军役成为国王军队的主要来源。但是民军制度没有被放弃，每个身体健康、15—60 周岁的男性自由民都有义务为国王服役，无论他们是否为国王的封臣。1075 年威廉一世镇压叛乱时，就要求一些郡守调集民军参战。1094 年，威廉二世（鲁弗斯）带领几千英国民军前往欧洲大陆的诺曼底作战。1138 年，国王斯蒂芬调集北方各郡民军对苏格兰国王作战。[①]

亨利二世只在 1173—1174 年平定叛乱时使用过民军，但是民军提供了良好的军役服务。1181 年亨利二世颁布《军备法令》（Assize of Arms），其主要内容如下[②]：

> 1. 任何拥有 1 个骑士领的人必须置备一副锁子甲、一顶头盔、一面盾牌和一支长矛；
>
> 2. 任何动产或地租价值 16 马克以上的自由人同样须置备如上装备，任何动产或地租价值 10 马克以上的人则必须置备一副轻锁子甲、一顶铁头盔、一支长矛；
>
> 3. 所有市民和全体自由民必须置备一副软盔甲，一顶铁头盔和一支长矛；
>
> 4. 每个自由人必须在圣希拉里节（1 月 13 日）宣誓保证，他们已经置备了相应的武器装备，效忠国王，愿意听从国王的命令带着武器为国王服役，保卫国王和王国。所有拥有武器的自由民不许出售、抵押或赠予武器给他人，任何领主不许以任何方式剥夺自由民的武器。

亨利二世颁布《军备法令》，正式恢复了盎格鲁–撒克逊时期的民军制度，但是他很少大规模地利用民军作战。1205 年，约翰王又颁布法令，规定全体自由民必须置备武器，抵抗外敌入侵，违者将处以终生服役，全体服役的自由民将由各地警卫长负责训练和指挥。这是英国民军指挥官的起源，他们的地位和作用后来在 1285 年《温切斯特军备法令》中被固定下来。1242 年，亨利三世下令每个村庄必须选举 2 名民军队长，负责集合全村所有服役人员，每年定期把

[①] Bryce Lyon, *A Constitutional and Legal History of Medieval England*, p.161.

[②] David C. Douglas and George W. Greenaway, *English Historical Documents: 1042-1189*, Vol. 2, 2nd ed., London: Eyre Methuen, 1981, pp.449-451.

民军带到由郡守和每个百户区 2 名特命骑士组成的郡阅兵团指定的地点接受检阅。同一法令还明确规定，民军也负责守卫和抓捕盗贼。每个百户区的民军队长都保留一份本区服役人员名单以及他们应该准备的武器装备，各个村庄、百户区和郡都拥有一支有效的军事和警察力量。

爱德华一世是中世纪时期英国第一个系统而大规模地利用民军作战的国王。12—13 世纪英国物价连续上涨，国王的收入虽然也增加了，但是不及物价上涨的速度，英国军队的武器装备也越来越复杂，步兵需要经过特别的训练，军事开支急剧增长。1276—1277 年、1282—1283 年，爱德华一世两次发动征服威尔士的战争。在战场上，步兵弓箭手配合骑士作战，弓箭手先行射杀敌方骑兵，然后骑士追杀溃散的敌军。为了征调步兵弓箭手，1277 年爱德华一世命令一些郡守征调民军。自 1282 年起，他又任命有经验的王廷骑士担任征兵官（Commissioner），到一些郡征调民军。征兵官挑选最强壮的人，让他们带上武器装备，到指定地点集中，或让他们处于战备状态。被挑选出来的民军每 20 人分为一组，5 个组编成一个"百人队"，由一名百人队长指挥。有时甚至组成郡的"千人队"。民军的武器装备开支由全郡分摊。在本郡之内服役的民军不支付工资，在本郡之外服役则由国王支付其工资 2 便士 / 天。此外，爱德华一世在威尔士战争中还大量利用民军充当马车夫、伐木工、建筑工、挖掘工、木匠、石匠等，建造城堡和工事。

正是在这种背景下，爱德华一世感到，急需明确规定臣民的军事义务，通过重申全体自由民的军事义务，能够扩大兵源而不增加战争开支。于是他在 1285 年颁布了《温切斯特军备法令》（Statute of Winchester），使 1181 年《军备法令》的内容更加具体化。法令的第 6 条明确规定了每个 15—60 周岁男性自由民根据财产价值应该置备的武器装备（参见表 3）[1]

根据《温切斯特军备法令》，民军义务服役的地域为本郡，其装备和服役工资由当地承担；自离开本郡之日起，国王支付民军的工资。这个法令正式建立了征调民军服役的征兵制度（Array of Commission）。从此，历代国王都大量征调弓箭手（骑马的和步行的）参战（参见表 4）[2]

---

[1]　David C. Douglas and George W. Greenaway, *English Historical Documents: 1189-1327*, Vol. 3, pp. 460-462.

[2]　Michael Prestwich, *The Three Edwards: War and State in England 1272-1377*, pp. 92-95; T. H. Aston, *Landlords, Peasants and Politics in Medieval England*, Cambridge: Cambridge University Press, 1987, p. 319; W. M. Ormrod, *The Reign of Edward III: Crown and Political Society in England 1327-1377*, New Haven: Yale University Press, 1990, p. 17; Scott L. Waugh, *England in the Reign of Edward III*, Cambridge: Cambridge University Press, 1991, p. 174.

表3　每个15—60周岁男性自由民根据财产价值应该置备的武器装备表

财富标准	置备的武器装备
土地价值15英镑或货物价值40马克	锁子甲、铁头盔、剑、刀、战马
土地价值10英镑或货物价值20马克	锁子甲、铁头盔、剑、刀
土地或货物价值5英镑	紧身衣、铁头盔、剑、刀
土地或货物价值2—5英镑	剑、弓、箭、刀
土地或货物不足2英镑	短剑、矛、刀、其他轻武器
其他自由民	弓、箭（居住在国王森林区外的人）；弓、粗短箭头（居住在国王森林区内的人）

表4　征调民军服役参战时间、地点及人数表

征调时间	作战地点或战役名称	参战军队人数
1277—1278年	第一次威尔士战争	15000
1282—1283年	第二次威尔士战争	15000
1287年	镇压威尔士叛乱	11000
1294年	威尔士战役	31000
1296年	苏格兰战役	25000
1297—1298年	苏格兰战役	7800
1297年	弗兰德尔战役	29000
1299—1300年	苏格兰战役	9000
1314年	班洛克伯恩镇压贵族叛乱	15000
1335年	苏格兰战役	15000
1338年	对法国的战役	5000
1340年	对法国的战役	12000
1341年	对法国的战争	13500
1346年	克莱西战役	15000
1347年	围攻加莱	32000
1359年	对法国的战争	12000
1356年	普瓦提埃战役	15000
1415年	阿金库尔战役	10000

从1298年起，爱德华一世在征兵令状中经常注明"民军离开本郡后，国王将支付工资"，并且派遣3名教士跟随军队支付工资，虽然民军的装备费用仍然

由当地承担。

1311 1325 年，根据《温切斯特军备法令》，爱德华二世几乎连年发出征调民军的令状。他试图以国家处于紧急危险状态为由，突破《温切斯特军备法令》规定的民军服役时间和地域限制，并力图把民军服役的装备和工资负担转嫁给当地。1311 年，爱德华二世要求每个村庄提供 1 名步兵到苏格兰服役，由各村自行负担士兵 7 周的工资，为此郡守向各村征收了一笔特别协助金。1316 年林肯议会计划对苏格兰发动战争，爱德华二世下令每个村庄提供 1 名步兵及其 60 天服役工资。1322 年爱德华二世又下令每个村庄提供 1 名士兵到苏格兰作战，并且为士兵提供 40 天服役工资。结果征调了近 7000 名士兵到苏格兰战场服役 4 周。[①] 由于爱德华二世不愿、也不能为服役民军提供工资，1327 年，在废黜爱德华二世后召开的议会中，下议员强烈抗议爱德华二世曾经使用的步兵征调方法，并再次通过立法规定，服役民军一旦离开本郡，国王必须支付工资，每个人应该置备的武器装备不得超过《温切斯特军备法令》的要求。

但是这个议会法令并没有阻止国王征调民军。14 世纪 30 年代，英国军队开始实行统一制服，弓箭手也由步行改为骑马作战，装备更昂贵，服役工资也从 2 便士 / 天提高到 6 便士 / 天，服役的时间也不断延长，这些变化使各地的民军服役装备和工资负担加重了。爱德华一世时期 1 名民军服役的开支为 5 先令，爱德华二世时期为 23 先令，爱德华三世早期达到了 2 英镑（40 先令）。[②] 1337 年百年战争爆发后，议会同意爱德华三世从各地征调步兵和弓箭手，其费用由南北各郡年收入 40 英镑以上者承担。由于遭到议会的强烈反对，1344 年爱德华三世颁布法令规定，所有到欧洲大陆服役的民军，自离开本郡之日起，全部由国王支付工资。[③]

四、契约军役制

当国王和王廷都不能亲赴战场时，他们就利用契约招募军队服役。契约军役就是国王与贵族签订契约，签约的贵族再与其他人签订服役契约，从而招募

① Anthony Tuck, *Crown and Nobility 1272-1461: Political Conflict in Late Medieval England*, Oxford: Oxford University Press, 1986, pp.140-141.

② T. H. Aston, *Landlords, Peasants and Politics in Medieval England*, p.325.

③ May Mckisack, *The Fourteenth Century: 1307-1399*, Oxford: Oxford University Press, 1991, p.237.

一定数量的骑兵和步兵为国王服役的军役制度。英国现存最早的军役契约是爱德华一世时期的贵族与部下签订的，由此可见，契约军役制度起源于爱德华一世时期。当时国王与贵族的军役契约可能只是口头的，所以没有书面军役契约留传下来。军役契约分为两种，一种是为了某一特定军事任务如守卫城堡或防守苏格兰边境而与贵族签订，如 1347 年贵族亨利·胡斯与爱德华三世签订契约，他将带领 40 个骑兵、60 个弓箭手守卫怀特岛 6 个月，由国王支付他们工资。[1] 另一种是国王为了某一战役而与一些贵族签订军役契约，这是最为常见和重要的契约军役形式。

贵族从应召义务服役到领取国王的服役工资经历了一个过程。在崇尚骑士精神的时代，为国王服役不仅是贵族的义务，而且是荣耀。1282 年，为了进行威尔士战争，爱德华一世决定为服役的贵族和士兵支付工资，但是遭到伯爵和男爵们的反对。甚至到 1300 年，一些伯爵仍将以获得报酬为目的在不列颠群岛服役视为耻辱。但是到欧洲大陆服役或参加冬季战役，贵族则不拒绝领取服役工资。1294—1298 年，兰加斯特伯爵和林肯伯爵就是按照契约在加斯科涅服役的。1297 年秋天爱德华一世在佛兰德尔作战，6 名大贵族与他签订了在苏格兰服役 3 个月的契约。1297—1298 年冬天，5 名伯爵和 1 名男爵与国王签订了带领 500 名骑兵在苏格兰服役的契约。[2] 到爱德华二世时期，贵族们在签订契约和领取报酬时已经不再犹豫。1315 年彭布洛克伯爵和其他 3 名大贵族与国王签订了提供 240 名骑兵的契约；1316 年希尔福德伯爵同意以 2000 马克的报酬带领 100 名骑兵为国王服役；1317 年阿伦德尔伯爵与国王签订服役契约，带领 100 名骑兵戍卫北方边境，报酬是 3000 英镑；1322 年，彭布洛克伯爵、阿伦德尔伯爵、瓦伦伯爵、诺福克伯爵和肯特伯爵都领取了服役工资。[3]

百年战争爆发后，国王开始大量使用这一办法招募服役军队。1341 年一位贵族与爱德华三世签订契约，他将带领 6 名骑士、20 名骑兵、12 名骑兵弓箭手和 12 名步兵弓箭手到布列塔尼服役 40 天，工资为 76 英镑。[4] 从这份军役契约看，正式的书面军役契约内容十分详细，包括服役人数、时间、地点、服役工资的数量和支付时间等。服役工资是根据社会身份和兵种或在战场上的重要性确定

① May Mckisack, *The Fourteenth Century: 1307-1399*, p.236.

② Alfred L. Brown, *The Governance of Late Medieval England 1272-1461*, p.87.

③ Michael Prestwich, *The Three Edwards: War and State in England 1272-1377*, pp.64-65.

④ May Mckisack, *The Fourteenth Century: 1307-1399*, p.235.

的，从 13 世纪后期到 15 世纪中期没有什么变化（参见表 5）[①]

表 5　服役工资表

官兵等级	日工资数
公爵	13 先令 4 便士
伯爵	6 先令 8 便士—13 先令 4 便士
男爵或旗手骑士	4 先令
普通骑士	2 先令
候补骑士或普通骑兵	1 先令
骑兵弓箭手	6 便士
步兵或水手	2—3 便士

军役契约中还写明战利品瓜分原则。爱德华三世统治后期，军役契约中明确规定：士兵应把所获战利品的 1/3 交给自己的指挥官，指挥官要把自己所获战利品的 1/3 连同士兵交给自己的战利品的 1/3 一起交给国王；重要的俘虏必须交给国王，国王则给予抓获者一定的补偿和奖励。1385 年理查二世颁布"战争总法令"（General Ordinances of War），其中第 16 条规定："每个服役人员必须把战场所获战利品的 1/3 交给长官。"从此"三分之一"成为战利品瓜分的基本原则。此外，根据习惯，服役士兵每 30 人在服役期间里还可以得到 400 马克的"津贴"。

军役契约中常常注明：国王负责赔偿战马损失；如果前往欧洲大陆作战，国王还负责运送军队渡过英吉利海峡。根据古代习惯，英国东南部的"五港联盟"每年为国王提供 57 艘船只、1368 名水手义务服役 15 天，以换取免税等特权。爱德华三世改变五港联盟的军役传统，像利用契约军役一样，也采用类似的办法招募船只运送军队。1339 年财政署支付了运送军队船只的水手一半的工资。1344 年，爱德华三世要求五港联盟派遣 8 艘大船运送军队，明确提出将支付水手工资和其他费用。但是这仍不能满足运送军队的需要，因此爱德华三世大量征用渔船和商船。百年战争伊始，爱德华三世就命令征用任何能够找到的船只；1341 年他给 28 个渔港的市长写信，要求他们准备充足的船只为国王运送军队；同年 4 月，爱德华三世又下令征调 100 艘渔船；1346 年克莱西战役之前，

① Alfred L. Brown, *The Governance of Late Medieval England 1272-1461*, p. 98.

爱德华三世下令扣留所有 10 吨以上的船只运送军队。[1]

　　相对于封建骑士军役和民军制度，契约军役制度具有明显的优点。从军事角度看，服役人员是自愿的，不会像民军制度那样引起臣民抱怨，解决了兵源问题；服役时间不受传统的骑士军役 40 天的限制；服役地点也不受传统限制，解决了国王与贵族之间围绕海外服役引发的争论；契约服役的军队接受统一指挥，可以克服封建骑士军队单骑决斗和纪律松弛的积弊。但是契约军役并没有取代民军，而是二者互相结合，军队中的贵族、骑士或候补骑士一般为契约服役人员，而骑兵弓箭手、步兵弓箭手和步兵多由民军组成。百年战争初期，开赴法国作战的英国军队中，民军与契约军队的比例约为 5 ∶ 2；1359—1360 年爱德华三世最后一次对法战争时，军队中民军与契约军队的比例仍达到 3 ∶ 2，只不过这时服役的民军也需要由国王支付工资罢了。[2] 从行政角度看，契约军役制度不仅使国王的总佃户摆脱了交纳盾牌钱的负担，而且使财政署免除了征收盾牌钱的烦琐工作。在契约军役制度下，征兵、集结和支付工资等具体事务都由签订服役契约的贵族操办，从而减轻了国王及其政府的战争动员负担。从政治角度看，契约军役制度有利于加强国王与贵族以及其他臣民之间的关系。贵族在国王战争中享有更大的主动权，战争变成了国王与贵族"共同的事业"，大贵族常常招募小贵族或自由民服役，把军役义务延伸到更广阔的社会阶层。军役契约不仅保证服役官兵的财产不受严重损失，而且为他们提供了获利的机会，除工资外，服役官兵还可以掠夺战利品和瓜分赎金。1359 年英军占领了法国的奥克斯尔城，抢劫财物价值 1000 多英镑。[3] 国王和许多贵族通过战争积累了大量财富，仅 1360—1370 年间，爱德华三世就获得赎金 26 万多英镑。在 1356 年普瓦提埃战役后，黑太子爱德华获得赎金 2 万英镑。[4] 1376 年阿伦德尔伯爵去世时，不仅城堡中有 43891 马克现款，还有 5.7 万马克存放在其他地方。诺森布里亚郡的约翰是一名家境中等的骑士，在 1346 年克莱西战役中幸运地俘获了苏格兰国王大卫二世，他把俘虏交给爱德华三世后，国王每年支付他 500 英镑年金。[5]

　　但是契约军役制度也带来严重的后果。首先，契约军役制度加重了国王的财政负担。中世纪时期英国国王最大的开支就是战争，其中士兵工资是重要部

① May Mckisack, *The Fourteenth Century: 1307-1399*, pp. 243-244.

② Scott L. Waugh, *England in the Reign of Edward III*, p. 175.

③ Michael Prestwich, *The Three Edwards: War and State in England 1272-1377*, p. 202.

④ Robin Neillands, *The Hundred Years War*, London: Routledge, 2001, p. 65.

⑤ Anthony Tuck, *Crown and Nobility 1272-1461: Political Conflict in Late Medieval England*, pp. 143-145.

分。14 世纪后期，伯威克郡和东部边境守军的工资在和平时期每年是 3000 英镑，战争时期是 1.2 万英镑，即使加莱外围小城奥耶（Oye）的守军，每年工资也达 900 英镑。亨利四世（1399—1413 年在位）时期，加莱守军工资每年为 1.7 万英镑。1338—1340 年，爱德华三世支付的士兵工资和战马损失达 134275 英镑。亨利五世（1413—1422 年在位）在 1415 年第一次对法战争中，每月支付的士兵工资达 9000 英镑。[①] 其次，契约军役制度为中古后期"变态封建主义"（Bastard Feudalism）的产生奠定了基础。所谓"变态封建主义"，是指封建主与扈从以特定的书面契约形式缔结而成的短期或终生主从关系。与以土地缔结的封君封臣关系相比，"变态封建主义"具有三个突出特点：第一，它是规定了服役性质和提供报酬方式的正式招募契约；第二，领主为扈从提供年金；第三，领主为扈从提供带有家族徽章的号衣。13 世纪后期就有一些大贵族用契约招募扈从和家丁，但是 14 世纪中期契约军役制度的普遍实行促进了大贵族与中小贵族等缔结以书面契约和货币为纽带的终生主从关系。百年战争后，为了争权夺利，大贵族率领由扈从和家丁组成的私人军队互相混战，最终酿成 1455—1485 年红白玫瑰战争。

（原载《首都师范大学学报》2005 年第 5 期）

[①]　Alfred L. Brown, *The Governance of Late Medieval England 1272-1461*, p. 98; Scott L. Waugh, *England in the Reign of Edward III*, p. 178.

中世纪英国的军事强买权

  军事强买权是指中世纪英国国王在战争时期向各地强行购买物资和资源并征用车船马匹等运输工具运送军队后勤物资的权利。这种采买不仅由国王的官吏定价，而且常常拖欠付款，带有强制性，是中世纪英国国王的财政特权之一，也是国王强加于臣民的沉重负担，因而多次成为政治危机和宪政斗争的焦点，直到 17 世纪资产阶级革命时期，才随同其他封建义务一起被废除。

一、军事强买权的由来

  军事强买权是由中世纪的王室"先买权"（Preemption）或曰"采买权"（Purveyance）延伸而来的。

  所谓"王室采买权"，是指中世纪英国国王享有的一种财政特权，即国王可以下令王廷官吏或各地郡守以低于市场的价格、数量无限制地优先采购王室成员的生活必需品。盎格鲁-撒克逊时期，商品货币经济不发达，地租形态多为实物（主要是食物），国王带着王廷（Household）常年在各领地巡游就食，每到一处，当地贵族和地方官员负责提供国王一行的衣食住行，称为"款待权"（Hospitality）。1066 年"诺曼征服"后，英国的领土横跨英吉利海峡两岸，为巩固和加强统治，历代英王仍然经常巡游各地，他们或就食于自己的领地（Royal Demesne），或由直接封臣总佃户（Tenant-in-Chief）和地方政府负责接待。随着实物地租逐渐转化为货币地租，国王开始用税款购买王室生活物资，"款待权"逐渐转化为王室采买权，专门负责此事的王廷官吏被称为"采买官"。每当国王决定巡游，他一般提前 6 周通知将要经过地区的臣民，并且命令当地郡守或直接派遣采买官前去采买各种食物。1129 年秋天到该年圣诞节，亨利一世（1100—1135 年在位）停留在温切斯特，次年复活节前他驻跸牛津郡的伍德斯多克，再到肯特，8 月前往欧洲大陆。为了接待国王及其随从，牛津郡守提供车马，把葡萄酒、小麦和衣服等从伍德斯多克运往克拉伦登，并支付国王的面包师使用当地磨坊 8 天的费用。伦敦郡守则为国王一行采买了大量食物和用品，如鲱鱼、食油、坚果、葡萄酒、毛巾、脸盆、优质亚麻布等。[①]1205 年，约翰王（1199—1216 年在位）决定在牛津过圣诞节，王廷官吏 11 月就到达牛津安排。牛津郡守被命令采买 250 马车木柴、20 马车木炭、大量的布料和毛皮。国王举行的节日宴会是一项重大任务，少不了奢侈和享乐。[②]1252 年，亨利三世（1216—1272 年在位）命令 10 个郡的郡守购买 76 只公猪、60 只天鹅、72 只孔雀、1700 只山鹑、500 只野兔、600 只家兔、4200 只家禽、200 只野鸡、1600 只云雀、700 只鹅、60 只苍鹭和 16000 个鸡蛋，并运送到温莎城堡。[③]议会召开期间，国王也命令王廷采买官和郡守大量购买食物。1312 年议会在威斯敏斯特召开，爱德华二世（1307—1327 年在位）下令采买了 1600 夸脱小麦、2300 夸脱麦芽、2600 夸脱燕麦、1360 条牛、5500 只羊和 700 头猪以供消费。[④]

但是后来"王室采买权"的使用范围逐渐延伸，在 13 世纪末至 14 世纪中期，国王运用这一特权来为庞大的军队采买后勤物资。

为了征服威尔士、爱尔兰和苏格兰，保护英王在欧洲大陆的领地，中世纪时期英国战事不断。当时西欧的战时惯例是军队就地解决后勤问题，这意味着当小股英军在敌国领土作战时，可以靠抢掠来维持生活。但是当英军在威尔士作战时，那里农业不发达，难以抢掠到足够供养英军的食物。在苏格兰、在欧洲大陆加斯科涅和弗兰德尔等地作战时，为了赢得民心，国王一般禁止英军抢掠。在这种情况下，国王有时下令商人携带食物到战场出售，有时则命令军队自带食物。但是这些办法不能有效地解决军队后勤问题，所以无论在本土还是在敌国，英军仍然经常抢掠。1296 年一名英军指挥官承认曾纵兵抢掠了 119 只羊，另一名军官则被指控抢掠了 16 头公牛和 10 头奶牛。[⑤]从爱德华一世（1272—1307 年在位）起，英国军役制度发生了重大变化，封建贵族提供的义

①　Judith A. Green, *The Government of England under Henry I*, Cambridge: Cambridge University Press, 1986, p. 36.

②　Richard Mortimer, *Angevin England: 1154-1258*, Oxford: Blackwell, 1994, p. 19.

③　Bryce Lyon, *A Constitutional and Legal History of Medieval England*, New York: W. W. Norton & Company, 1980, p. 395.

④　Michael Prestwich, *War, Politics and Finance under Edward I*, Totowa: Rowman and Littlefield, 1972, pp. 131-132.

⑤　Michael Prestwich, *War, Politics and Finance under Edward I*, p. 115.

务骑兵军役越来越少，国王主要依靠支付工资来招募骑兵、步兵和弓箭手作战，战役时间也延长了，军队规模愈来愈扩大（参见表 1）。[1]

表 1　征调民军服役参战时间、地点及人数表

战役时间	战役地点	参战军队人数
1277—1278 年	第一次威尔士战争	15000
1282—1283 年	第二次威尔士战争	15000
1294 年	威尔士战役	31000
1296 年	苏格兰战役	25000
1297 年	弗兰德尔战役	29000
1314 年	镇压贵族叛乱	15000
1335 年	苏格兰战役	15000
1346 年	克莱西战役	15000
1347 年	围攻加莱	32000
1356 年	普瓦提埃战役	15000

　　根据服役契约，国王在支付工资后不必再为军队提供食物，工资中即包括食物开支。但是要取得战争胜利，国王必须为庞大的军队提供充分的后勤保障。于是国王开始延伸他的"王室采买权"，运用这一特权来为军队采购食物。亨利二世（1154—1189 年在位）为了对爱尔兰发动战争，下令让一些郡守采买了 6425 夸脱小麦、2000 夸脱燕麦、584 夸脱大豆、4160 块咸肉、160 夸脱食盐和 840 担奶酪。亨利三世在与大贵族内战期间（1258—1265），为了给围攻肯尼沃斯城的军队提供后勤物资，消耗了 10 个郡的包租收入。1282—1283 年第二次威尔士战争中，爱德华一世下令采买了 6000 吨葡萄酒、12000 夸脱小麦、10482 夸脱燕麦、1100 头牛和许多咸鱼干。[2]

---

[1]　Michael Prestwich, *War, Politics and Finance under Edward I*, pp. 92-95; T. H. Aston, *Landlords, Peasants and Politics in Medieval England*, Cambridge: Cambridge University Press, 1987, p. 319; W. M. Ormrod, *The Reign of Edward III: Crown and Political Society in England 1327-1377*, New Haven: Yale University Press, 1990, p. 17; Scott L. Waugh, *England in the Reign of Edward III*, Cambridge: Cambridge University Press, 1991, p. 174.

[2]　Michael Prestwich, *War, Politics and Finance under Edward I*, pp. 119-120.

二、军事强买权的实施

军事强买一般在战争爆发前 1 个月左右进行。王廷采买官带着用国王玉玺署印的采买信件来到指定地区，由当地郡守协助采买，有时国王直接向一些郡守发出采买令状，信件或令状中一般都明确规定了采买物资的品种和数量。接到信件或令状后，郡守首先召集郡法庭，分配各百户区应承担的品种和数量，百户区再根据各个村庄大小进行分配，百户区选拔 2 名骑士，与各村村长一起对每个家庭的财产进行评估，以便分摊。从理论上说，采买应该是当场支付全款，但是采买官即使当场付款，也常常低于市场的价格。有时他只支付部分现款，其余的拖欠；有时他向卖主发一片记载着款额的木码作为凭据，卖主凭此木码到财政署兑付。1330 年，萨默塞特郡和多塞特郡的人们抱怨说，他们的郡守为国王的军队采买了 500 夸脱小麦和 300 头猪，但是只付给 400 夸脱小麦的款。[①]

13 世纪 90 年代到 14 世纪 40 年代，英国战事频仍，较大的军事行动包括对苏格兰的 20 年战争、在加斯科涅作战 4 年、对威尔士发动过 2 次战役、远征弗兰德尔 2 次。因此这一时期也是军事采买活动最频繁、范围最广和规模最大的时期。可将这一时期大致分为三个阶段：第一阶段为 1294—1297 年，爱德华一世对苏格兰和法国（主要在加斯科涅和弗兰德尔等地）发动战争；第二阶段为 1314—1316 年，爱德华二世对苏格兰发动战争；第三阶段从 1333 年开始，爱德华三世（1327—1377 年在位）对苏格兰发动战争。

1294 年，爱德华一世决定远征加斯科涅。他下令王廷采买官赴各地采买军队后勤物资，并运输到指定的朴次茅斯港。其中有 4 名采买官的账目保留了下来（参见表 2）。[②]

表 2　4 名王廷采买官账目表

采买物资品种	采买数量	折合成货币		
		英镑	先令	便士
食盐	242 夸脱	18	10	0
牛	430 头	228	9	10.5

① T. H. Aston, *Landlords, Peasants and Politics in Medieval England*, p. 311.

② Michael Prestwich, Richard Britnell and Robin Frame, *Thirteenth Century England VIII: Proceedings of the Durham Conference 1999*, Woodbridge: Boydell Press, 2001, pp. 97-111.

续表

采买物资品种	采买数量	折合成货币		
		英镑	先令	便士
羊	1573 只	118	18	2.5
猪肉	210.5 块	43	7	1
各种鱼类	5625 条	—	—	—
鸡	3774 只	—	—	—
鸡蛋	23799 只	—	—	—
奶酪	169 担	—	—	—
大豆	50 夸脱	16	13	4
小麦	973 夸脱	486	10	0
面粉	902 夸脱			
面包	—	33	13	2
干草	805 马车	53	4	5
燕麦	2687 夸脱			
大酒桶	1024 只	—	—	—
大袋	1761 只	12	5	

　　1296—1297 年，爱德华一世同时发动对苏格兰和法国的战争，命令锦衣库和财政署分别负责采买事务。锦衣库为苏格兰战役采买了 13500 夸脱小麦和 13000 夸脱燕麦；财政署则要求南部 12 个郡的郡守采买食物，当地人"除维持生存必需的粮食必须全部出售"。由于遭到各地反对，财政署向国王报告说采买有困难。正在法国加斯科涅战场上的爱德华一世回信说，即使他想要买光全英国的谷物，臣民们也不得对此提出质疑。结果强买到 33899 夸脱小麦、20499 夸脱燕麦、5899 夸脱大麦和 3200 夸脱大豆，并征用 38 艘船只运往加斯科涅。为了同年的弗兰德尔战役，爱德华一世又下令从英国采买 4893 夸脱小麦和 3831 夸脱其他谷物。在 1297—1307 年的苏格兰战争中，爱德华一世在靠近苏格兰边境的伯威克和卡里斯尔设立了 2 个后勤基地，采买到的物资先运到这里集中，然后出售给服役官兵（参见表 3 和表 4）[①]

　　1315 至 1322 年，英国农业连年歉收，粮价上涨，饿殍遍野。但在 1314 年和 1322 年两次对苏格兰战争期间，爱德华二世仍然大肆采买后勤物资，仅 1322

　　①　Michael Prestwich, *War, Politics and Finance under Edward I*, pp. 120-124.

年为军队支付的强买款就达到 1.5 万英镑（参见表 5）。[①]

表3 1300 年运到伯威克和卡里斯尔的采买物资

采买物资品种	数量		合计
	伯威克	卡里斯尔	
面粉（夸脱）	291	273	564
小麦（夸脱）	2716	4508	7224
大麦（夸脱）	100	—	100
麦芽（夸脱）	2668	1129	3797
燕麦（夸脱）	4739	7769	12508
大豆（夸脱）	973	52	1025
葡萄酒（吨）	734	623	1357
牛肉（架）	50	101	151
猪肉（架）	14	521	535
羊肉（架）	60	—	60
鲱鱼（只）	28500	9500	38000
鳕鱼干	14336（只）	21（吨）	—
食盐（夸脱）	418	22	440

表4 1303 年运到伯威克和卡里斯尔的采买物资

采买物资品种	伯威克	卡里斯尔	合计
面粉（夸脱）	1872	—	1872
小麦（夸脱）	5745	686	6431
裸麦（夸脱）	276	—	276
大麦（夸脱）	143	—	143
麦芽（夸脱）	1050	276	1326
燕麦（夸脱）	5155	819	5974
大豆（夸脱）	1279	26	1305
野豌豆（夸脱）	275	—	275
葡萄酒（吨）	1263	102	1365

---

① John Aberth, *From the Brink of the Apocalypse: Confronting Famine War Plague and Death in the Later Middle Ages*, New York: Routledge, 2001, p. 49.

续表

采买物资品种	伯威克	卡里斯尔	合计
食盐（夸脱）	680	—	680
牛（头）	44		44
猪肉（架）	447	—	447
羊肉（架）	8	—	8
鹿肉（架）	73	—	73
鳕鱼干（只）	1720	298	2018
大马哈鱼（只）	380	—	380
鳕鱼（只）	45	—	45

表 5　后勤物资采买表

采买时间	小麦（夸脱）	燕麦（夸脱）
1314 年	7000	4000
1322 年	4000	3000

爱德华三世在位早期，为了进行苏格兰战争和百年战争，军事强买活动再次达到高峰。1333 年 3 月爱德华三世同苏格兰作战期间，下令 16 个郡守和商人运输谷物到北部边境，出售给英国军队。百年战争初期，爱德华三世多次下令为军队采买食物，如 1338 年 3 月下令伦敦等地为在欧洲大陆阿奎丹作战的英军采买 2000 夸脱小麦、肉类和其他食物[1]；仅在林肯一郡，1338—1339 年的采买单保留至今的就有 44 份之多[2]；除食物外，爱德华三世还采买了大量的军事装备，如 1355 年下令南部各郡采买弓箭，1356 年下令采买运兵船只上需用的绳索。[3]

三、军事强买的特点

军事强买的范围很广。中世纪英国一般设有 40 个郡，爱德华一世从 38 个

---

[1]　May Mckisack, *The Fourteenth Century: 1307-1399*, Oxford: Oxford University Press, 1991, p. 242.

[2]　John Aberth, *From the Brink of the Apocalypse: Confronting Famine War Plague and Death in the Later Middle Ages*, p. 48.

[3]　G. L. Harriss, *King, Parliament and Public Finance in Medieval England to 1369*, Oxford: Clarendon Press, 1975, p. 383.

郡采买过后勤物资。军事强买的地区分布不均衡，主要集中在东部沿海和北方各郡，多为英国的粮食产区，其中有些郡还能够提供其他郡难以提供的生活用品，如食盐等。另外，这些地区拥有便利的水陆交通运输条件。各地被采买的次数和数量就反映了这两个特点（参见表6和表7）。

表6　各郡被采买的次数 [①]

郡名	采买次数		
	爱德华一世	爱德华二世	爱德华三世
约克	13	—	—
林肯	12	9	4
埃塞克斯	12	9	—
剑桥	12	8	5
亨廷顿	11	8	6
格洛塞特	5	8	4
诺福克	9	8	6
萨福克	9	8	5
德比	8	—	—
萨默塞特	8	7	4
多塞特	8	7	—
希福德	7	7	—
诺丁汉	9	—	4
苏里	6	—	4
汉普夏	5	—	—
诺森伯兰	5	—	—
伯克	5	—	—
贝尔福	3	—	—
白金汉	3	—	—
康沃尔	3	—	—
肯特	3	—	—
兰加斯特	3	—	—

---

① Michael Prestwich, *War, Politics and Finance under Edward I*, pp. 133-134.

续表

郡名	采买次数		
	爱德华一世	爱德华二世	爱德华三世
莱斯特	3	—	—
北安普顿	3	—	—
鹿德兰	3	—	—
沃切斯特	3	—	—
德汶	2	—	—
米德克斯	2	—	—
牛津	2	—	—
沃威克	2	—	—
西摩兰	2	—	—
怀特	2	—	—
柴郡	1	—	—
坎布南	1	—	—
萨洛普	1	—	—
斯塔福	1	—	—
希尔福德	1	—	—
苏塞克斯	—	—	4
兰加斯特	—	—	4

表 7　1304 年各郡被采买的物资数量（单位：夸脱）[①]

郡名	小麦	麦芽	燕麦	大豆	大麦
约克	1075	948	991	418	—
剑桥和亨廷顿	1062	580	675	163	—
埃塞克斯和希福德	818	300	609	—	—
诺福克和萨福克	977	835	767	344	—
林肯	951	—	896	—	—
北安普顿	800	500	793	—	—
诺森伯兰	389	300	539	—	5
巴通	205	410	—	—	500
林恩	800	—	2000	—	300

---

① 　Michael Prestwich, *War, Politics and Finance under Edward I*, p. 125.

社会各阶层承担的军事强买负担并不均衡。一般说来，王廷官吏及其亲戚朋友、服役官兵家属都可以免除负担。地方贵族可以通过两种途径获得减免：一是在地方事务中发挥重要影响，成为国王政府和地方官吏倚重的对象，因此而获得豁免；二是以 2 先令的价格（当时普通上诉令状购买费仅为 2 便士）从国王那里购买免除采买的令状。有些宗教组织和城市市民也设法获得减免。1296 年，格洛塞特郡大多数修道院都用向国王的采买官行贿的办法来免除采买。1314 年，拉姆塞修道院的执事送给国王的采买官 3 先令，使修道院的马车免于被征用运送采买物资到苏格兰。1347 年，剑桥市的市民送给郡守 3 英镑，感谢他没有在该市进行采买。[①] 虽然贿赂采买官不是富人的专利，但是农民财力有限，没有经济实力行贿，或是行贿数额太小，因而没什么效果。另外，由于国王规定了各郡的采买数量，所以得到减免的贵族和富人的负担就被转移到农民身上。1298 年，林肯郡负责登记采买名单和数量的官员说："除了个别例外，该郡的大人物几乎都没有出现在名单上。"在 1298 年的采买调查中，诺福克郡的采买官被指控"从贫穷而没有交纳能力的人"那里强买粮食，而从来不向"有钱有势的"骑士强买。[②]

军事强买与税收常常同时进行。中世纪英国没有连年征收的全国性税收，只有在战争时期，国王才能向臣民征收动产税。1290—1355 年间，动产税的征收情况表明了这种吻合（参见表 8）。[③]

表 8　1290—1355 年间动产税征收情况

国　王	征收次数	平均税额（英镑）
爱德华一世	9	45000
爱德华二世	6	38708
爱德华三世	25	35216
理查二世	13	45835

---

① W. M. Ormrod, *The Reign of Edward III: Crown and Political Society in England 1327-1377*, pp. 173, 157.

② T. H. Aston, *Landlords, Peasants and Politics in Medieval England*, pp. 303-304.

③ Michael Prestwich, *War, Politics and Finance under Edward I*, p. 179; M. Jurkowski, C. L. Smith and D. Crook, *Lay Taxes in England and Wales 1188-1688*, Richmond Surrey: PRO Publications, 1998, pp. 29-36; James H. Ramsay, *A History of the Revenues of the Kings of England, 1066-1399*, Oxford: Clarendon Press, 1925, Vol. 2, p. 148; W. M. Ormrod, *The Reign of Edward III: Crown and Political Society in England 1327-1377*, p. 204.

　　由于军事强买权是王室采买权的延伸，所以即使在战争时期，采买官的首
要职责仍然是保证在前线的国王及其随行王廷官员的生活需要。1304 年 4 至 9
月间，爱德华一世在苏格兰指挥作战，王室采买官为他采买了 18030 夸脱小麦、
1830 夸脱麦芽、1500 头牛、3990 只羊、1200 头猪、499 块咸肉，此外还采买了
3000 夸脱燕麦，用于喂养国王的战马。[1]

　　爱德华三世时期，为了加快战争准备速度，军事强买活动出现了两个新特
点：一是采买官可以拘禁抵制强买的人；二是国王常常任命熟悉当地情况的商
人担任采买官，商人再委托一些代理人负责具体采买，中央政府和地方官吏完
全失去了对采买的控制，这样就为采买官的营私舞弊、中饱私囊提供了方便。

四、军事强买的后果

　　大量的军事强买，给被采买地区的社会经济发展带来严重后果。第一，被
采买地区损失了大量财富，因而使这些地区陷入贫困状态。1296—1297 年，国
王下令在林肯郡和肯特郡分别采买了 2471 夸脱和 4884 夸脱谷物。据英国史学
家蒂托估算，当时英国各种谷物的平均产量是每英亩 1 夸脱，因此上述采买意
味着国王使上述两郡分别损失了 2599 英亩和 4900 英亩左右土地的收成。[2]另
一位英国史学家哈维经过研究后得出结论，1332 年林肯郡有些地方只有 25%—
35% 的家庭达到了动产税起征点（即维持生活以外的家庭财产价值 10 先令）。
由于采买造成的后果很严重，因此 1337 年林肯郡宁愿交纳 2000 马克现金，以
避免采买官前往采买。[3]第二，军事强买导致被采买地区物价上涨。1316 年爱德
华二世在剑桥郡强买了大量谷物，致使该郡谷物价格上涨到每夸脱 18 先令，比
全国谷物平均价格高 1 先令 6 便士。第三，为了强买军需物资，国王有时下令
"禁市"。1277 年第一次威尔士战争前，爱德华一世下令兰加斯特等 7 个郡禁止
市场粮食贸易。1333 年，为了给在苏格兰作战的英军强买粮食，爱德华三世下
令禁止一些郡的谷物出口。[4]

①　Michael Prestwich, *War, Politics and Finance under Edward I*, p. 126.

②　J. Z. Titow, *English Rural Society: 1200-1350*, London: George Allen and Unwin, 1969, p. 81.

③　Michael Prestwich, *The Three Edwards: War and State in England 1272-1377*, London: Routledge, 1980, p. 270.

④　May Mckisack, *The Fourteenth Century: 1307-1399*, p. 242.

　　军事强买对农民的生产和生活造成了灾难性的后果。第一，它使许多农民陷入贫困或流亡。军事强买比动产税给农民造成的危害更大，动产税以农民维持生活以外的财产为基础、按一定比例征收，军事强买则直接剥夺农民维持生活的粮食和进行生产的耕牛或马匹。1296年，13个郡的郡守强买当地农民的所有粮食，造成这些农民难以维生。第二，军事强买导致农民的土地抛荒。为了完成采买任务，有些农民被迫出卖作物种子，致使来年无法播种。有的采买官强行征用农民的耕牛或马匹运输采买物资，致使农民因缺乏耕畜而无法耕种土地。1338年诺丁汉郡征用了20头耕牛，结果几户农民家庭的犁队解散，土地无法耕种，他们只好出售土地，背井离乡外出流浪，有的甚至饿死途中。根据1341年对采买问题的调查，剑桥郡和白金汉郡分别有抛荒的耕地4870英亩和5539英亩。第三，拖欠付款和少付款给农民带来重大损失。1298年和1300年，爱德华一世的采买官曾经向伦敦商人罗伯特·胡德赊购淡啤酒，但是直到爱德华二世时期，罗伯特的儿子才从国王那里得到这笔货款。①1330年，萨默塞特郡和多塞特郡的郡守为国王军队采买粮食，当时小麦的市场价格为每夸脱1先令3便士（15便士），而郡守只付给10便士。②

　　军事强买为采买官贪污受贿提供了可乘之机。中世纪的几次采买调查记录充斥着采买官的腐败例证。1343—1355年，每次议会都有关于采买冤情的陈诉书呈递给国王。采买官可以通过多种途径贪污受贿：第一，直接索取。1350年，采买官在剑桥郡一个村庄收取贿赂后就免除了该村价值3先令4便士的谷物和1夸脱葡萄酒。③1296年，格洛塞特郡的采买官从教会和修道院至少受贿11英镑6先令8便士，还有一根黄金胸针。④第二，超量采买，然后转手倒卖多余部分以获利。从爱德华三世时期林肯郡和诺丁汉郡的情况可以看出这一点（参见表9和表10）。⑤

①　Michael Prestwich, *War, Politics and Finance under Edward I*, pp.116, 118.

②　T. H. Aston, *Landlords, Peasants and Politics in Medieval England*, pp.302-303, 311, 315-317, 346.

③　Michael Prestwich, *The Three Edwards: War and State in England 1272-1377*, p.270.

④　T. H. Aston, *Landlords, Peasants and Politics in Medieval England*, pp.303-304.

⑤　John Aberth, *From the Brink of the Apocalypse: Confronting Famine War Plague and Death in the Later Middle Ages*, pp.265-266.

表9　1334—1339 年林肯郡采买官超量采买的物资及敲诈的现金数额

采买时间	谷物（夸脱）	牲口（头）	奶酪（担）	食盐（夸脱）	现金（英镑）
1334	1204	45	—	—	—
1336	200	—	—	—	—
1337	161	270	106	80	1402
1338	2488	884	252	73	127
1339	1263	38	168	—	52
总计	5316	1237	526	153	1581

表10　1330—1340 年诺丁汉郡采买官超量采买的物资及敲诈的现金数额

采买时间	谷物（夸脱）	牲口（头）	现金（英镑）
1330	4	—	—
1333	15	—	—
1334	10	—	—
1336	424	—	—
1337	621	134	138
1338	770	65	4
1339	234	4	8
1340	241	75	2
总计	2321	278	152

五、军事强买权的演变及其废除

　　中世纪时期的英国虽然没有常备军，但是即使不发生战争，国王在各地的城堡也需要军队守护，所以以军事强买的现象一直存在。在中世纪前期，军事强买造成的问题还不太突出；但从 13 世纪起，这一问题被纳入了宪政斗争的范畴。1215 年，大贵族迫使约翰王签署《大宪章》（Magna Carta），其中第 28 条规定，如果不当场支付现款，或经卖主同意延期付款，国王的城堡守卫官或其下属不得采买任何人的谷物或牲口。第 30 条规定，不经过自由人的同意，郡守或百户区长不得征用自由人的马匹或马车用于运输。1216 年亨利三世重新颁布《大宪章》，对军事强买做了更具体的规定，第 21 条规定："除非他们当场支付现款，或者经过卖主同意延期付款，城堡守卫官或其下属不得从不在城堡所在村庄的人那里采买谷物或牲口，如果卖主是城堡所在村庄里的居民，那么城堡守卫官必须在 3 个星期内付款。"第 23 条规定："除非按照习惯承认的价格当场支付现款，即每辆 2 匹马拉的马车每天 10 便士，每辆 3 匹马拉的马车每天 14 便士，城堡守卫官或其下属，或其他人都不得征用任何人的马匹或马车。"1217 年重新颁布的《大宪章》进一步要求城堡守卫官或其下属必须在 40 天之内支付采买款。① 1258 年，大贵族向亨利三世递交陈情书，其中第 22 条要求国王的采买官必须按照国王所需的数量进行采买，因为民众反映，采买官常常购买 2—3 倍于国王所需数量的物资，然后把多买的物资转交给亲戚朋友，甚至转手出售以渔利。第 23 条指出，由于国王很少支付采买款，导致许多英国商人贫穷。1264 年 1 月大贵族又向亨利三世递交一份陈情书，列举国王的采买官赊购葡萄酒、衣服、香料和其他物资的事实。1266 年贵族叛乱被镇压后，亨利三世颁布了《肯尼沃斯敕令》（Dictum of Kenilworth），其中第 10 条规定，除王国的惯例外，不经主人同意，任何人不能以赊购的名义采买粮食和其他物资。② 1275 年，爱德华一世颁布《威斯敏斯特条例 I》，其中第 7、8 条都重申了亨利三世时期有关军事强买的规定。

　　进入 13 世纪 90 年代以后，国王的军事强买空前增加。1297 年英国发生第一次严重宪政危机，当时出现的一份非官方文件《关于任意税》（De Tallagio）中要求，不经卖主同意，国王的官吏不能在全国采买。同年爱德华一世签署的《宪章确认书》（Confirmatio Cartarum）中第一次提出，不经过"全国同意"，国王的大臣不能以国王的名义在全国采买。但是《宪章确认书》保留了国王采买王室生活必需品的权利。所以，这两个文件实际上没有任何价值，不能限制国王把王室采买权扩大为军事强买权。1298 年爱德华一世下令对采买官的腐败行为进行调查，由巡回法官和各郡陪审团共同审理郡守的违法采买案件。1300 年爱德华一世签署《宪章确认书补充条款》（Articuli super Cartas），再次规定王室采买权只能用于为王室采买生活用品。1303 年爱德华一世在采买命令中特别规定，采买官不能向财产价值不足 10 英镑的人采买谷物。在爱德华二世和爱德华三世时期，国王要求采买官从"便利而且尽量不给臣民造成损失"的地方采买。

①　David C. Douglas and George W. Greenaway, *English Historical Documents: 1189-1327*, Vol. 3, London: Taylor & Francis, reprinted in 2004, pp. 320, 329-330, 335.

②　R. E. Treharne and I. J. Sanders, *Documents of the Baronial Movement of Reform and Rebellion 1258-1267*, Oxford: Oxford University Press, 1973, pp. 84-87, 274-277, 322-323.

1316 年和 1335 年，国王甚至特别规定了采买的价格。有时国王还会采取措施，惩罚行为不端的采买官。1331 年法令规定，对那些没有遵守法令、滥用职权的采买官将以盗窃罪论处，甚至处以死刑。这个法令表明了采买官滥用职权的程度，同时也表明了臣民对采买的痛恨和议会对纠正采买弊端的关注。1341 年英国爆发了第二次宪政危机，爱德华三世迫于议会压力，下令对军事强买活动进行调查，但是他并不想放弃这项特权。1346 年爱德华三世颁布法令规定，采买官应与卖主就采买价格签订协议，并且必须得到村长和 4 名守法良民的同意才能采买。然而当下议员请求他实行这个法令时，爱德华三世予以拒绝。1348 年，下议员以采买官营私舞弊为由，请求国王允许每郡选拔 2 名守法良民为中介，监督卖主根据协议出售食物给采买官。这个请求再次遭到爱德华三世的拒绝。

14 世纪前期，英国出现了许多抨击国王的军事强买权的文学作品。1308 年成书的《时代之歌》写道："让那些轻骑兵／特别是那些夺取农民果实的轻骑兵／死后不能入葬教堂墓地／像猎犬一样抛尸野外。"1328 年前后成书的《反对国王的税收之歌》写道："如果国王接受我的建议／那么我将说／与其用木头（指作为兑付凭据的木码）支付采买款／倒不如他食用木头／而用银币支付／用木码赊购物资是邪恶的象征。"伯克郡的乡村教士威廉用拉丁文写给爱德华三世的公开信《国王爱德华三世之鉴》，对军事强买权进行了最猛烈的抨击。威廉认为，强买是一种犯罪，采买官是"反基督的罪魁祸首"，他们快乐地为王室提供吃喝，殊不知他们不久将堕入地狱。

直到 1354 年，议会通过法令规定，所有价值不足 20 先令的采买都必须当场支付现款。从 1355 年起，爱德华三世下令由商人为驻守加莱的英国军队提供伙食，这实际上是放弃了利用王室采买权为军队提供伙食的权利。1362 年议会通过《采买官法》（Statute of Purveyors），这个法令虽然承认王室的采买权，并把王室采买官改称"采购员"，但是对达成采买价格协议、确保采买款支付、限制采买数量、确认采买官的身份和权力等方面都做了具体的规定。下议院承认国王和王室的采买权，而国王也承认不付款的采买是非法行为，这样就缓解了国王与下议院在规范采买官行为问题上的矛盾冲突。

15 世纪，王室采买权仍然屡屡受到议会的尖锐批评，但是考虑到采买权带来的巨大利益，历代国王都不愿放弃这一特权。从约克王朝（1461—1485）起，王室采买制度开始发生变化。爱德华四世（1461—1483 年在位）时期，王室采买官不再亲自到各郡采买，而是改由各郡每年按照固定的价格、固定的数量和指定的时间向王室采买官交纳采买物资，各郡自行分摊采买物资的品种和数量。

都铎王朝（1485—1603）伊丽莎白一世（1558—1603 年在位）统治时期，王室平均每年要求各郡购买 499 万只鸡蛋、1.3 万只羊羔、32990 只鸡、60 万加仑啤酒。[1] 1563 年王廷采买官与莱斯特郡签订采买协议，规定莱斯特郡购买 60 头牛，在 11 月 30 日运送到王宫大门口，每头牛 60 先令；3 月 25 日把 300 只肥羊运送到王宫大门口，另外 300 只肥羊则在 4 月 10 日送到，每只肥羊 7 先令。[2] 尽管王室采买协议减轻了采买官对各地的骚扰，但是仍然备受抨击。1570 年左右伊丽莎白一世对采买制度进行改革，每个郡与女王签订协议，女王征收一种税收，以弥补各郡采买物资价格与市场价格的差额，各郡治安法官以市场价格采买物资，然后以国王的价格出售给王室。从表面上看，这种制度既杜绝了采买官的营私舞弊，又保障了国王的利益；但是实际情况并非如此，采买官仍然常常光临那些已经与国王签订了协议的郡。1589 年，伊丽莎白一世的王宫中还有 55 名采买官及其 222 名副手。1590 年，伊丽莎白一世将王室采买权折算成一定数量的货币，每年大约 3.7 万英镑，由各郡平均分摊，从而免除各郡为王室分摊采买物资。[3]

斯图亚特王朝（1603—1714）早期，王室采买权每年可以为国王带来 4 万—5 万英镑的收入。1610 年，詹姆斯一世（1603—1625 年在位）的首席大臣、萨里兹伯利伯爵罗伯特·塞西尔为了解决国王的财政困难，向议会提出所谓"大协议"（Great Contract），国王放弃王室采买权和监护权，换取议会每年批准国王获得 10 万英镑作为弥补，但是詹姆斯一世突然又向议会要求 50 万英镑，结果造成"大协议"流产。1646 年，"长期议会"命令废除封建土地所有制及其附属义务，国王的监护权和王室采买权随之被废除，1660 年议会再次通过法令对此予以确认。王室采买权的废除，意味着它的衍生物——军事强买权也最终被废除。

（原载《首都师范大学学报》2006 年第 5 期）

---

[1] Christopher Hill, *Reformation to Industrial Revolution*, Harmondsworth: Penguin Books, 1986, p.105.

[2] Frederick C. Dietz, *English Public Finance 1558-1603*, New York: Barnes & Noble, 2nd ed., 1964, pp.420-421.

[3] Ronald H. Fritze, *Historical Dictionary of Tudor England: 1485-1603*, New York: Greenwood Press, 1991, p.493.

英国百年战争的动员

  1337—1453 年，为了争夺在欧洲大陆的世袭封建领地，英国与法国之间展开了断断续续的战争，史称"百年战争"。百年战争前期，英国渡过海峡在法国境内与法国军队交战，而且取得节节胜利。百年战争前，法国国王统治着比英国更加富裕的领土，而且人口也比英国多，英国的人口只有450万，而法国的人口却有2000万。[①] 为什么百年战争前期英国能够取得节节胜利呢？本文试图从英国的战争动员方面给予一些说明。

  所谓"战争动员"，是指国王调集全国人力、物力和财力准备和进行战争的过程，具体说来，它包括战争宣传、征调军队、征收税收、筹备后勤供应和开展外交活动等环节。英国百年战争的动员是在爱德华三世（1327—1377 年在位）统治时期进行的。

一、战争宣传

  战争宣传包括两个方面，一是宣传战争的正义性，二是把国王的战争目的与王国的利益结合起来，为调动全国军事和经济力量进行战争做好舆论准备。

  从 12 世纪起，西欧的神学家、罗马法学家和教会法学家都认为，国家政治活动的最高准则是公平、需要和共同利益。到 13 世纪，经院哲学家关于正义战争的标准逐渐形成了：发动战争的统治者具有合法的权威即他是合法获得统治权的统治者、充分的战争理由、良好的战争目的和防御性质的战争。英国的战

[①] Anthony Tuck, *Crown and Nobility 1272-1461: Political Conflict in Late Medieval England*, Oxford: Oxford University Press, 1986, p.112.

争宣传就是强调自己发动战争的正义性、合法性和防御性。

　　1337 年和 1340 年，爱德华三世两度宣布自己为法国国王，虽然它不是百年战争爆发的一个重要原因，但是它为爱德华三世进行战争宣传和争取外交主动提供了一个重要的武器。爱德华三世还力图使人们相信，他是受到他人的挑唆而发动对法战争的。据说，在一次盛大的宴会上，逃亡到英国避难的法王附庸阿托瓦的罗伯特伯爵把一只象征怯弱的苍鹭放到爱德华三世面前，意思是说，一个不敢声称拥有合法继承法国王位的人只配享用这道菜。[①]

　　爱德华三世还假借上帝的旨意来证明自己发动战争的正义性。在解释百年战争初期英国获得胜利的原因时爱德华三世说，上帝显示了对我们的祝福，这"是上帝公正的裁决……是上帝对我们的权利的尊重"。[②] 从理论上说，战争是接受上帝考验的一种形式，在这种考验中，神意一定会把胜利判断给正义一方。正是对战争是上帝的考验理论的接受导致爱德华三世多次要求与法王腓利六世单骑决斗，因为这种决斗像在大规模的战争中一样，上帝一定会宣判谁的理由是正义的。爱德华三世甚至建议这个问题可以通过让腓利六世穿越一个装着狮子的笼子，或者通过治疗麻风病人来检验上帝的意旨。

　　为了宣扬战争的防御性，英国极力散布法国的威胁。1337 年 8 月，法国的水手和重装骑兵支援苏格兰反对英国。于是爱德华三世发表一份公开声明，指责法王腓利六世寻找和利用一切机会帮助英国的敌人，把他拖入苏格兰的战争之中，从而影响他不能追求其他地方的权利，这实际上暗指爱德华对法国王位的要求。

　　夸大敌人的邪恶是为了证明英国良好的战争目的。早在爱德华一世时期，他就宣扬说，法国企图把英语从地球上消灭。百年战争时期，爱德华三世又重复这种英国面临种族灭绝危险的宣传。1332—1360 年间，爱德华三世往各地发送征调军役和筹集后勤供应的各种令状，这些令状由地方官员或教士在地方法庭、市场或教徒集会上宣读，使人民认为国家处于危机状态之中，法国敌人是"为了推翻英国国王和消灭英国人民"。1346 年，英国军队攻占法国的凯恩城，在档案馆中发现了一份法国国王腓利六世与诺曼底公爵于 1338 年签订的共同征服英国的协定。爱德华三世立即命亨廷顿伯爵把这份协定带回英国，把它贴在

① Anthony Tuck, *Crown and Nobility 1272-1461: Political Conflict in Late Medieval England*, p.116.
② Michael Prestwich, *The Three Edwards: War and State in England 1272-1377*, London: Routledge, 1980, p.188.

圣保罗教堂门前，让众人阅读，这份协定还在议会当众被宣读，从而"引起了人们的极大愤慨，以致他们顺从地服从国王的要求，虔诚地祈祷国王的战役获得胜利"。[1] 百年战争前期，修道士劳伦斯·米洛（Laurence Minot）写下了许多庆祝英国战争胜利的诗歌，在他的诗歌中，爱德华三世被明确地与英国古代伟大的国王亚瑟王齐名，同时把法国尽量描绘成邪恶的化身，法国国王腓利六世则被描绘成怯弱的形象。

议会也成为国王进行战争宣传的重要场所。战争期间，议会的开幕式发言常常被用来激发议员的战争热情，"战争是为了国家、国王、教士和国内所有其他人的荣誉、安乐、和平"。[2] 希望借此使议会批准国王的征税要求。

教会是最有效的战争宣传工具，所以爱德华三世非常重视利用教会为他的军事需要和战争目的进行宣传。林肯郡的几位主教为了国王的战争而号召信徒举行 40 天的斋戒。每当取得胜利，爱德华三世都写信给英国各地的主教，请求他们向万能的上帝表示感谢。1346 年，各个郡和城市都举行公共宗教集会，庆祝英军在克莱西战役中取得的胜利；同时国王还发布令状给各地的主教，要求他们为国王的胜利而祈祷。当时一些最伟大的布道者也为爱德华三世的战争祈祷。克莱西战役后，主教托马斯·布拉德沃丁在国王面前布道说："一直带领我们走向胜利的上帝把胜利赐给有德行的人。"当克莱西战役胜利的消息传到伦敦时，学识渊博的主教理查德·菲茨拉尔夫进行了富有煽动性的布道："但愿他们能把甜蜜的牺牲品给上帝，并且为国王和他的儿子的生命祈祷吧！"并且不顾战争带给人们的痛苦，立即宣称爱德华三世在法国的战争是正义的。[3]

国王还通过及时向国内发布前线消息的方法来鼓动臣民支持战争。在 1343 年议会中，根据国王的指示，爱德华三世的战场指挥官巴塞罗缪·博格什向议会汇报了战争的进程。1346 年，巴塞罗缪·博格什发出两封信给坎特伯雷大主教，报告说："国王正带领英军英勇地向前推进，恢复上帝赋予他的权利。"此外，还有两名随军教士也不断地向国内提供战争的消息。[4]

为了获得国内全体臣民的支持，国王力图把保卫自己的封建领地的战争宣扬成为共同利益的王国的战争。这不仅是为了证明战争的正义性和合法性，而

---

[1]　Michael Prestwich, *The Three Edwards: War and State in England 1272-1377*, pp. 209-210.

[2]　Michael Prestwich, *The Three Edwards: War and State in England 1272-1377*, p. 210.

[3]　W. M. Ormrod, *The Reign of Edward III: Crown and Political Society in England 1327-1377*, New Haven: Yale University Press, 1990, p. 133.

[4]　Michael Prestwich, *The Three Edwards: War and State in England 1272-1377*, p. 205.

且是为了调动全体臣民支持他的战争。爱德华三世把对法战争说成是国王和臣民的共同的事业，目的是为了保卫王国和他对法国王位的合法要求。1337年，下议院就承认，"国王和贵族是为了英国人民的安全才冒着生命危险去作战的"，他们将竭尽全力支持国王的战争。国王的宣传者告诫臣民说，他们的生命和财产都处于危险的境地，国王正在为他们的利益而战。

二、开展外交攻势

百年战争爆发前，英国开展了频繁的外交活动，做了充分的外交准备。英国长期进行征服苏格兰的战争，英法矛盾使法国与苏格兰成为天然的盟友。为了避免两线作战，同时对法国形成强大的威胁，爱德华三世积极在欧洲大陆寻求与低地国家和神圣罗马帝国结成同盟。欧洲大陆的低地国家毛纺织业发达，但是它们的羊毛依靠从英国进口，所以从经济上考虑，低地国家也是英国的天然盟友。爱德华三世与欧洲大陆的神圣罗马帝国皇帝、低地国家的一些诸侯有姻亲关系。海尔德兰伯爵是他的姐夫，通过他自己的婚姻，爱德华三世与尼德兰最强大的诸侯——埃诺、荷兰和泽兰的伯爵威廉都有亲密的关系，与神圣罗马帝国的皇帝路易九世是连襟。这些经济和政治有利条件以及爱德华许诺给予的大量金钱便于英国在欧洲大陆缔结反法联盟。

1337年5月，爱德华三世派遣一个豪华的外交代表团来到埃诺的首府瓦伦西恩寻找盟友，并且很快就达到了目的。埃诺、海尔德兰、伯格、克里夫和马奇伯爵以及神圣罗马帝国的莱茵宫廷伯爵、勃兰登堡选帝侯都答应在爱德华三世与法王的战争中给予支持。不拉奔和里摩日伯爵在得到英国许诺的6万英镑和把羊毛出口集中地迁移到安特卫普后才答应给予英国支持。神圣罗马帝国的皇帝路易九世是一个被教皇开除了教籍的异端，这使法王腓利六世不敢与他结盟，但是爱德华三世却不计较其宗教信仰，以30万佛罗琳再次为自己赢得了一个重要的盟友，路易九世答应带领2000名士兵为爱德华服役两个月。到1337年底，爱德华三世许诺给欧洲大陆盟友的金钱已经达到12.4万英镑。[①]1338年，路易九世还授予爱德华帝国总牧师的称号，这使爱德华在帝国的莱茵河西部地区享有统治权，使他能够利用帝国的士兵为进攻法国服役。与路易九世的结盟

---

① M. H. Keen, *England in the Later Middle Ages: A Political History*, London: Methuen, 1973, p.124.

是英国百年战争前夕取得的最重大的外交成就，为英国在百年战争初期的胜利起了一定的作用。

三、征调军队

中古英国没有常备军，遇到战事时，国王主要通过封建军役、民军和支付工资的自愿服役三种形式来调集作战的军队。

根据封君封臣制度，作为全国最高封君的国王享有征调总佃户（国王的直接封臣）服骑兵役的权利。当国王召集军役时，总佃户按照其占有的骑士领数量，带领自己的附庸每年自费服役 40 天。但是由于封建主的土地层层分封，使以骑士领为基础的军役难以落实，加上骑士的装备越来越昂贵，所以到 12 世纪末，封建军役的形式已经过时了，国王对不服役的贵族征收盾牌钱和罚金。诺曼王朝（1066—1154）的国王通过这种封建军役可以调集大约 6000 名骑士作战。[1] 但是到 13 世纪后期，在英国的约 1500 名骑士中，随时可以响应国王征召的服役者大约只有 500 人。[2] 虽然爱德华一世和爱德华二世都征召过封建军役，但是 1385 年，理查二世召集封建军役则相当不成功，以致在此后的议会中，他宣布从此以后不再征召封建军役，因此封建军役及其引起的盾牌钱在英国历史上消失了。

虽然封建军役的作用越来越小，但是骑士的重要军事作用，尤其是充当军事指挥的作用并没有随之而减弱。为了弥补封建军役衰落带来的损失，历代国王都蓄养了一批王廷骑士（Knight of Household），他们是国王的职业军官，当战事发生时，这些王廷骑士就组成国王军队的核心力量，充任军事指挥官。为了进行百年战争，爱德华三世特别重视王廷骑士的作用，经常为他们举行比武大会，扩充人数，这从王廷的开支急剧增长的事实中可以看出来。1343 年，王廷每天开支为 15 英镑，但是不久就达到 317 英镑。[3]

但是国王解决封建军役衰落的主要方法是利用契约招募志愿服役的军队。国王与一些军官（是国内外的大贵族）签订服役契约，军官带领一定数量的骑士为国王服役一定的期限，国王则支付服役骑士工资。从爱德华一世起，大量

---

[1] Bryce Lyon, *A Constitutional and Legal History of Medieval England*, New York: W. W. Norton & Company, 1980, p. 271.

[2] F. M. Powicke, *The Thirteenth Century: 1216-1307*, Oxford: Oxford University Press, 2nd ed., 1991, p. 541.

[3] Michael Prestwich, *The Three Edwards: War and State in England 1272-1377*, p. 202.

使用契约招募军队，当时的契约主要是口头的。百年战争爆发前的 20 年中，契约募兵法越来越普遍。起初，这种方法只用于国王不亲自参加的战役中征集骑兵，但是到 1350 年之后，这种方法也用来招募步兵。爱德华三世之所以放弃征调封建军役进行战争，主要是因为他依靠招募支付报酬的职业雇佣军。1341 年，爱德华三世与一些军官签订书面服役契约，标志着口头契约向书面契约的正式转变。随着百年战争的进程，国王还与贵族签订另一种书面服役协议，在一定的时间内，由贵族根据协议带领一定人数的士兵为国王守卫城堡或其他军事设施。从此，契约军队成为中古后期英国的主要军事力量。

契约军役具有封建军役所不具备的优点。第一，服役是自愿的，因此使贵族摆脱了盾牌钱的负担，不会引起强迫服役带来的抱怨。第二，军队到海外服役的时间不再受到封君封臣制度下义务服役 40 天的时间限制。第三，国王可以免除征兵、集结和支付工资等具体事务的管理。第四，契约军役使贵族在战争中享有更大的主动权，因为征集军队、支付工资、指挥军队作战等事宜都由与国王签订服役契约的贵族操办，战争越来越变成国王与贵族之间的共同事业。第五，由于直接与国王签订服役契约的大贵族常常与其下级军官签订契约，所以，契约军役把军役义务延伸到更加广阔的社会阶层。契约服役使大贵族直接依赖国王，国王为贵族的重大战争损失提供补贴和获得战争利润的机会。第六，契约军队统一指挥，因此可以克服封建军队单骑决斗和纪律松弛的现象。但是契约军役为后来大贵族豢养私人军队提供了契机，成为中古后期英国"变态封建主义"（Bastard Feudalism）的先导，从而为百年战争结束后立即爆发的玫瑰战争提供了客观条件。

中古后期随着军事技术的变化，步兵和弓箭手在战争中的作用日益增大，国王的战争不仅需要得到贵族的骑兵军役，而且还需要大量的步兵和弓箭手，这些军事力量的调动可以通过中古英国的民军制度来实现。

早在盎格鲁－撒克逊时代，英国就出现了民军（Fyrd）。当时的法令规定，身体健康的成年男性自由民都有义务为国王服军役。1181 年，亨利二世颁布了"军备法令"，规定每个身体健康的自由民都必须根据自己的动产价值自备适当的武器，当国王召唤时，由郡守召集他们自费为国王服军役。国王派出法官到各地调查，凡是拥有财产价值 10 马克以上者，必须备有骑士的装备，而财产价值不足 10 马克的人则必须备有比较便宜的盔甲和武器。城市市民同样需要置备武器和盔甲以应付国王的军役。所有的人都必须发誓为了捍卫王国而战，那些没有遵守法令自备武器的人将被没收财产。

　　1285 年，爱德华一世制定了"温切斯特军役法令"，对中古英国民军进行了重大改革。它规定，每个身体健康的成年人（无论自由民或非自由民）都有协助保卫王国的义务，第一次把非自由民作为国王可以征调的军事力量。他派出征兵法官从各个郡中招募服役的士兵，每个村庄根据国王要求的士兵人数自行决定服役人员，各地自行负责被选中的步兵的装备以及开支，直到士兵离开本郡，此后才由国王支付其工资。面对巨大的债务负担，爱德华二世力图把支付士兵装备和工资的负担都转嫁到地方。1311 年，他要求每个村庄选派一名步兵到苏格兰服役 7 周，其费用由郡守对各个村庄征收一笔特别税收加以支付。1316 年，爱德华二世又打算从各个村庄选派一名步兵到苏格兰服役，由当地负责其 60 天的工资。1322 年，爱德华二世再次要求每个村庄选派一名步兵到苏格兰服役，当地负责支付 40 天的工资。爱德华一世和爱德华二世招募步兵和弓箭手的方法为后来爱德华三世以完全工资的方式招募大批步兵和弓箭手进行对法战争铺平了道路。

　　爱德华三世为了进行对法战争，也采用招募步兵和弓箭手的方法来调集大规模的作战军队。他派出征兵法官（往往由富有经验的王廷骑士充任）到各地，调查各地 16—60 岁的男性，然后挑选身体健壮的人。为了挑选到合格的士兵，征兵法官甚至释放罪犯。虽然被选中者仍然由地方支付其装备费用，但是士兵的工资从一开始就由国王支付。1337 年，国王就利用这种方法招募的军队到苏格兰服役。百年战争时期，它成为普遍使用的募兵方法。

　　对法作战不仅需要调集军队，而且还要把英国军队运送渡过英吉利海峡，为此，爱德华三世采取了一系列措施来调集运输船只和保证海峡的安全。

　　根据中古前期英国军役传统，南方五港负有特殊的军役：准备 57 条船只，并且每条船只配备 24 名水手，每年在一定时期内运送过往的英国军队。但是爱德华三世改变了这种军役传统，像招募军队一样，他也招募船只运送军队，取代了南方五港海军的独特地位。1339 年，财政署就支付了运送军队的水手一半的工资，1344 年，爱德华三世要求南方五港派遣 8 艘比较大的船只时，他明确提出将支付水手的工资和其他费用。① 但是支付工资和费用仍然不能满足对法战争运送军队的需要。唯一的办法就是征用商船和渔船，这是对法战争中运送军队的主要方法。战争初期，爱德华三世曾经命令海军军官征用任何能够发现的船只，并集中到朴次茅斯港。1341 年，爱德华写信给 28 个渔港的市长准备大量

---

① 　May Mckisack, *The Fourteenth Century: 1307-1399*, Oxford: Oxford University Press, 1991, p. 243.

的船只为国王运兵服役，同年 4 月，他又命令集合 100 艘渔船运送他带领的军队渡海。1344 年，国王又命令海军军官集中所有能够运输马匹的士兵的船只到朴次茅斯。克莱西战役之前，所有 10 吨以上的船只都被强迫服役。1347 年，伦敦港的所有船只都被扣留为国王服役，1355 年，国王甚至命令官员扣留在海上或港口中找到的所有船只服役。这种强迫服役的措施打断了渔船和商船的正常活动，给他们造成了重大的经济损失，以致议会经常向国王呈递渔民和商人的请愿书。

爱德华一世就曾经把这些运输船只组成为英国最初的海军，由一名军官统一指挥。但是只有到百年战争前期，爱德华三世才完善了海军的建设。他选拔两名骑士担任海军军官，一人掌管泰晤士河以北，一人掌管泰晤士河以西，他们负责搜集船只为国王运送军队渡海，他们有权在海战地区强迫人们服役，并监督选拔强迫服役的水手，安排后勤供应和海军物资的储备等。1340—1357 年间，这两名海军军官还获得了审判海军案件的权力。这些海军措施保证了英国军队顺利地运输到欧洲大陆作战。

士气对于战争的胜利十分重要，百年战争中，英国采取了一系列措施鼓舞军队的士气。

对于封建贵族来说，战争是他们喜欢的职业之一，追求荣誉和地位是他们积极参战的动机之一。为了笼络贵族支持并参加战争，爱德华三世授予忠诚的贵族以高级爵位和大量土地。在 1337 年百年战争爆发前夕的议会中，爱德华三世举行了盛大的宴会，并授封了一批贵族。他封长子黑太子为康沃尔公爵，这是英国历史上第一位公爵，同时还授予另外 6 名贵族为伯爵，这些贵族后来都成为英国军队中的核心指挥力量。服役的官兵还可以在国内获得国王赏赐的土地或官职。如 1355—1357 年跟随黑太子到加斯科涅服役的贵族在国内都获得了大量的土地，有的普通骑士还因此而成为当地的大地主。

为了刺激贵族的尚武精神，爱德华三世恢复亚瑟王骑士圆桌会议，经常举行骑士比武活动。1334 年，爱德华三世庄严地宣誓，他将像亚瑟王那样举行骑士圆桌会议。这意味着将有 300 名骑士、几名伯爵和众多的男爵被邀请参加，为此，1335 年，爱德华三世还下令在温莎城堡建立一座"圆形房屋"。[1] 骑士比武大会是和平时期骑士的一项重要活动，爱德华三世利用它来鼓舞骑士的荣誉

---

[1]　Ronald H. Fritze, James Stuart Olson and Randy Roberts, *Reflections on Western Civilization: A Reader*, New York: Harper Collins, 1991, p. 220.

感和尚武精神。1341 年 10 月，爱德华从苏格兰战场返回英国时，就在顿斯特伯举行骑士比武；1344 年，他又举行了盛大的骑士比武活动，亲自为获胜的骑士授予贵重的佩剑。①

1349 年，爱德华三世模仿古代亚瑟王创设"嘉德骑士团"（Order of Carter），起初由 26 名骑士组成，他们宣誓保证在战争中互相帮助，并且坚决支持骑士团的首领——国王爱德华三世。后来黑太子等高级贵族都加入了它。通过把骑士的理想主义与宗教献身精神结合起来，嘉德骑士团成为一个在战斗中忠诚地为国王服务的军事团体。

但是无论贵族还是平民，参战的根本动机还是追求战争利润。许多中小贵族把参战当作致富的捷径。1391 年，格罗塞特伯爵说："战争是贫穷的骑士快速致富的手段。"战争的物质利益甚至引诱一部分教士违背对上帝的誓言，亲身参加战争冒险活动。如沃威克伯爵的儿子放弃教士生涯的灿烂前程，与家人一道参加对法战争。②

由于爱德华三世对军役制度的改革，服役人员都是支付工资的志愿兵，所以服役人员首先可以获得国王支付的工资。百年战争前期，从大贵族到普通士兵，他们都能够获得不菲的工资，具体见下表③。

官兵等级	日工资数
公爵	13 先令 8 便士 / 天
伯爵	8 先令 / 天
旗手	4 先令 / 天
普通骑士	2 先令 / 天
候补骑士	1 先令 / 天
骑兵弓箭手	6 便士 / 天
步兵弓箭手	3 便士 / 天
步兵	2 便士 / 天

为了吸引士兵，在战争初期，国王甚至许诺服役人员的工资将增加一倍。除了工资外，每支军队的首领还要发给士兵津贴，一般是每月每 30 人 100 马克。

① Anthony Tuck, *Crown and Nobility 1272-1461: Political Conflict in Late Medieval England*, p. 126.
② W. M. Ormrod, *The Reign of Edward III: Crown and Political Society in England 1327-1377*, p. 132.
③ May Mckisack, *The Fourteenth Century: 1307-1399*, pp. 237-238.

但是国王常常拖欠士兵的工资，而且黑死病后一般雇佣工人的工资都上升了，所以工资不是最大的物质利诱。

参战英军的最大动机是战争带来的丰厚利润，包括勒索战俘的赎金、抢劫被征服地区的财物和瓜分战利品。一般说来，被征服地区和俘虏都要交纳保护金和赎金。一位参加普瓦提埃战役的士兵说："战斗胜利后，弓箭手、骑士和候补骑士都四处追捕俘虏。"黑太子把三名重要的法国俘虏出卖给他父王，获得2万英镑。① 沃威克伯爵俘虏了法国的森斯大主教，结果获得8000英镑的赎金。另一位军官因为俘虏了法国王族成员查理公爵而获得4900英镑赎金。② 法王约翰二世在普瓦提埃战役中被俘，被勒索赎金50万英镑，虽然最后只交纳了一半，但是它为英国解决财政困难起了一定作用，爱德华三世还利用它把温莎城堡修建得富丽堂皇。

中古西欧人认为，在战争中抢劫敌人，包括非武装人员，是士兵的权利。赴法作战的英国军队中，每支与国王签订服役协定的小部队都有一个"巴提那"（Butiner）专门负责分配抢劫物。在克莱西和普瓦提埃战役中，英军都大肆抢劫财物。当时一位编年史家说："大多数英国妇女都拥有一些来自凯恩、加莱或其他法国城市的战利品。"1359年，英军占领法国的奥克斯尔城，至少抢劫到价值1000英镑的财物。③

百年战争初期，战利品由军官和士兵平分，但是到14世纪60年代，瓜分战利品的"三分之一"原则已经形成了：每个士兵必须把他的利润的三分之一交给他的军官，军官则把士兵交给他的利润的三分之一以及他自己的利润的三分之一一起交给国王。这种瓜分战利品的原则表明，参加战争的士兵和军官都把战争看成是一种商业赢利活动，战争为各个阶层的士兵都敞开了致富的大门。

爱德华三世打破家庭出身和门第选拔将领，这对于鼓舞英军士气起了很重要的作用。有的平民出身的人，由于具有杰出的军事指挥能力，后来被授予伯爵。

爱德华三世和黑太子的军事指挥能力、身先士卒的勇敢精神对于鼓舞英军士气的作用也不可否认。克莱西战役之前，爱德华三世亲自到前线对英军训话，勉励他们英勇作战，同时他还严格要求士兵听从指挥，进退有序。普瓦提埃战役之前，黑太子也分别对英军的重装骑士和弓箭手作战前动员讲话，激励士气，

① W. M. Ormrod, *The Reign of Edward III: Crown and Political Society in England 1327-1377*, p. 103.

② M. H. Keen, *England in the Later Middle Ages: A Political History*, pp. 146.

③ Michael Prestwich, *The Three Edwards: War and State in England 1272-1377*, pp. 202, 179.

严格申明作战纪律。相反，法国的腓利六世则缺乏这种勇气和控制军队的方法。

四、战争财政措施

由于封君封臣制度的影响，中古英国国王的收入分为正常收入和特别收入两类。正常收入就是指来自王领（Royal Domain 或 Crown Lands）、司法和后来的关税等国王作为全国最高封君的收入；特别收入主要就是指国王在战争时期向臣民征收的税收收入。从理论上说，他们应该"靠自己过活"，即依靠王领的收入维持国家和王室的正常开支，只有在战争时期国王才能向臣民征税。所以国王常常以保卫王国共同利益的战争为理由向臣民征税。

从 12 世纪起，教会法学家就认为共同利益可以越过法律，甚至可以废除教会特权的限制。1179 年，第三次拉特兰宗教会议就规定，当世俗国家处于紧急需要时，教士应该交纳世俗税收，因为这种需要不是出于统治者个人的意志，而是来自对国家安全即共同利益的威胁，所以统治者有权从臣民那里取得支持，包括财政支持，即交纳税收。12 世纪罗马法的复兴为统治者提供了以共同利益和共同需要为理由扩大征税范围的强大理论工具。统治者代表公共权威的观念已经得到了长足的发展，国王个人的利益和权威正在与王国的需要统一起来，统治者为了保卫王国而取得臣民的支持和臣民为统治者提供财政帮助的相互义务概念正在传播开来。13 世纪后期，在紧急情况下，为了保卫共同利益，托马斯·阿奎那对国王和臣民的纳税义务做了明确的阐述："当君主没有足够的资源反对敌人的进攻时……公民为了促进共同利益而做出必要的贡献是公平的。因此，一个为了王国利益而战斗的国王能够通过正常的税收形式调集全国的资源，当这样还不够时，国王可以对臣民加以特别的负担。"[1]

百年战争前，英国国王的正常收入平均每年为 3 万英镑左右，其中 1.3 万英镑来自关税。国王的特别收入包括直接税和间接税两种，直接税包括由议会批准的俗人动产税和由教士大会批准的教士收入税。一次俗人动产税大约能够获得 3.8 万英镑，一次教士收入税将带来 1.9 万英镑左右。由于正常收入无法大量增加，所以为了满足巨大的军事开支，爱德华三世必须不断地向臣民征税，

---

[1] J. H. Bums, *The Cambridge History of Medieval Political Thought c.350-c.1450*, Cambridge: Cambridge University Press, 1988, pp. 487-488.

当税收不够时，他还要诉诸借款。

爱德华三世常常利用以下几个理由要求议会和教士大会批准税收：议会已经同意他进行对法战争、法国对王国的威胁、战争的胜利。如，1339 年，在国内主持国政的大主教斯特拉福就对议会说："维持国王和他对法国王位的要求是得到你们全体同意的。"而议会全体议员则承认："在这个紧急时刻必须以大量的金钱帮助国王，否则国王将蒙受耻辱，国王和他的人民将永远被毁灭。"[1] 克莱西战役胜利的消息传播到英国后，议会"感谢上帝给予他们的国王伟大的胜利，国王已经合理地使用了以前批准的税款"，并随即批准国王连续征收两次俗人动产税，教士大会也批准国王征收两次教士收入税。议会在爱德华三世统治的 50 年中，共批准国王征收俗人动产税 27 次，达 102.6 万英镑；而教士大会批准的教士收入税共 18 次，达 42 万英镑，直接税收入总共为 144.6 万英镑之多。[2]

羊毛出口是中世纪英国经济的一个重要支柱，羊毛不仅成为国王强迫依赖进口英国羊毛的低地国家在战争中与英国结盟的外交武器，而且羊毛出口关税及其附加关税（补助金）是战争时期国王的一个重要财源。自 1275 年英国建立关税制度后，羊毛出口关税为每袋 6 先令 8 便士。为了进行对法战争，爱德华三世不断提高关税率，从 1396 年的每袋 1 英镑，提高到 1369 年的每袋 2 英镑 3 先令。在他统治期间，关税和羊毛补助金总收入达到 141 万英镑，几乎相当于直接税收入。

关税征收过程缓慢，而战争急需现款，所以羊毛关税常常成为国王借款的抵押。百年战争初期，爱德华三世把羊毛关税的征收承包给意大利或英国商人，由他们预先支付急需的现款。

由于战争开支巨大，国王的税收无法满足需要，因此国王只能诉诸借款。爱德华三世首先是向意大利佛罗伦萨的巴尔第银行和佩鲁贾银行借款，到 1346 年由于爱德华三世无法归还借款而致使银行倒闭时，爱德华三世欠银行的款至少达到 10.3 万英镑。[3] 意大利银行倒闭后，爱德华三世就转向国内的商人。1337 年，他与英国羊毛出口商人集团签订协议，由他们垄断羊毛的购买和出口，但是他们必须事先预付 20 万英镑给国王用于战争。后来这个垄断计划失败，英国的羊毛生产者和出口商人都蒙受了重大损失。1338—1339 年，国王向英国最

① G. L. Harriss, *King, Parliament and Public Finance in Medieval England to 1369*, Oxford: Clarendon Press, 1975, p.255.

② W. M. Ormrod, *The Reign of Edward III: Crown and Political Society in England 1327-1377*, pp.204-207.

③ May Mckisack, *The Fourteenth Century: 1307-1399*, p.223.

著名的羊毛出口商人德·拉·波尔借款 11.2 万英镑；1343—1351 年，英国三大羊毛出口商人公司借给国王 36.9 万英镑；1369—1375 年，爱德华三世向国内的城市、教会和商人公司借款达 15 万。[①]

总之，税收和借款成为爱德华三世对法战争的重要财政措施。根据现代学者的统计，1294—1453 年间，英国的税收总数为 1100 英镑，爱德华三世统治的50 年中的税收（共 285 万英镑）占其 1/4。[②]

五、战争的后勤供应

百年战争中，英国通过多种方法维持后勤供应。首先，中古时期的国王拥有采买食物供应王室的特权，但是国王常常把这种特权延伸为军队筹备后勤供应。1338 年，爱德华三世率领英军前往低地国家作战之前，就发布命令给各地，为他采买大量的食物、武器和其他战争装备。为了保证战争供应，国王在战前发布命令，禁止全国各种谷物出口。1338 年 3 月，政府发布命令，在伦敦强行采买 2000 夸脱小麦，沿海各郡负责用船只把小麦运往阿奎丹，供应"那些被国王派往那里保卫王国的士兵"。国王还命令国内的官员为他的亲征采买粮食、咸肉、食盐、啤酒等。1343—1344 年冬天，驻守布列塔尼的英军指挥官发现粮食即将用完，于是派遣一名军官带着命令到国内采买后勤物资。加莱失守之前，国王还命令伦敦为他的守军运送后勤物资。

由于采买官员滥用职权，假公济私，或者不支付贷款，所以议会多次请求国王放弃利用采买权为军队提供后勤供应。面对议会的限制和反对，爱德华三世对后勤供应也进行了改革。他与商人签订供应协定，由商人采购军需物资，政府则支付贷款，减少臣民对采买的抱怨和反对。最早的商人供应后勤的例子是 1339—1340 年，当时国王与商人签订合同，由商人供应在苏格兰作战的英军的后勤物资。从 14 世纪 50 年代起，这种做法更加普遍了。

中古战争的运动性质和交通困难决定国内不可能长期为一支入侵外国的军队提供后勤物资，因此，百年战争中的英军被期望能够依靠当地的资源而生存，这意味着英军将依靠抢劫被征服地区的财物而生活。1359 年，当英军开赴加莱

---

① W. M. Ormrod, *The Reign of Edward III: Crown and Political Society in England 1327-1377*, pp. 184-185.

② W. M. Ormrod, *Political Life in Medieval England 1300-1450*, New York: St. Martin's Press, 1995, p.88.

时，随军携带了 6000 辆大车装载辎重，其中包括手推磨、面包烤炉等。占领布列塔尼的英军通过征收保护金不仅能够维持生存，而且在 1359 1362 年间节余了 1.5 万英镑。①

百年战争中英国的战争动员对于中古后期乃至后来英国历史的发展都产生了重要影响。

首先，由于充分的动员，国王的战争受到了广大臣民的拥护，调动了全国的人力和资源，所以战争初期，英国取得萨吕伊海战、克莱西和普瓦提埃战役等重大的胜利。

其次，最重要的后果是培养了英国的民族意识。战争也许是国王的一种娱乐消遣行为，但是它不排除市民、约曼和农民的积极参与。战争宣传向人民灌输着英国的民族意识，契约军役把贵族和普通臣民都纳入国王的战争之中，频繁的税收虽然遭到臣民的反对，但是它从反面培养了臣民的民族意识。百年战争中，英国人的民族自豪感从劳伦斯·米诺特的初步的爱国诗篇、修道院的编年史、议会的发言中都表现出来了。英国人赞美爱德华三世是我们"伟大的国王"、"著名和幸运的武士"，在他的统治下，"英国不仅变得更加强大和高贵，而且变得比以前任何时候都更加富裕"。爱德华三世和他的长子——自从恺撒或亚瑟王以来最勇敢的王子——使英国"在欧洲乃至野蛮人世界中闻名"，他们使英国获得了伟大的英勇善战的国家的名声。②

英国的民族意识并不是 14 世纪的新生事物，但是萨吕伊、克莱西和普瓦提埃战役的胜利播下民族自信心的种子，这种自信是英国人民在未来许多残酷的战争时期顽强坚持下来的根源。

（原载《环球回顾——社会转型问题天津国际学术会议论丛》，吉林人民出版社 2001 年版）

---

① Michael Prestwich, *The Three Edwards: War and State in England 1272-1377*, pp. 202-203.

② May Mckisack, *The Fourteenth Century: 1307-1399*, pp. 150-151.

中世纪英国国王的借款活动

　　借款是中世纪英国大多数国王满足财政需要的重要手段。造成中世纪英国国王入不敷出的因素是多方面的，随着国内外行政外交事务增多，国王需要越来越多的职业官员，官僚机构日益臃肿。国王和王室的生活越来越奢侈，宫廷开支逐渐增加。物价上涨的客观因素也不可忽视，如 13 世纪初一头公牛只卖 3 先令，但到 13 世纪中期就上涨为 14 先令。[①] 战争是导致国王开支剧增的最重要原因。随着封君封臣制度衰落，传统的封建军役义务也日益减少，由国王支付报酬的雇佣兵和职业军队越来越多，军事装备也越来越昂贵，这些使得国王的军事开支日益高涨。13 世纪末英国曾入侵法国，一次开支就需要 5 万多英镑，占国王王领年收入的一半还多。[②] 虽然每遇战争国王都可以以"保卫王国"为由向臣民征税，但是税款不多，而且征收过程缓慢。因此，国王常常需要借款以解决急需问题。

　　从借款时间和对象看，中世纪英国国王的借款活动大致可以划分为三个阶段，每个阶段都呈现出不同的特点，也产生不同的后果。第一阶段，从诺曼征服到 13 世纪中期，这是国王偶然借款时期，借款对象复杂，但主要是榨取犹太人的财富；第二阶段，从 13 世纪中期到 14 世纪中期，这是国王系统地利用外国银行（主要是意大利银行）借款的时期，也是中世纪国王借款最频繁、数量最多的时期；第三阶段，大致对应于百年战争，即从 14 世纪中期到 15 世纪中期，这个时期国王主要是向国内商人借款。

① James H. Ramsay, *A History of the Revenues of the Kings of England, 1066-1399*, Vol. 1, Oxford: Clarendon Press, 1925, p. 362.

② George Arthur Holmes, *The Later Middle Ages: 1272-1485*, Edinburgh: Thomas Nelson and Sons, 1962, p. 75.

一、榨取犹太人的财富

13 世纪中期以前，国王的借款活动是零星而不系统的，表现为借款数量不多，借款对象复杂，包括了外国商人、高级神职人员、贵族和犹太人。1141 年内战期间，斯蒂芬国王的王后向伦敦富商加维斯（Gervase）借款。而亨利二世主要向弗莱芒商人威廉·卡德借款，仅 1155 至 1165 年卡德就收到亨利二世的还款至少 5600 英镑。[①] 理查一世和约翰王不仅向弗莱芒和意大利商人借款，而且向圣殿骑士团和医院骑士团借款。

榨取犹太人的财富是这个时期国王借款的突出特点。诺曼征服后，犹太人从欧洲大陆来到英国，在伦敦建立了自己的居住区，后来他们又逐渐散居到英国各地。犹太人不受禁止放高利贷的基督教教义的限制，他们多从事放债取利的活动，在一个基督徒社会中，犹太人这种谋生手段是不受欢迎的。但是犹太人的财富对国王特别重要，每当遇到财政困难时，国王可以用三种方法掠夺犹太人。第一，强行借款。1159 年，亨利二世为了发动对图鲁兹的战争，向城市、犹太人和其他放债人强行借款。[②] 一些犹太商人组成财团为国王提供款项，如1177 年一个犹太人财团借给亨利二世 3000 英镑。[③] 第二，征收任意税和罚金。由于犹太人被置于国王的特别保护之下，所以国王可以用各种借口向他们征税或征收罚金。1187 年，亨利二世为了参加十字军活动而征收犹太人财富的 1/4；为了交纳理查一世的赎金，全体英国犹太人又被迫交纳大量金钱。虽然约翰王以 4000 马克的价格给予犹太人特权，但是他向犹太人征收任意税和罚金的行为几乎给犹太人带来毁灭性的打击。1210 年，约翰王向犹太人征收任意税，布里斯托尔的一位犹太商人拒绝交纳，约翰王命人每天敲掉他一颗臼齿，直到被敲掉 7 颗臼齿并交纳了 1 万马克为止。[④] 亨利三世每次（共 14 次）征收任意税时都包括犹太人。第二，征收犹太人遗留的债务。犹太人去世时，国王有权没收其财产的 1/3。如果犹太人去世时仍然有债务未还，那么国王就派人负责追缴，其收入全部归国王所有。现存亨利一世最早的《财政署收支卷档》（Pipe Rolls）上就记载着"国王帮助犹太人征收债务"的事例。1186 年犹太富商艾隆去世时，

---

① M. M. Postan, *The Cambridge Economic History of Europe*, Vol. III, *Economic Organization and Policies in the Middle Ages*, Cambridge: Cambridge University Press, 1979, p.452.

② W. L. Warren, *Henry II*, London: Methuen Press, 1973, p.86.

③ Richard Mortimer, *Angevin England: 1154-1258*, Oxford: Blackwell, 1994, p.49.

④ Bryce Lyon, *A Constitutional and Legal History of Medieval England*, New York: W. W. Norton & Company, 1980, p.271.

财政署特命一批财政官员为国王征收艾隆遗留的 1.5 万英镑债务。[1]1194 年，理查一世设立了专门处理犹太人财政事务的财政署，犹太放债人的债务契约和商业交易账本都被复写一份副本存放于财政署，如果犹太人去世时遗留有债务，那么国王的财政官员就可以根据这些契约副本去征讨债款。

由于犹太人属于国王特殊保护的群体，因此国王的财产权利不受任何法律的限制。对犹太人来说，国王的借款、任意税和罚金、征收债务等没有本质的区别，因为国王一般都不偿还犹太人的借款，而亨利三世甚至用豁免贵族欠犹太人债务的手段来获得政治支持。

到 13 世纪中期，当犹太人的财富所剩无几时，爱德华一世于 1275 年颁布法令，禁止犹太人从事高利贷活动，从而使犹太人转向商业和手工业生产。在与意大利银行缔结了长期借款协定后，爱德华一世于 1290 年下令驱逐了英国境内所有的犹太人。

二、向意大利银行借款

中世纪的英国国王系统地向意大利银行借款是从爱德华一世开始的，终止于百年战争初期，前后大约 80 年。在此期间，国王向许多意大利银行借过款，但主要是向卢卡的里卡尔迪银行、佛罗伦萨的弗雷斯科巴尔第和佩鲁贾银行借款。意大利商人和银行家早就与英国有商业和金融往来，早在亨利二世时期，意大利商人就到英国从事羊毛贸易。理查一世和约翰王时期，意大利商人开始偶尔借款给英国国王。1243 年，亨利三世允许佛罗伦萨商人享有在英国旅行和经商的普遍权利。[2]

意大利银行对英国国王比较大规模的借贷活动是从亨利三世开始的。1254 年，亨利三世为了还债和为王子爱德华授封骑士而向意大利商人借款 2000 马克，不到一年，亨利三世又向他们借款 2246 马克。[3] 但是，亨利三世向意大利银行最大的一笔借款是由西西里王位购买事件引起的。1254 年，罗马教皇英诺森四世为了与神圣罗马帝国霍亨斯陶芬家族的皇帝康拉德四世做斗争，把本来

---

①　Richard Mortimer, *Angevin England: 1154-1258*, p. 50.

②　Eileen Power, *The Wool Trade in English Medieval History*, Oxford: Oxford University Press, 1941, p. 103.

③　R. W. Kaeuper, *Bankers to the Crown: The Riccardi of Lucca and Edward I*, New Jersey: Princeton University Press, 1973, p. 77.

由帝国皇帝弗里德里克二世的私生子曼弗雷控制的西西里王国的王位在西欧各国兜售。法国安茹伯爵和英国康沃尔伯爵都拒绝了教皇的要求，但是亨利二世决定为其次子艾德蒙德购买西西里王国的王位。为了这个愚蠢的冒险计划，亨利三世必须支付给教皇的王位购买费和远征西西里的军费，为此在1254至1258年，亨利三世向意大利银行家至少借款5.4万英镑。但是亨利三世既没有足够的财力偿还这笔债务，也不能征服西西里并从那里获取用于还款的收入。1258年国内爆发了以西门·德·孟福尔为首的贵族叛乱，亨利三世的西西里计划彻底失败。这个冒险计划唯一的结果，就是让国王真切地感受到了意大利银行雄厚的经济实力。

1270至1272年，王太子爱德华代替父王亨利三世率领一批英国骑士参加十字军，虽然这次十字军远征没有达到目的，但是开支很大，因为13世纪时人们参加十字军的宗教热情已经逐渐消退，爱德华不得不向骑士们支付工资和各种武器装备费用。1272年爱德华从东方返回，在西西里登陆后又在法国滞留两年，1174年才返回英国。他的远征活动共耗费10万英镑，最后不得不向意大利卢卡的里卡尔迪银行借款2.3万英镑才凑够回国的盘缠。在此期间，里卡尔迪银行还为英国王廷提供了7600英镑借款。[①] 一般认为，正是在这次十字军活动期间，王太子爱德华，也即后来的爱德华一世正式与里卡尔迪银行缔结了长期的借款协议。

（一）国王与银行家的动机和条件

国王与银行家是在互利的基础上缔结借款协议的。虽然从爱德华一世到爱德华三世，英国国王分别向不同的意大利银行借款，但是每个国王主要向一到两家大银行借款。国王的动机比较单一，就是为了弥补财政收入不足，特别是在战争时期，必须满足紧急开支的需要。从13世纪70年代到14世纪30年代，英国几乎连年对爱尔兰、苏格兰和法国发动战争，这些战争开支十分巨大。如1294—1298年爱德华一世的战争开支达到75万英镑，1338—1340年爱德华三世的战争开支达到20万英镑。国王的正常收入、关税和偶然征收的动产税都不足以支付这些巨额战争费用，因此国王被迫借款。

虽然意大利银行在一定程度上受到英国国王的所谓"特别保护"，但是英王并不能公开强迫意大利银行家提供借款。而且意大利银行家也深知，借款给

国王是一种风险极大的业务。但是谋取利润的商业原则驱使意大利银行家甘愿冒险，前赴后继地为英王提供借款。1311 年，佛罗伦萨的弗雷斯科巴尔第银行被英国驱逐，次年破产，但这并没有阻止其他意大利银行继续为英王提供借款。就在 1312 年，意大利热那亚商人银行家安东尼奥·皮萨诺就开始为爱德华二世提供借款，到 1314 年他已借给爱德华二世 11 万英镑。[①] 通过借款给国王，意大利银行家可以获得几个方面的利益。第一，获得高额利息。1294 年爱德华一世支付 5000 马克给里卡尔迪银行，"以感谢它在英吉利海峡两岸为国王提供的忠实而艰苦的服务"。[②] 1328—1331 年，爱德华三世向意大利的巴尔第银行借款 4.2 万英镑，而送给该银行的"礼物"（即利息）为 1.1 万英镑，利息率高达 26%[③]，而当时意大利的商业贷款利率一般只有 5%—15%。[④] 第二，意大利银行家可以承包英国的关税，从中也可获得大量利润。1275—1294 年里卡尔迪银行为爱德华一世源源不断地提供借款，爱德华一世就授权该银行承包了英国的羊毛出口关税，每个港口都有里卡尔迪银行的关税征收监督人员。1302—1310 年，意大利佛罗伦萨的弗雷斯科巴尔第银行为爱德华二世和爱德华三世提供借款，国王就授权它承包英国 8 个港口的羊毛出口关税。第三，意大利银行还可以从国王那里获得在英国经商的特权。除了金融业务外，中世纪意大利的银行常常从事其他商业贸易活动，于是英王便用授予经商特权的办法吸引意大利银行的借款，如授权允许它们直接出口英国的羊毛，从法国进口葡萄酒到英国，等等。爱德华一世曾经授权里卡尔迪银行的人员在英国境内经商免除通行税、摊贩税等。直到 14 世纪早期，意大利商人和银行家在英国羊毛出口中一直占有重要地位，意大利银行的为国王提供借款、承包关税和经营羊毛出口三种业务具有密切关系。第四，有时意大利银行还可以获得在英国的金融业务垄断权，如爱德华三世就曾经授予巴尔第银行垄断英国金融业务的特权。第五，国王常常命令英国财政机构及其官员协助意大利银行征收其他人的债务。1277 年，爱德华一世命令财政署男爵召集里卡尔迪银行的所有债务人，要求他们偿还债务，他甚至命令郡守扣押里卡尔迪银行债务人的财产。爱德华三世为了继续从巴尔第银行借款，于是命令财政署为巴尔第银行征收债务，并强调说，如果不这样做，那么

① Michael Prestwich, *The Three Edwards: War and State in England 1272-1377*, p. 106.

② R. W. Kaeuper, *Bankers to the Crown: The Riccardi of Lucca and Edward I*, p. 119.

③ M. M. Postan, *The Cambridge Economic History of Europe*, Vol. III, *Economic Organization and Policies in the Middle Ages*, p. 456.

④ John Day, *The Medieval Market Economy*, Oxford: B. Blackwell, 1987, p. 155.

这个银行就无法为国王提供足够的借款。

仅有动机，借贷双方还难以达成协议，即使偶然达成协议也不可能维持长期而稳定的借贷关系，所以还必须具备一定的客观条件，才能维持双方长期而稳定的借贷关系。

拥有雄厚的资金是意大利银行能够提供借款的前提。自从 11 世纪以来，意大利北部和中部一些城市的手工业和商业开始繁荣起来，许多商人积累了大量财富。如卢卡是意大利著名的丝织业中心，罗马教皇就认为卢卡的里卡尔迪银行是最安全（包含资本雄厚之意）的银行。13 世纪末期佛罗伦萨成为欧洲公认的金融中心，拥有许多大银行。13 世纪 90 年代佛罗伦萨的巴尔第银行和佩鲁贾银行都在英国伦敦设立了分行。1318 年，爱德华二世的正常年收入只有 3 万英镑，但是他的主要借款银行——佛罗伦萨的巴尔第银行却拥有 87.5 万佛罗琳（约合 13 万英镑）。[①] 意大利银行多为教皇税收的承包人，其分支机构遍布西欧各大城市，这种金融网络也有助于它们承担各国的借款业务。发达的商业金融技术也是意大利银行能够从事大规模国际金融活动的重要条件，其中汇票和复式簿记法的使用大大地提高了意大利银行的运行效率。

意大利银行还发明了各种规避基督教会高利贷禁令的手段。中世纪基督教会在经济方面的主要任务之一，就是禁止高利贷行为。圣安布罗斯给高利贷下了定义：凡是放债人收取超过本金以外的任何财物都属于高利贷。中世纪的神学家、教会法学家和罗马法学家都讨论过高利贷问题。罗马教皇如亚历山大三世、英诺森三世和格列高利九世等都发布通谕，反对各种形式的高利贷。但是实际上，放债牟利在中世纪欧洲从来没有绝迹，中世纪早期意大利北部（伦巴第）地区的法律文献表明，放债取利息甚至是合法行为。具有讽刺意味的是，正是罗马教皇首先提出，由于借款要承担风险，所以收取适当的利息并不是高利贷行为；此外，基督教会认为，如果还款期限延长，那么债主取得一定的利息也不是高利贷行为。教会这些自相矛盾之处为意大利银行和英国国王规避对高利贷的禁令开了方便之门。以"礼物"的名义支付利息是国王最常用的方法；另一种方法是借贷双方签订借款协议时，故意把还款日期提前，从而以还款人拖延还款日期、应对借款人的损失给予弥补为由，向借款人支付利息；第三种方法是用不同的货币偿还借款，由于不同货币之间的兑换比率并不固定，常因

---

① M. M. Postan, *The Cambridge Economic History of Europe*, Vol. III, *Economic Organization and Policies in the Middle Ages*, p. 455.

时间和地点而波动，从而可以用兑换比率之差来掩盖利息；第四种方法是在借款协议中把到期应该支付的利息写成本金。

国王能够获得借款的关键是信用能力，或者说，国王必须以大量经常性收入做担保才能获得大量借款，"没有大量的经常性收入，就不能获得大量的借款"。在中世纪早期，国王主要依靠封建性收入，数量不大，甚至难以维持王室生活和日常行政开支，又没有其他固定收入可以作为借款抵押，因此借款规模一般都比较小。亨利三世曾经以英国修道院的财产做抵押向意大利银行借款。从爱德华一世起，国王的财政收入结构发生了重要变化，在封建收入逐渐减少的同时，税收收入增加了。首先是动产税。13 世纪初由约翰王开始征收，但那时次数很少。到爱德华一世时期，国王经常能够得到议会批准而征收动产税，1275—1294 年，他就 3 次获得动产税用于偿还里卡尔迪银行的借款，约占还款额的 1/4。爱德华一世为后代国王开辟的最大财源是关税。英国出产的优质羊毛畅销意大利和低地国家的纺织业城市，羊毛出口关税成为国王最大的一项正常收入。但是对于经常向意大利银行借款的国王来说，羊毛出口关税与其说是一项收入，不如说是一种抵押，如 1275—1294 年里卡尔迪银行借给爱德华一世40.9 万英镑（包括利息），而它从承包英国关税中即获得 21.1 万英镑，约占还款的一半还多。[①] 爱德华三世早期，关税仍然是偿还意大利银行借款的主要来源，如 1328—1331 年爱德华三世向巴尔第银行借款 5.6 万英镑，其中 2.1 万英镑是用关税偿还的。[②]

（二）国王借款的用途

如前所述，中世纪国王最重大而紧急的开支往往是由于战争，所以国王借款的最大用途就是支付战争经费。爱德华一世征服威尔士的两次战争主要依靠里卡尔迪银行借款，第一次（1276—1277）开支为 2.3 万英镑，第二次（1282—1283）开支高达 15 万英镑，而当时爱德华一世全年的王领收入（国王正常收入的主要来源之一）不过是 1.4 万英镑。[③] 为弥补战争经费缺口，爱德华一世除了征收动产税外，要求里卡尔迪银行预付了 7 万多英镑。1294 年里卡尔迪银行被驱逐后，爱德华一世为了与法国和苏格兰进行战争，转向佛罗伦萨的

① R. W. Kaeuper, *Bankers to the Crown: The Riccardi of Lucca and Edward I*, p. 105.

② M. M. Postan, *The Cambridge Economic History of Europe*, Vol. III, *Economic Organization and Policies in the Middle Ages*, p. 459.

③ J. L. Bolton, *The Medieval English Economy, 1150-1500*, London: J. M. Dent and Sons, 1980, p. 196.

弗雷斯科巴尔第银行借款。弗雷斯科巴尔第银行起初比较谨慎。1297—1298 年只提供了 5 万佛罗林（约 7500 英镑），但是 1299—1311 年它成为爱德华一世和爱德华二世的主要借款对象，共借出 12 万多英镑。① 爱德华三世即位后，前十年平均每年向意大利银行借款 1.2 万—2 万英镑以用于战争开支。② 百年战争爆发后，为支付士兵工资，收买欧洲大陆的盟友，爱德华三世开展了空前规模的借款活动，仅 1338—1339 年，佛罗伦萨的巴尔第和佩鲁贾银行就借给爱德华三世 12.5 万英镑。③

意大利银行也经常为英国国王的王廷开支提供借款。王廷开支多种多样，如购买从法国进口的葡萄酒、购买奢侈品、修筑王宫城堡等，甚至王室成员的婚姻费用。1276—1277 年里卡尔迪银行就借给爱德华一世的王廷 8097 英镑，1286—1289 年里卡尔迪银行又借给王廷 11183 英镑。④ 爱德华一世是中世纪英国最伟大的城堡建造者，他在爱尔兰边境修建了许多城堡，还为重修伦敦塔而耗资 2.1 万英镑，其中 1/3 来自里卡尔迪银行的借款。⑤ 1307 年爱德华一世去世时，遗留的债务大约 20 万英镑，其中王廷欠弗雷斯科巴尔第银行的款项就达 6 万英镑。⑥ 1328—1331 年巴尔第银行借给爱德华三世 45548 英镑，其中 30028 英镑（占 2/3）被用于王廷开支，此外巴尔第银行还为王廷购买了 2312 英镑的实物。⑦

随着英国的外交活动逐渐增加，国王还常常利用意大利银行在西欧各地的分支机构为英国的外交活动就地提供经费。这样既可以缓解国王的财政压力，也可以避免运送货币的成本和风险。1278 年、1285 年和 1289 年，英国派遣特使前往罗马，里卡尔迪银行驻罗马分支机构都为英国特使提供了所需经费。1293—1294 年，爱德华一世派遣兰开斯特公爵艾德蒙德到巴黎与法国进行谈判，里卡尔迪银行的巴黎分支机构就借给他 25031 马克。⑧ 爱德华一世对罗马教廷最大的义务是每年必须交纳 1000 马克贡金（Tribute），这是由于约翰王曾经把英

① M. M. Postan, *The Cambridge Economic History of Europe*, Vol. III, *Economic Organization and Policies in the Middle Ages*, p. 457.

② May Mckisack, *The Fourteenth Century: 1307-1399*, Oxford: Oxford University Press, 1991, p. 155.

③ Michael Prestwich, *The Three Edwards: War and State in England 1272-1377*, p. 217.

④ R. W. Kaeuper, *Bankers to the Crown: The Riccardi of Lucca and Edward I*, pp. 97-99.

⑤ R. W. Kaeuper, *Bankers to the Crown: The Riccardi of Lucca and Edward I*, p. 100.

⑥ M. M. Postan, *The Cambridge Economic History of Europe*, Vol. III, *Economic Organization and Policies in the Middle Ages*, p. 458.

⑦ M. M. Postan, *The Cambridge Economic History of Europe*, Vol. III, *Economic Organization and Policies in the Middle Ages*, p. 455.

⑧ R. W. Kaeuper, *Bankers to the Crown: The Riccardi of Lucca and Edward I*, p. 87.

国献给教皇英诺森三世，然后又以教皇封臣的身份领回而被附加的义务。虽然爱德华一世对这一义务很反感，而且经常拖延交纳，但是他发现这笔款项是他与教皇讨价还价的筹码，当他想从教皇那里获得利益时他就交纳，并且常常让里卡尔迪银行的罗马分行代行交纳。百年战争初期，爱德华三世在欧洲大陆积极开展寻找盟友的外交活动，但是这些结盟关系需要大量的金钱来维持，为此，国王命令银行直接向这些盟友支付款项，当作国王的借款，如 1337 年不拉奔公爵就收到由巴尔第和佩鲁贾银行预付的 6 万英镑盟友费。[①]

（三）国王向意大利银行借款的后果

意大利银行的借款为国王缓解财政压力起了很大的作用。爱德华一世统治的前 22 年中，里卡尔迪银行的巨额借款为他顺利地进行征服爱尔兰的战争提供了重要保障。百年战争初期，巴尔第和佩鲁贾银行为爱德华三世与欧洲大陆神圣罗马帝国、低地国家各个城市之间缔结政治军事同盟提供了大量借款，尽管这些盟友最终并没有发挥爱德华三世所期望的作用。

英国国王向意大利银行借款的另一个重要后果是致使一批意大利银行倒闭。英国国王与意大利银行双方之间既互相需要，也互相憎恨。双方的关系曾经十分密切，如 1279 年爱德华一世任命里卡尔迪银行驻英国分支机构的负责人为英国王廷官员，并且允准其留宿于国王的锦衣库；百年战争初期，爱德华三世曾利用巴尔第银行在欧洲大陆的分支机构成员刺探法国的军事情报。如果国王偿还借款并为意大利银行提供适当的商业环境，那么双方这种密切关系就能够维持下去。但是如果国王借款过多无力偿还，或者国王发现财政状况好转不再需要银行，又或者国王找到了其他财源，这时国王与意大利银行之间的互利合作关系就会结束。在这种情况下，国王总是赢家，而银行家是无法改变事情的结局的。1294 年，英国与法国发生战争，作为战时财政措施，爱德华一世没收了英国的全部羊毛，这使里卡尔迪银行承包的英国羊毛出口关税受到损失。与此同时，法国国王又以里卡尔迪银行帮助英国为由，没收了该银行在法国的分支机构的财产并处以罚金。这些事件使里卡尔迪银行受到严重损失。而爱德华一世认为里卡尔迪银行再也不能提供大量借款，于是剥夺了它的关税承包权，并下令没收里卡尔迪银行在英国的财产，从而导致里卡尔迪银行破产。1311 年，英国贵族指责爱德华二世利用弗雷斯科巴尔第银行使英国财富流失到外国，因

---

① May Mckisack, *The Fourteenth Century: 1307-1399*, p. 120.

而驱逐了该银行。虽然弗雷斯科巴尔第银行的成员事先逃离了英国，因而免遭逮捕，但是爱德华二世再也没有偿还剩余的债务。与此同时欧洲大陆各国也没收了弗雷斯科巴尔第银行的财产，1312 年该银行被迫宣布倒闭。而巴尔第银行和佩鲁贾银行的倒闭在很大程度上是由于爱德华三世赖债不还所致。在 1338—1339 年借给爱德华三世 12.5 万英镑后，巴尔第和佩鲁贾银行的资金出现了困难，从 1342 年起，它们难以继续提供借款，于是爱德华三世就中止还款，1343 年佩鲁贾银行宣布破产。巴尔第银行勉强维持到 1346 年，也终于宣布破产。爱德华三世欠它们的债务达 17.4 万英镑，他下令逮捕了这两家意大利银行在英国的成员，释放条件是他们不再追索债务。[①] 巴尔第和佩鲁贾银行的倒闭以及由此引起的一系列佛罗伦萨银行的破产，对 14 世纪后期佛罗伦萨的经济发展造成了重大打击。此后虽然还有一些意大利银行借款给英国国王，但是规模很小，对国王的财政几乎没有什么作用。在兰开斯特王朝（1399—1461）统治的 60 余年里，外国商人只借给国王 2.65 万英镑。[②]

所以，英国国王与意大利银行之间是既互相需要又互相憎恨的脆弱的利益关系，国王在这种关系中占据主动地位。14 世纪初，弗雷斯科巴尔第银行的董事长在一首诗歌中，向在英国的该银行分支机构成员提出了如何与客户打交道的建议，并特别警告他们小心与国王的借款交易[③]：

> 衣着朴素忌花哨，
> 行动敏捷言语少。
> 该花钱时别吝啬，
> 及时付账免烦扰。
> 礼貌讨债陈缘由，
> 合适商机要抓牢。
> 顺从官员好追债，
> 莫与官廷打交道。

---

① M. M. Postan, *The Cambridge Economic History of Europe*, Vol. III, *Economic Organization and Policies in the Middle Ages*, pp. 460-461.

② M. M. Postan, *The Cambridge Economic History of Europe*, Vol. III, *Economic Organization and Policies in the Middle Ages*, p. 464.

③ Carolyn Webber and Aaron B. Wildavsky, *A History of Taxation and Expenditure in the Western World*, New York: Simon and Schuster, 1986, pp. 195-196.

善待同胞有好报，

睡觉之前插门销。

三、国王向国内商人借款

14 世纪之前，英国商人的势力还比较弱小，因此英国的商业（特别是对外贸易）和金融在很大程度上都由外国商人占据主导地位。如汉撒同盟的商人在羊毛出口中一直占据较大份额，而意大利银行在英国金融业中也居于举足轻重的地位。百年战争爆发后，英王爱德华三世急需大量现款支付战争费用，当意大利银行不能继续提供大量借款时，国王把眼光转向了国内商人，这为英国商人取代意大利银行提供了机遇。国王向国内商人借款呈现以下几个特点。

（一）巨额战费促使国王借款

促使国王转向英国商人借款的直接原因是百年战争的巨大开支，包括士兵工资、结交盟友、装备和后勤等费用。百年战争前夕，爱德华三世仅许诺给八个低地国家盟友的盟金就达到 12.4 万英镑。[1]1338 年初，在欧洲大陆作战的爱德华三世派遣使者对国内的议会说，国王至少需要 27.6 万英镑。1339 年秋天议会又被告知，国王的债务已经累计达到 30 万。因此，到 1340 年为止，国王的战争开支已经达到 50 万英镑左右。[2]1346 年的克莱西战役耗费 22.5 万英镑。1356 年的普瓦提埃战役耗费 11 万英镑，1369—1375 年的战争开支为 67 万英镑。[3]爱德华三世每年的正常收入只有大约 3 万英镑，关税收入年均 4 万英镑，即使获得议会和教士大会批准，让国王征收一次直接税，也只能获得 5.7 万英镑左右，这些加在一起也远远不够满足战争的需要。

（二）国王的借款与羊毛贸易

中世纪时期英国盛产优质羊毛，对外贸易主要是向欧洲大陆的意大利和低地国家的毛纺织业中心出口优质羊毛，只有从事羊毛出口贸易的商人才能积累

---

[1]　May Mckisack, *The Fourteenth Century: 1307-1399*, p.154.

[2]　Michael Prestwich, *The Three Edwards: War and State in England 1272-1377*, p.216.

[3]　W. M. Ormrod, *The Reign of Edward III: Crown and Political Society in England 1327-1377*, New Haven: Yale University Press, 1990, pp.88-89.

大量财富。直到 14 世纪中期，意大利、汉撒同盟和低地国家的商人在英国羊毛出口贸易中一直占有很大的比重，这从 14 世纪早期国内外商人在英国羊毛出口贸易中所占的份额即可看出（参见表 1）。①

表 1　14 世纪早期国内外商人在英国羊毛出口贸易中所占份额

时间	英国商人年均出口羊毛（袋）	外国商人年均出口羊毛（袋）
1304—1311 年	22757	16832
1323—1329 年	14914	8835
1329—1336 年	22998	7947

这种对外贸易结构使英国国王曾经主要依靠向意大利银行借款。百年战争爆发时，除了个别大商人外，英国商人积累的资金仍然不太雄厚，为了借款给国王，他们采取两个方法：一是组成羊毛出口商人垄断集团，集体提供借款；二是向其他国内外商人借款，然后转借给国王。1337 年，英国最大的羊毛出口商人威廉·德·拉·波尔与 50 名英国商人组成商人集团，1338—1339 年为爱德华三世提供了 11.2 万英镑借款。由于自身资金不足，这个商人集团常常向国内外商人如汉撒同盟的商人借款。②

英国商人为国王提供借款的根本动机是为了获得羊毛出口垄断权和承包关税，从中牟取高额利润。爱德华三世统治的前 10 年中，巴尔第和佩鲁贾银行是国王借款的主要对象，外国商人在英国羊毛出口中仍然占据着重要地位，所以当 1327 年爱德华三世强迫英国商人借款时，他只获得 7400 英镑。1337 年百年战争爆发后，为了筹措巨额战争经费，爱德华三世以羊毛贸易等垄断权来换取英国商人借款，而这些商人也欣然从命。1343—1351 年，3 个羊毛出口商人垄断集团以每年 3 万英镑承包全国关税，向国王提供借款 36.9 万英镑。1347—1349 年，应瓦尔特·克里顿羊毛商人垄断集团的要求，爱德华三世下令禁止羊毛出口，以便这个垄断集团的羊毛能够在低地国家的市场上高价出售。③1372 年，爱德华三世授权伦敦商人理查德·莱昂承包全国各个港口的小关税——呢绒和一般商品出口的关税，以换取其借款。

---

① T. H. Lloyd, *The English Wool Trade in the Middle Ages*, Cambridge: Cambridge University Press, 1977, p. 123.

② W. M. Ormrod, *The Reign of Edward III: Crown and Political Society in England 1327-1377*, p. 184.

③ M. M. Postan, *The Cambridge Economic History of Europe*, Vol. III, *Economic Organization and Policies in the Middle Ages*, p. 461.

英国商人以借款而获得羊毛出口垄断权的著名例子是所谓"多特雷赫德债券"事件。1337 年，以威廉·德·拉·波尔为首的商人集团答应借款给国王 20 万英镑。为筹集这笔巨款，国王允许该商人集团扣押 3 万袋羊毛，然后出口到欧洲大陆，以所获羊毛款的一半借给国王。这些羊毛出口商从羊毛生产者那里赊购了 3 万袋羊毛，打算等国王还款之后再连本带息支付羊毛款。这个计划看起来可行，而且有利可图。但是当第一批羊毛大约 1 万袋运往低地国家的多特雷赫德之后，国王在那里的财政官员扣押了这批羊毛，出售后所得的款项全部用于国王的战争，而对商人垄断集团则只发给他们债券，称为"多特雷赫德债券"，后来国王无法兑付这些债券，从而导致波尔的垄断集团和羊毛生产者都蒙受了巨大损失。这个计划的失败使国内商人都对国王的还款能力持怀疑态度，增加了国王借款的难度。

国王向国内商人借款促进了英国羊毛贸易"集中地"（Staple）制度的发展。"集中地"是指出口到外国市场的所有羊毛必经的集散地，它是英国国王通过控制羊毛出口贸易而获得关税收入和借款的一种重要手段。1313 年，爱德华二世颁布法令，决定在低地国家的圣奥梅尔设立集中地，因此爱德华二世被称为英国的"集中地之父"。后来由于受到战争和国内政治经济的影响，集中地不断改换地点。到 1363 年，加莱建立了永久性的羊毛出口集中地，26 名商人组成集中地商人公司承包了羊毛出口关税。15 世纪，伦敦商人组成了英国羊毛出口中最有影响的集团——加莱集中地商人公司，1407 年他们第一次为国王提供借款 8000 英镑，并担负守卫加莱的英国军队的开支，每年大约 1.7 万英镑。15 世纪 30 年代后，集中地商人公司开始经常借款给国王，1454 年和 1456 年他们共借款 4.3 万英镑。1466 年，英国颁布"加莱守卫军队法令"，根据这个法令，集中地商人公司承担加莱守军的全部军费，同时他们得到承包经过加莱出口的英国羊毛出口关税，每年 1.5 万英镑。该公司逐渐恢复成为国王的主要借款对象，1464 年借给国王 3.18 万英镑。经过少许修改后，这个法令一直实行到 1558 年加莱最后被法国收回为止。[①]

（三）国王向国内商人借款的困难及其原因

百年战争初期，爱德华三世利用羊毛出口关税作为抵押或诱饵，大举向国

---

① M. M. Postan, *The Cambridge Economic History of Europe*, Vol. III, *Economic Organization and Policies in the Middle Ages*, p.467.

内羊毛商人借款，达到空前的规模。但是 14 世纪后期和 15 世纪上半期，国王的借款对象和规模都发生了变化，转而主要向城市政府和个别富裕商人借款，而且借款规模急剧缩小。早在 1347 年，财政署就想从与羊毛出口垄断集团关系不太紧密的商人处获得 1.1 万英镑借款，但只有诺里奇的 16 名商人借出 4000 英镑。1351 年，爱德华三世第一次要求各郡的郡府城市商人集体借款，结果也只借到 6500 英镑。[①] 随着伦敦在英国的商业地位提高，伦敦商人开始成为国王借款的主要对象。伦敦市民和伦敦市政府为理查二世提供了 33%—40% 的借款，为亨利四世提供了一半以上的借款。[②] 亨利五世的借款活动突出地体现了兰开斯特王朝借款的特点。1421 年，亨利五世的全部收入为 55742 英镑，其中关税 40676 英镑，其他正常收入为 15066 英镑。在议会不批准征收俗人动产税的情况下，亨利五世只得借款，为此他亲自巡视全国，同时派出法官到各地督促借款事宜，结果全国有 572 人借出 35832 英镑，其中借款数量最多的 24 人借出 25125 英镑。[③]

导致国王借款困难主要有以下几个原因：

第一，羊毛出口商人垄断集团的不幸下场疏远了商人与国王之间的关系。虽然通过借款给国王可以获得利润，但是当国王无力偿还债务时，这些垄断商人被迫破产，如前述陷入"多特雷赫德债券"事件中的商人大多数都破产了。另外商人们深知，公开通过借款给国王获得利润是不得人心的，一旦国王认为他们没有用处时，他们就可能成为政治牺牲品。波尔虽然渡过了"多特雷赫德债券"的灾难，但是在 1340 年政治危机中还是被逮捕了。1376 年，议会判处借款给国王的伦敦商人理查德·莱昂有罪。这些商人的结局更加深了其他商人对借款给国王的疑虑。1382 年，议会批准理查二世以关税作为抵押向英国商人借款，但是出席议会的商人们回答说，他们既不愿也不敢用这种方式提供借款，因为他们担心遭到德·拉·波尔同样的命运。

第二，国王借款困难与英国贸易结构变化有关。从 1349 年黑死病到 1399 年理查二世被废黜的 50 年间，英国羊毛出口数量下降了 1/3；兰开斯特王朝时期，羊毛出口又下降了一半。具体情况可见下表[④]：

---

① George Unwin, *Finance and Trade Under Edward III*, Longmans Green: Manchester University Press, 1918, p. 169.

② M. M. Postan, *The Cambridge Economic History of Europe*, Vol. III, *Economic Organization and Policies in the Middle Ages*, p. 466.

③ E. F. Jacob, *The Fifteenth Century: 1399-1485*, Oxford: Clarendon Press, 1961, pp. 194-195.

④ A. R. Bridbury, *Economic Growth: England in the Later Middle Ages*, London: George Allen and Unwin, 1962, p. 32.

表 2　英国羊毛出口情况表

时间	年均羊毛出口数量（袋）
1351—1360 年	32655
1391—1400 年	17699
1446—1459 年	8000

与此同时，英国的呢绒出口数量急剧增长，从 14 世纪中期到 15 世纪中期，呢绒出口增长了十多倍，英国从羊毛出口国转变为呢绒出口国 [①]：

表 3　英国呢绒出口情况表

时间	年均呢绒出口数量（匹）
1350—1359 年	4336
1390—1399 年	38930
1446—1448 年	53699

由于羊毛出口关税率比较高，每袋 6 先令 8 便士，还可以征收高额的羊毛补助金。而呢绒的出口关税比较低，1347 年规定，出口每匹呢绒征收 1 先令 2 便士的关税。因此这种贸易结构变化导致国王的关税收入急剧下降，1350—1430 年国王的关税税收减少了一半。为了与外国呢绒竞争，英国的呢绒必须保持廉价，因此整个中世纪英国都没有提高呢绒出口关税。虽然英国商人控制了正在衰落的羊毛贸易的大部分，但是英国的羊毛出口商人较少，而且他们掌握的财富也比百年战争前的商人少，所以 15 世纪上半期，呢绒贸易不能像 14 世纪的羊毛出口那样为国王提供大量借款。

第三，国王对待债务的短视态度也是导致借款困难的原因之一。爱德华三世在遗嘱中交代，后继之君必须替他偿还因为国家事务而产生的债务。理查二世最后两年大举借款，引起债权人的普遍不满，也成为他被废黜的罪状之一，但是后继的兰开斯特王朝国王亨利四世并没有偿还这些债务。亨利五世也没有偿还他父亲的大部分债务，到 1422 年亨利五世只偿还了 1413 年即位时答应的 2.5 万马克（约合 16666 英镑）债务中的 4000 英镑。亨利六世即位后，继续长

[①]　*Economic History Review*, 1990, Vol. 43, No. 4561; M. M. Postan, *The Cambridge Economic History of Europe*, Vol. II, *Trade and Industry in the Middle Ages*, p. 242.

期拖欠他祖父和父亲的债务不予偿还。这种短视态度严重削弱了国王的信用，从而造成国王借款困难。

　　作为一种财政手段，借款为中世纪英国国王弥补收入不足、满足紧急需要起了重要作用。国王借款对象的变化从一个侧面折射出中世纪英国经济的发展。中世纪前期，英国商品货币经济不发达，而位于东西方贸易枢纽的意大利银行积累了大量资本，所以英国国王只能向他们借款。但是随着中世纪后期英国工商业和对外贸易的发展，国内工商业者的经济实力也壮大了，于是国王转向他们借款。

（原载《首都师范大学学报》2004 年第 6 期）

后 记

　　本书是首都师范大学历史学院"中外文明传承与交流研究书系"之一，由商务印书馆出版，为此我衷心感谢他们。我还要特别感谢商务印书馆的编辑崔蕊满，她细心地指出了本书中的一些数据、注释错讹，使我能够趁此机会予以修订。

　　本书的主要内容是我历年在各种期刊和图书上发表的论文，大致可以划分为中世纪英国财政史、军事史和外交史三个方面。还有 3 篇是我近年撰写的学术论文，虽然没有发表过，但是契合本书的主题，因此也收入其中。

　　为了便于读者理解中世纪英国财政史，我简要说明一下当时英国的货币名称及其进位制。中世纪英国最常用的流通货币是银"便士"（penny，复数写作pence，但账目记作 d），而"先令"（shilling，账目记作 s）和"英镑"（pound，账目记作 £）只是计算和书写所用。近现代英国的辅币增加了几种，兹不赘述。1971 年改为十进制之前，英国货币进位制度也非常特殊：1 英镑等于 20 先令，1 先令等于 12 便士。本书中的英镑、先令、便士都是按照这种进位制计算的。

　　自从博士期间涉足中世纪英国财政史以来，我于 2010 年出版了《中世纪英国财政史研究》一书。值得欣慰的是，这些年来关于中世纪英国财政史的论著不断涌现。这些新论著利用了不少新史料和新方法，不仅丰富了中世纪英国财政史研究的内容，而且补充了我以前研究的不足，同样值得大家阅读。

首都师范大学历史学院　施诚

2023 年 12 月于京西亮丽园